Hans-Jürgen Papier
Die Warnung

HANS-JÜRGEN PAPIER

DIE WARNUNG
Wie der Rechtsstaat ausgehöhlt wird

Deutschlands höchster
Richter a.D. klagt an

Unter redaktioneller Mitarbeit
von Dr. Petra Thorbrietz

WILHELM HEYNE VERLAG
MÜNCHEN

Verlagsgruppe Random House FSC® N001967

Originalausgabe 2019

Copyright © 2019 by Wilhelm Heyne Verlag, München,
in der Verlagsgruppe Random House GmbH,
Neumarkter Straße 28, 81673 München
Dieses Werk wurde vermittelt durch Agentur Stefan Linde
Redaktion: Dr. Thomas Tilcher
Umschlaggestaltung: Hauptmann & Kompanie Werbeagentur, Zürich
unter Verwendung eines Fotos von
© Kay Blaschke / Random House
Satz: Satzwerk Huber, Germering
Druck und Bindung: GGP Media GmbH, Pößneck
Printed in Germany
ISBN: 978-3-453-20725-7

www.heyne.de

Meiner Frau

Inhalt

Keine Demokratie ohne Grundrechte · Der Wert der Freiheit · Sicherheit als Staatsziel · Die Verfassung in Schräglage · Die Ausdehnung der Polizeigewalt · Die Polizei ist kein Nachrichtendienst · Die Schutzpflicht des Staats · Auch Terroristen haben Menschenwürde · Strenge Strafen gewinnen Sympathien · Die Ethik des Abhörens · Der Kernbereich der Privatsphäre · Digitaler Lifestyle – das Ende der Privatheit? · Daten auf Vorrat · Die Gedanken sind frei · Das Dilemma des Rechtsstaats

Mitgefühl ersetzt kein Recht · Juristischer Verschiebebahnhof · Das deutsche Asylgrundrecht weitgehend abgeschafft · Ausnahmeentscheidung oder Kontrollverlust? · Vom Sinn der Abweisung · Schengen muss dringend reformiert werden · Menschenrechtsverletzungen mit deutscher Hilfe · Verfolgt oder gefährdet? · Anspruch auf Aussitzen · Rechtsbrüche und Politikversagen · Menschlichkeit auf Basis des Rechts · Seenotrettung ist selbstverständlich · Im Schatten der Illegalität · Abschieben ist schwer · Unterschiede berücksichtigen · Unsere »Leitkultur« ist die Vielfalt · Handlungsoptionen für Deutschland · Eigenstaatlichkeit in der EU · Zukunftsorientierte Migrationspolitik · Schöne Worte als Soft Law

Das Gesetz der Clans · Parallelgesellschaften · Im Namen der Ehre · Autoritätsverlust der Familie · Auch Ehrenmord ist Mord · Die ehrenwerten Gesellschaften · Diebe im Gesetz · Kinder als Räuber · Wegsehen ist ein Rechtsbruch · Ziviler Ungehorsam · Moral ist vergänglich · Keine Öko-Diktatur · Die beste aller Welten?

Von der Volkszählung zur Datenwirtschaft · Europäisches Hickhack um Vorratsdaten · »Alexa – hör weg!« · Der »kleine« Lauschangriff · Facebook und kein Ende · Das Grundgesetz in der digitalen Ära · Beschneidung der Meinungsfreiheit · Urheberrecht im Internet · Keine »Vermummung« im Netz! · Meinungsfreiheit neu denken? · Ein Rundfunkgesetz fürs Internet? · Die Datenschutz-Grundverordnung der EU · Ist der Zug abgefahren? · Im Ausland rechtlos? · Sollbruchstelle Datenschutz · Die Gefahr der Überwachungsgesellschaft

Unbequeme Hüter · Rechtserkenntnis statt Politik · Kontrolle, nicht Gestaltung · Rote Karte für die Politik · Der Streit ums ungeborene Leben · Auftrag zur Wiedervereinigung · Zurechtgerückt · Deutschland im Krieg · Systeme kollektiver Sicherheit · Out of area · Umgehung des Bundestags · Bündnispartner allein reichen nicht · Auslandseinsätze bleiben beschränkt · Die Ehe im Zeitgeist · »Soli« ohne Rechtsgrundlage · Kein Dauerzustand · »Reichensteuer« ist keine legitime Lösung · Gerecht ist anders · Strukturelle Vollzugsdefizite · Die Dummensteuer · Cum-Ex: Das Darknet der Banken · Eigentum für alle? · Guck-in-die-Luft · Im Zweifel für die Autolobby? · Gesetzgebung als (Symbol-)Politik · Keine rechtliche Rundumversorgung · Mehltau im Gesetzesdickicht · Recht soll schützen, nicht maßregeln · Ist das Schicksal einklagbar? · Der Filz des Steuerrechts · Staatsaufgaben führen zu Gesetzesflut · Eilige Kompromisse statt Klarheit · Zweifel am Recht · Gesetze müssen vollzogen werden · Die Abhängigkeit der Justiz von der Politik · Die richterliche Unabhängigkeit · Staatlicher »Rechtsungehorsam« · Durchrationalisierte Justiz · Selbstverwaltung als Allheilmittel?

Die Anfänge des europäischen Rechts · Die Grundrechte in der Gemeinschaft · Abtretung von Hoheitsrechten · Souveränität ist unverzichtbar · Bewahrung der Verfassungsidentität · Wechsel- und Nebenwirkungen · Dialog der Instanzen · Beispiel Datenschutz: EU-Recht ist strenger · Beispiel Frauen an der Waffe: EU-Recht ist konsequenter · Beispiel Kirchenrecht: EU-Recht ist neutraler · Der Fall Fransson: fragwürdige Zuständigkeit · Gerichte als Rivalen · Demokratieverluste an der Basis · Abgehobenheit der Eliten? · Das europäische Trilemma · Kein Superstaat · Nicht Ausbau, sondern Umbau · Was tut Deutschland? · Staatlichkeit als Wert

Rechtsbruch als (Klima-)Politik · »Nachhaltigkeit« ins Grundgesetz · Verantwortung für die kommenden Generationen · Wie verankert man die Zukunft? · Stärkung von Identität und Vertrauen · Was ist »gutes« Recht? · Für eine effektive Klimapolitik ohne Übermaß an Ge- und Verboten · Wandel im Verfassungsverständnis · Machtverzicht des Bundestags · Der Einfluss der Lobbys · Placebo-Gesetze · Das Dickicht lichten · Staatsaufgaben in der Kritik · Der Parlamentarismus verblasst · Mediendemokratie · Die Simplifizierung von Politik · Mehr Initiativrecht für das Volk? · Schwachstelle Wahlrecht · Plädoyer für den Föderalismus · Chaos in der Asylpolitik: der Schuss vor den Bug · Bewusstsein statt Kalkül

Einleitung

Risse im Fundament der Republik

»Einen tollen Text haben wir da, Dokument eines Urvertrauens in demokratische Kräfte, staatliche Verantwortung und individuellen Schutz; ein Vademecum der politischen Tugend.« So preist *Der Tagesspiegel* in seiner Ausgabe vom 23. Mai 2019 das deutsche Grundgesetz. Anlässlich des siebzigsten Jahrestags der Verfassung der Bundesrepublik Deutschland wurde viel Lob über das Gesetzeswerk ausgeschüttet, das ursprünglich als Provisorium für eine Übergangzeit konzipiert war. Doch längst hat es – ergänzt, erweitert und inzwischen doppelt so umfassend wie die Ursprungsfassung – den Ruf des wiedervereinigten Deutschlands als eine der stabilsten rechtsstaatlichen Demokratien der Welt gefestigt.

Soweit die Außenansicht. Wer sich jedoch nicht von der strahlenden Oberfläche blenden lässt, entdeckt die Risse, die sich quer durch das Gebäude unseres Rechtsstaats ziehen, blinde Flecken und verwaiste Ecken, die dadurch entstanden sind, dass die Intentionen des Grundgesetzes immer häufiger ignoriert werden – von globalen Unternehmen, staatlichen Institutionen, von Bürgern, Politikern, vor allem aber auch vom Gesetzgeber.

Erfüllt das Grundgesetz wirklich noch eine seiner wichtigsten Aufgaben, nämlich Freiheit zu ermöglichen? Ersticken Selbstbestimmung und Verantwortung nicht längst unter einem Wust von Regelwerken, von denen viele Regularien aber gar nicht beachtet werden? Verkommt Gesetzgebung zur Symbolpolitik? Ist unsere hochgelobte Verfassung also so ehrwürdig wie ein poliertes altes Möbelstück, oder entfaltet sie noch die vitale gestalterische Kraft, die sie so wertvoll für den Rechtsstaat und die Demokratie macht?

Zwölf Jahre lang, von 1998 bis 2010, durfte ich, erst als Vizepräsident, dann als Präsident des unabhängigen Bundesverfassungsgerichts und Richter, meine Arbeit in den Dienst des Grundgesetzes stellen, in einer Phase, in der sich viele neue Herausforderungen für unsere Demokratie und den Rechtsstaat abzuzeichnen begannen. Es war ein spannender, erfüllender Abschnitt meiner Karriere als Jurist. Werde ich aber gefragt, ob Deutschland »in bester Verfassung« sei, muss ich das leider verneinen. Die Rechtsstaatlichkeit in unserer Republik ist vielen Angriffen ausgesetzt; das Bewusstsein, was da alles in Schieflage gerät, fehlt aber den meisten Bürgern. Viele von ihnen fühlen sich zwar vom Staat irgendwie ungerecht behandelt – ob es nun um Dieselabgase geht, Bauplatzbesetzungen oder die Asylpolitik –, aber sie verlieren das Bewusstsein dafür, dass sie selbst es sind, die den Rechtsstaat tragen, nicht »die Politik« oder »die Regierung«. Die Rechte und Werte, die unsere Verfassung garantiert, müssen immer wieder erinnert und erkämpft werden.

Deshalb habe ich mich entschieden, ein Buch zu schreiben, das sich an eine breite Öffentlichkeit richtet und den Wert des Rechtsstaats neu ins Bewusstsein rufen will. Fehlentwicklungen und Willkür müssen umgehend entlarvt und korrigiert werden, sonst ist unser Rechtsstaat in ernster Gefahr, und damit auch die Demokratie. Deshalb ist dieses Buch auch, wie es der Titel sagt, eine »Warnung«. Eine Warnung, die jeden einzelnen Bürger angeht.

1

Ist das Recht nur was für Dumme?

Es war einmal ein Land, in dem Freiheit, Sicherheit und Wohlstand herrschten – eine Demokratie, die sich Rechts- und Sozialstaat nannte. Ihr stabiles Fundament war das Grundgesetz, auf das die Deutschen stolz waren. Sie vertrauten in die Handlungs- und Zukunftsfähigkeit ihrer Republik. Die politische Landschaft war durch Parteien der Mitte geprägt, extremistische Gruppierungen von rechts und links hatten wenig Einfluss; der Terror der Roten Armee Fraktion in den Siebziger- und Achtzigerjahren konnte den Rechtsstaat nicht brechen, sondern stärkte ihn sogar. Die Wirtschaft erlebte eine beispiellose Erfolgsgeschichte und konnte den ökonomischen Wohlstand weiter Teile der Bevölkerung sichern. Das deutsche Demokratie-Modell wurde zum Vorbild für viele Staaten dieser Erde.

Und heute? Die großen Volksparteien stecken in der Krise, weil ihre Wähler sie im Stich lassen und entweder gleich zu Hause bleiben oder an die extremistischen Ränder abwandern. Ihre Politiker verteidigen sich gegenüber der jungen Protestgeneration, dass die Demokratie eben »kompliziert« sei, während in ihrem Rücken die Populisten aufsteigen, die gerne alles ganz einfach machen würden. Die Warnsignale sind nicht mehr zu übersehen: Wer hätte beispielsweise noch vor einem Jahrzehnt erwartet, dass eine ehemals so große und bedeutsame Volkspartei wie die SPD mit ihren ganz unbestrittenen Leistungen für den Staat und die Gesellschaft sich binnen weniger Jahre politisch nahezu marginalisiert? Auch bei der CDU/CSU bröckelt die Wählerschaft massiv. Stattdessen ist mit der AfD eine Partei in die Parlamente eingezogen, die legitim gewählte Volksvertreter anderer Parteien als »Volksverräter« verunglimpft.

Das schwindende Vertrauen der Bürgerinnen und Bürger in die Politik hat viele Ursachen – die Disruption und den digitalen Umbau der Wirtschaft, die Neuordnung der Welt durch die Globalisierung, den Klimawandel und die Zuwanderung von Migranten. Vor allem aber spiegelt es den drohenden Verlust einer gemeinsamen Werteordnung wider, die das Grundgesetz repräsentiert. Wer aber die Verfassung nicht achtet, verliert den zentralen Orientierungsrahmen unserer Gesellschaft.

Einen Großteil der Verantwortung für die sich abzeichnende Krise haben sich die Politiker – Männer wie Frauen – selbst zuzuschreiben. Indem sie seit Jahren immer wieder an der Verfassung vorbeiagieren und -regieren, sägen sie an dem Ast, auf dem sie selbst sitzen, dem Stammbaum der Demokratie. Denn auf Rechtsstaatlichkeit und Treue gegenüber dem Gesetz beruft man sich in diesem Land vielfach nur noch, wenn das gerade opportun scheint. Die Lobpreisung der Verfassungswerte in Sonn- und Feiertagsreden sind vielfach pure Lippenbekenntnisse. Im täglichen politischen Handeln aber erkenne ich nichts, das den schleichenden Verfall bremsen und der Erosion des Rechtsstaats wirksamen Einhalt gebieten könnte.

Dabei wäre es dringend notwendig, dass dieses Thema in unserer Gesellschaft neu diskutiert wird – angesichts des Wachsens extremistischer Kräfte, nicht nur bei uns, sondern auch in der gesamten Europäischen Union. Unsere Rechtsordnung populistisch schlechtzumachen ist einfach – stattdessen sollten gerade diejenigen, die entschiedene Befürworter und Hüter des demokratischen Rechts- und Sozialstaats sind, eine kritische Bestandsaufnahme wagen und sich nicht scheuen, den Finger in die Wunden zu legen. Denn es gibt einige davon.

Man muss sich davor hüten, Kritiker der Erosion und Fehlentwicklung des demokratisch-rechtsstaatlichen Systems leichtfertig mit jenen gleichzusetzen, die es angreifen und zerstören wollen. Das Gegenteil ist der Fall: Demokratiefeindlichen Gruppierungen kann man nur den Wind aus den Segeln nehmen, wenn man die verfassungsmäßige, rechtsstaatlich-demokratische Ordnung der Bundesrepublik stärkt. Fundierte Kritik und rechtzeitige Reformen sind dafür notwendig.

Die Menschen in diesem Land müssen wieder ein Bewusstsein dafür entwickeln, welch hohes Gut der demokratische Rechts- und Verfassungsstaat darstellt. Das können sie nur dann, wenn die Politik sich auf die in unserer Verfassung festgelegten Wertentscheidungen besinnt und sie immer wieder deutlich macht.

Die Erosion des Rechtsstaats wird von verschiedenen Seiten befördert. Da ist zum einen die Tendenz, immer mehr Freiheit für die Illusion der Sicherheit zu opfern. Eine Zahl von Bürgern hat Angst oder fühlt sich unsicher angesichts der immer komplexer werdenden Welt. Sie sind bereit, individuelle Freiheiten aufzugeben und sich mehr staatlicher Kontrolle und Überwachung zu unterwerfen – zum Beispiel zur Abwehr des islamistischen Terrors. Als Bürger des 21. Jahrhunderts ist ihnen nicht mehr bewusst, dass die Freiheit von staatlicher Bevormundung das vielleicht wichtigste Motiv der Demokratie war, das weit in die Geschichte zurückreicht. Sie ist sicher ein zentrales Element unserer verfassungsrechtlichen Ordnung.

Die Freiheit der Bürger wird aber nicht nur von realen Sicherheitsrisiken wie dem Terror infrage gestellt. Technologische und ausgehend davon auch ökonomische Entwicklungen sind dabei, die Gesellschaften dieser Welt massiv zu verändern. Die Digitalisierung führt nicht nur zu einem Paradigmenwechsel, der der kulturellen Revolution durch den Buchdruck nahekommt. Sie treibt auch die Globalisierung voran und beschleunigt die Dynamik von Veränderung in fast allen gesellschaftlichen Bereichen – selbst in der Justiz. Durch die Digitalisierung sind in wenigen Jahren weltbeherrschende internationale Technologiekonzerne entstanden: Facebook, Apple, Amazon, Microsoft und Google haben zusammen eine Marktkapitalisierung, die größer ist als das deutsche Bruttoinlandsprodukt. Entsprechend groß ist die Marktmacht dieser Konzerne, sowohl was ihre asymmetrische Dominanz gegenüber den Konsumenten angeht als auch ihre Fähigkeit, sich staatlicher Kontrolle zu entziehen.

Ein drittes Feld, das in der aktuellen Politik wie auch im Bewusstsein der Bevölkerung nach wie vor die vielleicht größte Rolle spielt, ist die Asyl- und Migrationspolitik. Nicht nur in Deutschland, sondern auch im Verhältnis zu den anderen EU-Staaten wurde hier das geltende Recht vielfach unterlaufen. Die Öffentlichkeit hat das als »Staatsversagen« und »Wehrlosigkeit unseres Rechtsstaats« kritisiert. Wir wären aber nicht wehrlos, wenn die tragenden Grundsätze der Verfassungsstaatlichkeit beachtet und angewendet würden. Dazu zähle ich das Grundbedürfnis nach Schutz, auch nach Schutz durch Grenzen. Humanität, das ist meine Überzeugung, kann nur im Rahmen von Verfassung, Gesetz und Recht praktiziert werden, nicht aber gegen sie. Subjektive Moralvorstellungen können die integrierende Kraft des Rechts keinesfalls ersetzen und dürfen sie auch nicht untergraben.

Besonders gefährlich wird die Erosion des Rechts, wenn der Eindruck entsteht, sie sei bereits gesellschaftliche Normalität. Geltendes Recht, glauben viele, sei letztlich nur noch etwas für die Schwachen, die Braven oder die Dummen – jene eben, die sich nicht erfolgreich selbst durchsetzen und sich die Leistungen und Vorteile unserer Gesellschaftsordnung sichern können.

Paradoxerweise wird der Vertrauensverlust in den Rechtsstaat durch eine scheinbar gegenläufige Entwicklung noch verstärkt. Während sich in vielen Bereichen des öffentlichen Lebens eine »Was soll's?«-Mentalität breitzumachen scheint, erleben Bürgerinnen und Bürger in ihrem persönlichen und beruflichen Umfeld, wie Gesetze immer komplizierter werden und ein Übermaß an Regulierung sie einengt. Das ist so bei der Abgabe der Steuererklärung, bei der Einstellung einer Haushaltshilfe bzw. Pflegekraft oder auch bei dem Versuch, sich mit einer selbstständigen Tätigkeit eine Existenz oder einen Zuverdienst zu verschaffen. Privatmenschen wie Wirtschaftstreibende oder auch Beamte fühlen sich durch ein Dickicht von Normen und bürokratischen Hürden gegängelt und zunehmend überfordert. Wie Mehltau hat sich die Überregulierung auf die Republik gelegt – wo das Recht doch eigentlich nur Sicherheit für kreative Initiativen und Aktivitäten bieten sollte.

Mehr Gesetze bedeuten nicht automatisch mehr Recht und schon gar nicht mehr Gerechtigkeit. Wenn der Staat sich anschickt, seinen Bürgerinnen und Bürgern jedwedes Lebensrisiko abzunehmen, dann wird er selbst zum Risiko, denn das führt letztlich in einen Überwachungs- und Präventionsstaat. Mit dem Verlust von Freiheit erodiert eine der Grundbedingungen von Demokratie und Rechtsstaat.

Dass Freiheit und Sicherheit einander bedingen und gleichzeitig im Widerspruch zueinander stehen können, wird angesichts der internationalen Terrorgefahr sehr deutlich. Seit dem Anschlag auf das World Trade Center am 11. September 2001 geht wieder Furcht in diesem Land um. Kein Dorffest kommt heute noch ohne »Security« aus, das weltberühmte Münchener Oktoberfest wird jährlich zur Hochsicherheitszone mit Taschenkontrolle und Gesichtserfassung. Auf der anderen Seite weicht der Staat zurück: Einem Bericht der *Berliner Zeitung* zufolge denkt der Berliner Senat im Kampf gegen Drogenhandel und Gewaltkriminalität über die Schließung des berüchtigten Görlitzer Parks in Berlin-Kreuzberg nach. Städtische

Schwimmbäder führen wegen fortgesetzter Randale die Ausweispflicht für Besucher ein. Besonders schockierend ist es, wenn der Antisemitismusbeauftragte der Bundesregierung jüdischen Mitbürgern davon abrät, in der Öffentlichkeit eine Kippa zu tragen, und seit Jahren Synagogen unter ständigem Polizeischutz stehen müssen. Auf die Bedrohung durch Rechtsextremismus hat, zeigt das Beispiel der Ermordung des Kasseler Regierungspräsidenten Walter Lübcke im Juni 2019, die Politik keine wirkliche Antwort.

Das Bedürfnis nach Sicherheit darf jedoch nicht dazu führen, dass verfassungsmäßige Standards zurückentwickelt werden. Die Möglichkeit einer selbstbestimmten Lebensführung ist eine Errungenschaft und keine Selbstverständlichkeit. Die Freiheiten der Bürger gegenüber dem Staat müssen erhalten bleiben. Das gilt erst recht, wenn es sich um fremde Staaten und deren Nachrichtendienste handelt.

Der Staat ist eine Friedens- und Ordnungsmacht, der Leib, Leben und Unabhängigkeit seiner Bürger zu schützen hat. Das sind hochwertige Verfassungsgüter. Der Terrorgefahr wie auch anderen Bedrohungen muss er wirksam entgegentreten – aber nur mit den Mitteln des Rechtsstaats. Gerade aufgrund des Umstands, dass die Regeln des Rechtsstaats auch für seine Gegner gelten, zeigt sich seine Kraft.

In den folgenden Kapiteln werde ich die konkreten Gefahren für den demokratisch verfassten Rechtsstaat detaillierter ausführen und aufzeigen, welche Gegenmaßnahmen notwendig sind. Angesichts dieser Bedrohung möchte ich den dringenden Appell an Sie richten, die Kraft unseres Rechtsstaats wieder anzuerkennen, sie hochzuhalten und wertzuschätzen, ihn letztlich auch gegen Angriffe zu verteidigen und weiter zu stärken. Nur die Unterwerfung unter die Werteordnung des Grundgesetzes kann unsere pluralistische Gesellschaft, die nicht länger von gemeinsamer Religion, Kultur oder Tradition geleitet wird, zusammenhalten und in die Zukunft führen.

2

Der Wert der Freiheit: oft unverstanden und missachtet

Bevor wir uns mit den Bedrohungen des Rechtsstaats auseinandersetzen, ist es wichtig, uns nochmals das Rückgrat unserer Demokratie bewusst zu machen. Das sind die Grundrechte – sowie die bürgerliche Freiheit und Unabhängigkeit, für die sie in vielen Fällen stehen.

Keine Demokratie ohne Grundrechte

Warum ist es so wichtig, dass wir in Deutschland in einem »Rechtsstaat« leben? Schließlich kennen viele Nationen diesen Begriff gar nicht und setzen ihn mit »Demokratie« oder »Verfassungsstaat« gleich. In Ländern wie der Türkei, aber auch in Polen, Ungarn oder sogar den USA verunglimpfen führende Politiker den Rechtsstaat als Hindernis und schwärmen von einer »illiberalen Demokratie«. Man beginnt auch bei uns, darüber zu diskutieren, ob es eine Demokratie ohne Rechtsstaat geben kann. Das ist jedoch eine sehr gefährliche Entwicklung.

Eine Demokratie ohne rechtsstaatliche Ordnung ist weder erstrebenswert, noch kann sie auf Dauer existieren. Denn dass »das Volk« regiert, das zeigen viele historische Beispiele, bedeutet nicht automatisch, dass ein Staat prosperiert. Demokratie führt auch nicht zu Gerechtigkeit, sondern unweigerlich in eine Herrschaft der Mehrheit über die Minderheit. Ohne Rechtsstaat wären die Bürgerinnen und Bürger dieses Landes also der Willkür ausgeliefert.

Deshalb legt das Grundgesetz (Art. 20 Abs. 3 GG) fest, dass die Gesetzgebung an die verfassungsmäßige Ordnung, die vollziehende Gewalt und die Rechtsprechung an Gesetz und Recht gebunden sind. Und damit der Gesetzgeber den Geist der Verfassung nicht einfach ändern kann – auch nicht, wenn er dies mit demokratischen Mehrheiten tun will –, enthält das Grundgesetz einen Kanon fundamentaler und unverbrüchlich festgeschriebener Rechte, die ihm quasi eingebrannt sind. Sie dürfen nicht wesentlich verändert werden. Diese Grundrechte sind der Kern unseres Rechtsstaats und damit unserer Demokratie. Auch die Europäische Union gründet sich auf ähnliche Grundwerte und Rechtsstaatlichkeit (Art. 2 des EU-Vertrages).

Heute erscheint uns das selbstverständlich, doch im 19. Jahrhundert war dies noch anders: Die Bürger hatten nur die Rechte, die ihnen von den jeweiligen deutschen Staaten verliehen wurden, aber auch jederzeit wieder entzogen werden konnten. Gesetze durften der Verfassung inhaltlich widersprechen. Auch die Grundrechte in der 1919 verkündeten Weimarer Reichsverfassung hatten keinen Vorrang vor den Befugnissen des Parlaments und des Reichspräsidenten, wie auch die Bürger nicht vor verfassungswidrigen staatlichen Handlungen geschützt waren. Die Erfahrung der Instabilität der Weimarer Republik und der folgenden totalitären Diktatur der Nationalsozialisten veranlasste die Mitglieder des Parlamentarischen Rates 1948/49, das zu ändern. Sie schrieben Grundrechte fest, an denen weder das Parlament als Gesetzgeber noch der Staat insgesamt rütteln können.

Die Herrschaft des Rechts ist uneingeschränkt und unverbrüchlich; was das allerdings konkret bedeutet, lässt sich nicht leicht auf einen definitorischen Nenner bringen. In der Praxis wird der Rechtsstaat stark von der Werteordnung beeinflusst, die sich in den Artikeln des Grundgesetzes ausdrückt. Zu seinen konstituierenden Prinzipien gehören außerdem: Die Gerichte sind unabhängig. Nur der Staat darf Recht unmittelbar durchsetzen, zur Not auch mit physischer Gewalt. Die Bürger können zur Verteidigung ihrer Rechte ein Gericht anrufen (»staatliche Justizgewährung«).

Der Wert der Freiheit

Auch wenn Deutschland fast ein halbes Jahrhundert lang durch eine Mauer getrennt war, denken wohl zumindest im westlichen Teil der Bundesrepublik die wenigsten Menschen im Alltag über die Freiheit nach. Sie ist uns selbstverständlich. Das ändert sich erst an dem Punkt, an dem wir das Gefühl bekommen, in unserer persönlichen Freiheit im Übermaß beschnitten zu werden. Denn so, wie die Freiheit des Autofahrens durch den nächsten Stau ihre Grenzen findet, so müssen wir in einer Demokratie den Mitbürgern in unserer Gesellschaft dieselben Rechte zubilligen, wie wir sie für uns in Anspruch nehmen – und das führt automatisch zu Beschränkungen. Doch Freiheit darf nur begrenzt werden um der größeren Freiheit aller willen. Dies bedarf der ausdrücklichen Zustimmung der Allgemeinheit – in Gestalt der demokratischen Gesetzgebung. Individuelle Freiheit und kollektive Freiheit bedingen also einander wechselseitig. Einer allein kann nicht frei sein.

Das Verhältnis zwischen Individuen ist jedoch nur die eine Seite des Freiheitsbegriffs. Historisch älter und bedeutsamer ist die Freiheit gegenüber dem Staat. Seit der Aufklärung ist sie die wichtigste staatsphilosophische wie auch politische Forderung; im Kern zielt sie auf die Befreiung von Furcht. So formulierte der große niederländische Philosoph Baruch de Spinoza bereits 1670:

»Der letzte Zweck des Staats ist nicht zu herrschen, noch die Menschen in Furcht zu halten oder sie fremder Gewalt zu unterwerfen, sondern vielmehr den Einzelnen von der Furcht zu befreien, damit er so sicher als möglich leben und sein natürliches Recht, zu sein und zu wirken, ohne Schaden für sich und andere vollkommen behaupten kann [...] Der Zweck des Staats ist in Wahrheit die Freiheit.«

20 Jahre zuvor, 1651, hatte der englische Mathematiker Thomas Hobbes, geprägt von der anhaltenden Gewalt der Kriege, politischen Umstürzen und religiösen Auseinandersetzungen in seinem Land, die Idee einer starken Staatsmacht entwickelt. An sie sollten die Untertanen per Vertrag ihre natürlichen Rechte abtreten. Am besten repräsentiert würde die Macht, so Hobbes in seinem *Leviathan*, durch den absolutistischen Herrscher, da ohne ihn die Gesellschaften »im Naturzustand« dem egoistischen Krieg aller gegen alle zum Opfer fallen würden. Macht gegen Schutz war also das Konzept von Hobbes, der von sich selbst schrieb, dass er schon »mit einem Zwilling aus Angst« geboren worden war. Der Preis für den Schutz war der Verzicht auf Freiheit.

Hobbes war bereits zu Lebzeiten heftig für seine Staatsphilosophie kritisiert worden, denn andere wollten nach den europaweiten Verwüstungen und Umbrüchen des Dreißigjährigen Kriegs den Staat nun lieber als Friedenseinheit etablieren und dazu die Rechte des Herrschers einschränken. Zu diesem Kreis gehörte auch der englische Arzt und Landbesitzer John Locke, der durch die Förderung prominenter Patienten politischen Einfluss gewann. Er postulierte die Gleichheit und Unverletzlichkeit der vernunftbegabten Mitglieder einer Gesellschaft. Ihre Freiheit bestehe gerade darin, sich nicht den Entscheidungen eines anderen zu unterwerfen. In diesem Impetus von Aufklärung und Liberalismus wurzelt auch unser moderner Verfassungsstaat christlich-abendländischer Prägung.

Bis heute ist er Ausdruck der Sehnsucht des Menschen nach Sicherheit – mehr noch: Er schützt seine Bürger nicht nur vor Gefährdungen von außen wie Gewalt, Verbrechen und Not, sondern auch von innen. In unserem modernen Verständnis kann aber nur ein solcher Staat den äußeren wie inneren Frieden gewährleisten, dessen Macht durch Bürger- und Menschenrechte begrenzt ist. Der moderne Rechts- und Verfassungsstaat hat also, das ist wichtig, eine dienende Funktion. Er beschränkt sich selbst, indem er eines seiner wichtigsten Ziele darin sieht, Freiheit zu ermöglichen. Um das zu tun, braucht er das Recht. Bürger- und Menschenrechte sind also im Kern Abwehrrechte.

Sicherheit als Staatsziel

Unsere Vorväter wollten mit dem Staat die »Furcht« besiegen. In moderner Auffassung verlangen wir heute »Sicherheit«. Da werden wieder Rufe nach einem »starken Staat« laut. Aber was bedeutet »stark« in einem Rechtsstaat? »Der Mensch, der bereit ist, seine Freiheit aufzugeben, um Sicherheit zu gewinnen, wird beides verlieren«, ist ein berühmter Ausspruch von Benjamin Franklin, einem der Verfasser der Unabhängigkeitserklärung der Vereinigten Staaten von Amerika. Schon bei der Gründung der ersten modernen Demokratie war also die sensible Balance von Freiheit und Sicherheit ein Thema. Beide sind Ziele mit Verfassungsrang. Das Gewaltmonopol des Staats, das Frieden und Sicherheit gewährleisten soll, darf aber nicht auf Kosten der liberalen, staatsbegrenzenden und freiheitsverbürgenden Funktionen des Rechtsstaats gehen. So weckt die Furcht vor Terroranschlägen zwar vielleicht unsere elementaren Sicherheitsbedürfnisse, aber das darf uns nicht dazu verleiten, unsere Freiheitsrechte, das hohe Gut unserer verfassungs- und rechtsstaatlichen Errungenschaften, dafür zu opfern.

Es gibt also auch kein »Supergrundrecht« auf Sicherheit, wie das 2013 der damalige Innenminister Hans-Peter Friedrich (CSU) nach einer Sitzung des Parlamentarischen Kontrollgremiums des Bundestags sagte und damit letztlich Abhöraktionen des amerikanischen Nachrichtendienstes NSA in Deutschland zu verharmlosen suchte – gemäß dem Motto »Terrorabwehr vor Datenschutz«. Wenn Terror die Zerstörung der freiheitlichen demokratischen Ordnung zum Ziel hat und dafür auch noch planmäßig Menschenleben einsetzt, ist es ganz klar, dass der Staat das mit effektiven Mitteln bekämpfen muss. Die Maxime des Rechtsstaats dabei lautet aber: Der Staat hat sich bei der Auswahl seiner Mittel auf diejenigen zu beschränken, deren Einsatz mit der Verfassung, insbesondere mit den Grundrechten, in Einklang steht. Seine Kraft zeigt sich gerade darin, dass er sich auch im Umgang und im Kampf mit seinen Gegnern den allgemeinen rechtsstaatlichen Grundsätzen unterwirft.

Die Verfassung in Schräglage

Ich habe bereits früher öffentlich kritisiert, dass die Sicherheitsdebatte in Deutschland zulasten der Freiheitsrechte geführt wird. Nach den Terroranschlägen des 11. September 2001 in New York und des 11. März 2004 in Madrid wurden in Deutschland und auf der EU-Ebene umfassende freiheitsbeschneidende Eingriffe vorgenommen oder beschlossen, wie die präventive polizeiliche Rasterfahndung nach sogenannten Schläfern, die automatisierte Kfz-Kennzeichenerfassung oder die vorbeugende Telefonüberwachung durch die Polizei.

Das Luftsicherheitsgesetz aus dem Jahr 2005 sah vor, dass ein nach dem Vorbild von 9/11 gekapertes Zivilflugzeug als Angriff gewertet und deshalb abgeschossen werden dürfe. Ein anderes

Beispiel: Der CSU-Innenpolitiker Hans-Peter Uhl qualifizierte im Jahr 2013 gemäß der Tageszeitung *Die Welt* das informationelle Selbstbestimmungsrecht als »Idylle aus vergangenen Zeiten« ab.

Das Bundesverfassungsgericht musste zum Beispiel in den Jahren 2004 bis 2009 allein 40 Korrekturen an erlassenen Gesetzen vornehmen, weil diese zu weit formuliert waren oder unverhältnismäßige Grundrechtseingriffe vorsahen. Auch Gesetzesvorhaben wie das immer wieder auf Eis gelegte zur Vorratsdatenspeicherung (siehe Seite 39f.) oder das zur Online-Durchsuchung (siehe Seite 37f.) greifen massiv in die Freiheitsrechte jedes Bürgers ein. Das ist aber nur legitim, wenn konkrete Hinweise auf eine Gefahr vorliegen. Die Speicherung von Daten »ins Blaue hinein« ist verfassungsrechtlich nicht zu rechtfertigen.

Was die Balance zwischen Freiheit und Sicherheit angeht, so ist die Interpretation unserer Verfassung eindeutig in Schräglage geraten. Denn unsere Freiheitsrechte als Bürgerinnen und Bürger, das wertvollste Gut der Verfassung, werden von der Politik zusehends infrage gestellt.

Die Ausdehnung der Polizeigewalt

Warnzeichen sind in diesem Zusammenhang auch Bestrebungen in der neueren Gesetzgebung, der Polizei mehr Rechte zu verleihen. Nach klassischem Verständnis darf sie nur dann eingreifen, wenn eine konkrete Gefahr für individuelle oder kollektive Rechtsgüter besteht – wenn also beispielsweise ein körperlicher Angriff oder ein Umweltvergehen vorliegen oder wahrscheinlich sind. Das 2017 und 2018 durch Novellen neu gefasste Bayerische Polizeiaufgabengesetz sieht jedoch vor, dass bereits eine »drohende Gefahr« ausreicht, um zum Beispiel eine elektronische Fußfessel anzulegen, ohne Wissen des Betroffenen Post sicherzustellen oder eine Person für drei Monate in Präventivhaft zu nehmen (die unbegrenzt oft um jeweils drei Monate ausgedehnt werden darf). Solche Befugnisse im sogenannten Gefahrenvorfeld lassen sich jedoch allenfalls dann rechtfertigen, wenn höchstrangige Rechtsgüter im Spiel sind – etwa bei vorliegenden konkreten Hinweisen auf einen terroristischen Anschlag und Gefahr für Leib und Leben. Sie auf allgemeine Gefahrenabwehr durch die Polizei auszudehnen ist unverhältnismäßig, weshalb die Verfassungskonformität auch umstritten ist und sowohl vor dem Bayerischen Verfassungsgerichtshof als auch vor dem Bundesverfassungsgericht angegriffen worden ist.

Auch in Nordrhein-Westfalen ist von der CDU und FDP mit den Stimmen der oppositionellen SPD ein neues Polizeigesetz installiert worden, das 2019 in Kraft trat. Dieses Gesetz ermöglicht es zum Beispiel, bei begründetem Verdacht auf ein bevorstehendes Verbrechen Personen bis zu zwei Wochen in Gewahrsam zu nehmen – vorher waren es nur 48 Stunden. Auch in Sachsen und Niedersachsen existieren neue Polizeigesetze, die vor allem die Befugnisse im »Gefahrenvorfeld« erweitern und – zum Beispiel in Niedersachsen – der Polizei auch gestatten, Trojaner auf Computern und Handys zu installieren, um Daten auszulesen. In Sachsen sollen im öffentlichen Raum Autokennzeichen und biometrische Kennzeichen erfasst werden. Alle diese Gesetze sind höchst umstritten und Gegenstand von Klagen.

Zu bedenken ist bei dieser Politik der »Versicherheitlichung«, wie das Amnesty International nennt, auch, dass Verfahren wegen Polizeigewalt fast ausnahmslos eingestellt werden, wie die Menschenrechtsorganisation für 2015 dokumentiert hat: in 97,7 Prozent der Fälle (im Bevölkerungsdurchschnitt sind es nur 54,8 Prozent).

Die Polizei ist kein Nachrichtendienst

Auch wenn es vor dem Hintergrund der Terrorismus-Debatte immer wieder als »Mangel« der deutschen Sicherheitsarchitektur bezeichnet wird, ist es im Sinne unserer Verfassung, dass die Sicherheitsbehörden von Bund und Ländern weitgehend getrennt voneinander operieren und auch nicht sämtliche Informationen ungehindert miteinander teilen können. Das erschwert vielleicht in manchen Fällen eine Ermittlung, aber – und das ist für Rechtsstaat und Demokratie entscheidend – es sichert die Freiheitsrechte der Bürger.

Überwachungsdaten, die im Rahmen einer Ermittlung gewonnen wurden, sind genauso vom Grundgesetz geschützt wie jede andere private Information. Sie zwischen Behörden weiterzugeben ist aus juristischer Sicht eine »Zweckänderung«, weil die Daten dann in einem völlig anderen Kontext genutzt werden können als dem, für den sie legitim erhoben wurden. Das ist zum Beispiel der Fall, wenn Abhörprotokolle im Zusammenhang mit Wirtschaftskriminalität an einen Nachrichtendienst gelangen, der den verdächtigen ausländischen Staatsbürger vielleicht als potenziellen Gefährder einordnet.

Polizei und Nachrichtendienste haben deutlich voneinander abgegrenzte Aufgaben: Die Polizei ist zuständig für konkrete Gefahrenabwehr und Strafverfolgung. Die Nachrichtendienste erheben Informationen etwa zu Bestrebungen gegen die freiheitlich-demokratische Grundordnung im Vorfeld möglicher Gefahrenlagen. Anders als in vielen anderen Ländern gibt es in Deutschland ein striktes Trennungsgebot von Polizei und Nachrichtendiensten. Im Gegensatz zur Geheimen Staatspolizei (Gestapo) der Nazizeit oder auch zum Ministerium der Staatssicherheit (Stasi) in der ehemaligen DDR sind die Zuständigkeiten streng getrennt und diese Behörden unterschiedlicher Kontrolle unterworfen. Der grundrechtliche Freiheitsschutz begrenzt ihre Zusammenarbeit: Daten dürfen nur dann zu operativen Zwecken ausgetauscht werden, wenn das einem »herausragenden öffentlichen Interesse« dient – nur das erlaubt eine Ausnahme zum »informationellen Trennungsprinzip«. So stellte das ein Urteil des Bundesverfassungsgerichts aus dem Jahr 2013 fest, das sich mit der Verfassungsmäßigkeit des Antiterrordateigesetzes (ATDG) beschäftigte.

Den Anstoß zur Antiterrordatei gab ein missglücktes Bombenattentat auf zwei Züge im Großraum Köln im Sommer 2006. Diese zentrale Datei erfasst Daten zu Personen, die der internationalen Terrorszene zugerechnet werden, und wird seit 2007 beim Bundeskriminalamt (BKA) geführt; beteiligt sind u. a. die Bundespolizei, die Landeskriminalämter, die Verfassungsschutzbehörden von Bund und Ländern, der Bundesnachrichtendienst, der Militärische Abschirmdienst und das Zollkriminalamt – insgesamt sind es 38 verschiedene Sicherheitsbehörden. Der Bundesdatenschutzbeauftragte und der Deutsche Anwaltsverein lehnten das Gesetz ab.

Das Bundesverfassungsgericht verwies bei seinem Urteil unter anderem darauf, dass Nachrichtendiensten der Zugriff auf Informationen erleichtert sei, weil sie bereits im Gefahrenvorfeld operierten. Ihre Datenzugriffe dienten verschiedenartigen und weitgefassten Zielen, etwa dem Schutz vor verfassungsfeindlichen Bestrebungen im Inland oder dem Schutz vor Bestrebungen, die »gegen den Gedanken der Völkerverständigung oder das friedliche Zusammenleben der Völker« gerichtet sind, zum Beispiel Aktivitäten der Arbeiterpartei Kurdistans (PKK) in Deutschland. Nachrichtendienste haben dem Bundesverfassungsgericht zufolge »mannigfaltige Bestrebungen auf ihr Gefährdungspotenzial hin allgemein zu beobachten und sie gerade auch unabhängig von konkreten Gefahren in den Blick zu nehmen«. Das Ziel der Datenerhebung durch die Nachrichtendienste ist also nicht die operative Gefahrenabwehr, sondern die politische Information.

In den Worten des Bundesverfassungsgerichts: »Die Rechtsordnung unterscheidet zwischen einer grundsätzlich offen arbeitenden Polizei, die auf eine operative Aufgabenwahrnehmung hin ausgerichtet und durch detaillierte Rechtsgrundlagen angeleitet ist, und den grundsätzlich verdeckt arbeitenden Nachrichtendiensten, die auf die Beobachtung und Aufklärung im Vorfeld zur politischen Information und Beratung beschränkt sind und sich deswegen auf eine weniger ausdifferenzierte Rechtsgrundlage stützen können. Eine Geheimpolizei ist nicht vorgesehen.« Der Datenaustausch mit einer Polizeibehörde bedarf deshalb einer klaren gesetzlichen Grundlage und setzt, wie beim Antiterrordateigesetz, ein begründetes Gemeinwohl voraus, das den individuellen grundrechtlichen Schutz überwiegt. Ähnliches gilt (ohne Beteiligung des Bundesnachrichtendienstes) für das Rechtsextremismus-Datei-Gesetz von 2012. Auch hier werden überwiegende Gemeinwohlbelange vorausgesetzt.

Im Klartext heißt das: Die Schwelle, die Polizei und andere Sicherheitsbehörden überwinden müssen, um personenbezogene Daten zu beziehen, ist hoch – und das ist richtig so. Es ist verfassungskonform und im Sinne des Grundgesetzes. Denn auch wenn die Bedrohung durch Terror real ist, dient die überwältigende Mehrheit der erhobenen Daten tatsächlich nicht der Gefahrenabwehr. Häufig fehlten im Vorfeld der Terrorgefahr auch gar nicht die Informationen, sondern die vorliegenden Daten wurden falsch bewertet, wie etwa beim Fall des Tunesiers Anis Amri, der 2016 das Attentat auf den Berliner Weihnachtsmarkt auf dem Breitscheidplatz verübte. Der marokkanische Geheimdienst hatte, wie sich später herausstellte, mehrfach vor seiner Gefährlichkeit und bevorstehenden Terrorakten gewarnt.

Ein Terrorist, der mit unlauteren Methoden operiert, kann unter Umständen – das ist richtig – von den Freiheitsrechten unseres Grundgesetzes profitieren. Aber wir würden die Freiheit von

Millionen Menschen einschränken, wenn wir dem Staat angesichts der Terrorgefahr größere Macht einräumten – das wäre eine weit gefährlichere Entwicklung.

Die Schutzpflicht des Staats

Ich hatte bereits betont, dass der moderne Staat dem Bürger zu dienen hat. Sinn und Zweck der Grundrechte ist es in erster Linie, die Freiheitssphäre des Bürgers vor Eingriffen des Staats zu sichern. Sie sind Abwehrrechte – gleichzeitig aber auch Grundsatzentscheidungen zu unseren Werten. Die Grundrechte können aber auch von Unternehmen oder Organisationen, vielleicht auch durch fremde Staaten (etwa bei Bespitzelung ausländischer Geheimdienste) bedroht und beeinträchtigt werden. Gesetzgeber, Behörden und Gerichte haben sich dann schützend vor den Bürger zu stellen. Mit welchen Mitteln und in welchem Maße das im Einzelnen zu geschehen hat, entscheiden die staatlichen Organe grundsätzlich selbst. So hat es auch das Bundesverfassungsgericht 1977 in dem Verfahren um die Entführung von Hanns-Martin Schleyer getan. Der ehemalige Arbeitgeberpräsident war von den RAF-Terroristen entführt und mit dem Tod bedroht worden, um neun RAF-Gefangene freizupressen. Das Bundesverfassungsgericht befand damals, dass die Bundesregierung frei sei in ihrer Entscheidung – zwischen der Aussicht auf das Leben des Arbeitgeberpräsidenten und dem Risiko, die Terroristen freizulassen. In diesem Dilemma der Schutzpflicht hatte sich Bundeskanzler Helmut Schmidt gegen ein Eingehen auf die Erpressung entschieden, was das Bundesverfassungsgericht verfassungsrechtlich nicht beanstandete. Schleyer wurde später ermordet.

Allerdings sind dieser Entscheidungsfreiheit des Staates Grenzen gesetzt: Zur Erfüllung der Schutzpflicht dürfen auf keinen Fall

Mittel eingesetzt werden, die die Menschenwürde anderer verletzen. 2005 waren die Bundesregierung und das Parlament bereit, im Extremfall eine kleinere Anzahl von Menschenleben zu opfern, um eine größere zu retten – und beriefen sich dabei auf ihre Schutzpflicht. Die Streitkräfte waren, wie bereits kurz angesprochen (siehe Seite 24), ermächtigt worden, im Falle des Kidnappings eines Zivilflugzeugs dieses abzuschießen – falls es Anzeichen dafür gäbe, dass es eventuell als Waffe gegen Menschen eingesetzt werden könnte. Das Bundesverfassungsgericht hat dieses Gesetz als mit dem Menschenwürdeschutz (Art. 1 Abs. 1 GG) und dem Recht auf Leben (Art. 2 Abs. 2 GG) für unvereinbar erklärt. Praktisch bedeutet das: Der Staat kann nicht die im gekaperten Flugzeug befindlichen Passagiere zu bloßen Objekten machen, um eine größere Anzahl von Menschen zu retten. Das Argument, dass die Passagiere im Entführungsfall ohnehin dem Tod geweiht wären, greift nicht, da das menschliche Leben und die menschliche Würde in jedem Fall zu schützen sind – ohne Rücksicht auf die Dauer ihrer physischen Existenz.

Die Grundrechte sind unveräußerlich: Sie können nicht aufgegeben und nicht auf andere übertragen werden. Nicht einmal der Gesetzgeber, selbst wenn hinter ihm verfassungsändernde Mehrheiten stehen, kann das ändern. Das gilt ganz besonders für den Schutz der Menschenwürde, die Basis vieler Grundrechte. Sie ist die Königin der Verfassungsnormen und herrscht absolut über das Grundgesetz. Weder kann sie normativ in ihrem Wesensgehalt verändert werden, noch können andere Grundrechte sie beschränken. Die Wahrung der Menschenwürde ist stets oberstes Gebot, auch für den Staat und in gleichem Maß, wenn andere Rechtsgüter bedroht sind. Eine solche Argumentation vertrat 2004 die 27. Große Strafkammer des Frankfurter Landgerichts im Fall Jakob von Metzler: Zwei Kriminalbeamte waren angeklagt, durch eine angedrohte »Rettungsfolter« das Versteck des entführten und, wie sich dann herausstellte, bereits ermordeten Kindes herausgepresst zu haben. Auch die Notlage, Leben retten zu wollen, würde nicht die Verletzung der Menschenwürde rechtfertigen.

Auch Terroristen haben Menschenwürde

Unter dem Druck der Terrorangst gerät selbst die Menschenwürde, dieses höchste Gut des Rechtsstaats, immer wieder in Verteidigungszwänge. So stoppte der Europäische Gerichtshof für Menschenrechte in Straßburg im Frühjahr 2019 zunächst die Abschiebung eines Islamisten, der in Frankreich zu sechs Jahren Haft wegen Beteiligung an terroristischen Aktivitäten verurteilt worden war. Seine Anwälte argumentierten, er habe in seinem Heimatland Folter zu befürchten, eine Verletzung der Menschenwürde. Wenige Monate später wurde die Abschiebung dann doch gebilligt, als algerische Behörden versichert hatten, es werde in der Demokratischen Volksrepublik nicht mehr misshandelt.

Der Gerichtshof hat immer wieder klargemacht, dass auch die »immensen Schwierigkeiten« bei der Bekämpfung von Terrorismus es nicht erlaubten, die Menschenrechte infrage zu stellen: »Die Aussicht, dass eine Person eine ernste Bedrohung für die Gemeinschaft darstellt, wenn sie nicht abgeschoben wird, mindert in keiner Weise den Grad des Risikos einer Misshandlung, die der Person nach ihrer Rückkehr droht.« Terrorgefahr und Folterrisiko lassen sich also nicht gegenseitig aufrechnen.

»Welche humanitäre Verantwortung hat Deutschland gegenüber Dschihadisten?«, fragt *Die Welt* angesichts vieler praktischer Schwierigkeiten, »Gefährder« in ihre Heimatländer abzuschieben. Nach einem Urteil des Bundesverwaltungsgerichts in Leipzig von 2017 ist es statthaft, gewaltbereite Ausländer ohne deutschen Pass abzuschieben, noch bevor ihnen eine konkrete Straftat nachgewiesen werden kann. 2019 wird die Zahl der in Deutschland lebenden »Gefährder« auf rund 450 geschätzt, und es ist sicher kein angenehmer Gedanke, sie als Nachbarn zu haben.

Aber: Wir haben, kann ich auf die Frage der *Welt* nur antworten, mehr als eine humanitäre Verantwortung. Vielmehr sind wir nach unserem Grundgesetz verpflichtet, die Menschenwürde zu achten, egal, ob es sich um Terroristen, Diktatoren, Mörder oder unbescholtene Bürger handelt. Aus diesem Grund wird in Deutschland nicht gefoltert, und wir haben die Todesstrafe abgeschafft.

Da an der Menschenwürde nicht zu rütteln ist, konzentrieren sich die Debatten in solchen Abschiebefällen vielfach auf die Frage, wie es um die Menschenrechte in den jeweiligen Herkunftsländern wirklich bestellt ist. So entschied das Bundesverfassungsgericht 2018, dass die Abschiebung eines Tunesiers, der in seiner Heimat an einem Bombenanschlag mit vielen Toten beteiligt gewesen sein soll, rechtens ist. Die Todesstrafe existiere zwar noch in Tunesien, werde aber nicht mehr vollzogen. Ein wichtiger Punkt ist laut Bundesverfassungsgericht auch die Frage, ob in einem Land ein menschenwürdiger Strafvollzug möglich ist, mit der realistischen Chance, irgendwann die Freiheit wiederzuerlangen.

Stenge Strafen gewinnen Sympathien

Wie weit dieses zentrale Rechtsstaatsprinzip der Menschenwürde selbst bei angehenden Juristen schon aus dem Blickfeld geraten ist, zeigt eine besorgniserregende Umfrage unter Studenten: Jeder dritte von über 3000 Erlanger Jurastudenten sprach sich für die Wiedereinführung der Todesstrafe aus, die Hälfte würde unter bestimmten Umständen auch die Folter erlauben. Das ist vielleicht nur eine Momentaufnahme unter sehr jungen Menschen, die gerade erst ihr Studium beginnen, doch die Tendenz, so Strafrechts-professor Franz Streng, der die Umfrage mit früheren verglich, ist ganz klar: Vergeltung und Sicherheitsdenken verdrängen andere Rechtsgüter.

Für diese Generation sind auch die Schrecken des Dritten Reiches mit seiner millionenfachen Entwertung und Vernichtung von Leben bereits weit entrückt, die Anlass waren für die Schöpfer des Grundgesetzes, den Begriff der Menschenwürde in das Zentrum zu rücken. Nach Rassismus, Judenhass, Euthanasie, Eugenik und anderen Formen der Diskriminierung hat das Grundgesetz diesen Begriff mehrfach konkretisiert und schreibt nunmehr ganz klar fest, dass jeder Mensch Wert und Achtungsanspruch hat – unabhängig von seinen Eigenschaften, seinen körperlichen oder geistigen Befähigungen, seiner Leistung oder sozialem Status.

Die Ethik des Abhörens

Die Menschenwürde kommt aber nicht nur ins Spiel, wenn es sich um Folter, Tötung oder Misshandlung handelt. Es gibt auch eine ganz stille Seite, zum Beispiel die Lebensgestaltung. Privatheit ist ein elementares Bedürfnis des Menschen, und deshalb ist die Privatwohnung vom Grundgesetz als Rückzugsbereich geschützt – sie ist unverletzlich (Art. 13 Abs. 1 GG).

Trotz des hohen Rangs dieser Verfassungsbestimmung hatte der Bundestag im Januar 1998 mit den Stimmen von CDU/CSU, FDP und Teilen der SPD eine Änderung von Artikel 13 beschlossen. Sie erlaubte im Falle des Verdachts besonders schwerer Straftaten das Abhören – genauer gesagt, den »Einsatz technischer Mittel zur akustischen Wohnraumüberwachung« – nach vorheriger richterlicher Anordnung. In der Öffentlichkeit wurde das »Großer Lauschangriff« getauft. Zu seiner Legitimierung verwiesen

Politiker auf die Notwendigkeit eines »wehrhaften Rechtsstaats«, so der Jurist und CDU-Bundestagsabgeordnete Rupert Scholz: »... gerade im Kampf gegen die organisierte Kriminalität wird man auf entsprechende technische Überwachungsmöglichkeiten – ich sage einmal, leider – nicht mehr verzichten können. Das ›leider‹ bezieht sich aber vor allem auf die Kriminalität und nicht auf die Maßnahme.«

Die Verfassungsänderung schien der vorläufige Schlusspunkt zu sein nach heftigen innenpolitischen Auseinandersetzungen, in deren Folge die damalige Bundesjustizministerin Sabine Leutheusser-Schnarrenberger (FDP), eine Gegnerin der Überwachung, von ihrem Ministeramt zurückgetreten war – aus Protest gegen diese bis dahin vielleicht umstrittenste kriminalpolitische Entscheidung. Doch dann wandte sie sich mit ihren Parteikollegen Gerhard Baum und Burkhard Hirsch an das Bundesverfassungsgericht. 2004 fiel das Urteil, an dessen Formulierung ich selbst im Ersten Senat beteiligt war. Der »Große Lauschangriff« war in Teilen verfassungswidrig, weil er die Menschenwürde verletzte. Nur bei der Ermittlung schwerer Straftaten sind seitdem Abhöraktionen möglich – bis dahin hatte das Gesetz das auch für Vergehen mit geringerer Strafandrohung erlaubt.

Entscheidend aber war noch ein weiterer Punkt: Würden beim Abhören Gespräche höchst persönlichen Inhalts erfasst – mit engsten Familienangehörigen, geistlichen Seelsorgern, Ärzten und Anwälten –, dann müsste die Aktion sofort abgebrochen werden. Daran würden auch hochrangige Ermittlungsinteressen nichts ändern. Das Gericht sprach damals erstmalig mit aller Deutlichkeit den Satz aus, dass zur Unantastbarkeit der Menschenwürde die Anerkennung eines absolut geschützten Kernbereichs privater Lebensgestaltung gehört. Da der neu eingefügte Grundrechtsartikel 13 Abs. 3 dies nicht ausdrücklich festlegte, vertrat eine Mindermeinung im Ersten Senat die Auffassung, dass selbst diese Grundgesetzänderung verfassungswidrig sei, also »verfassungswidriges Verfassungsrecht« darstelle. Die Mehrheit im Senat war indes der Auffassung, dass diese Einschränkung unmittelbar aus Art. 1 Abs. 1 GG folgt und der neue Art. 13 Abs. 3 von vornherein mit dieser Einschränkung zu verstehen ist. Die vom Bundesverfassungsgericht geforderten Voraussetzungen erschwerten die Abhöraktionen jedenfalls so weit, dass ihre Zahl deutlich eingeschränkt wurde: 2003, also im Jahr vor dem Urteil, waren es nach Auskunft der Bundesregierung 18 Ermittlungsverfahren, bei denen Wohnungen abgehört wurden, 2018 nur noch acht.

Der Kernbereich der Privatsphäre

Auch das Fernmeldegeheimnis (Art. 10 GG) darf nicht ohne Weiteres dem Schutz anderer Rechtsgüter geopfert werden. 2003 hatte die niedersächsische Landesregierung ein Gesetz zur vorbeugenden Bekämpfung vermuteter Straftaten erlassen. Auch ohne dass ein konkreter Verdacht vorlag, konnten danach Telefongespräche überwacht werden – ebenso die von weiteren Personen, die mit den Überwachten in Kontakt standen. Einige Bundesländer wie Hamburg, Hessen, Rheinland-Pfalz und Thüringen waren dem niedersächsischen Beispiel gefolgt, andere hatten das vor. Ein Oldenburger Richter hatte Verfassungsbeschwerde eingelegt, weil sich diese präventive Telefonüberwachung im Prinzip gegen jeden wenden könne, und er bekam recht.

Auch hier betonte das Bundesverfassungsgericht die Schutzwürdigkeit des sogenannten Kernbereichs der Privatsphäre. Allerdings sind Bürgerinnen und Bürger zur höchstpersönlichen Kommunikation nicht in gleichem Maße auf ein Telefon angewiesen wie auf ihren privaten Rückzugsbereich der Wohnung. Das Risiko, dass eine Telefonüberwachung diesen besonders streng geschützten Bereich der Privatsphäre verletzt, ist insgesamt geringer. Das Bundesverfassungsgericht verlangt deshalb vom Gesetzgeber sicherzustellen, dass – wenn schon höchst persönliche Gespräche erfasst wurden – diese nicht gespeichert und nicht verwertet, sondern sofort gelöscht werden. Außerdem hatte das Land Niedersachsen in diesem Fall zum Teil in Bundeskompetenzen eingegriffen, denn die Telekommunikationsüberwachung zu Zwecken der Strafverfolgung ist in der Strafprozessordnung geregelt.

Digitaler Lifestyle – das Ende der Privatheit?

Unter dem Gesichtspunkt der digitalen Gesellschaft erscheint der Wohnraumschutz fast altmodisch, denn Gespräche im Kernbereich der Privatsphäre werden zunehmend durch andere Kommunikationsformen ergänzt oder sogar ersetzt. Weit mehr Anhaltspunkte als versteckte Mikrofone oder angezapfte Telefone liefern heute digitale Speichermedien, mobile Messenger-Dienste oder auch die Cloud – alles völlig unabhängig von Haus oder Wohnung. Der Schutz der Privatsphäre muss deshalb auch verfassungsrechtlich angepasst werden.

Die Anbindung an das Internet ist ein zentrales Einfallstor für jeden, der in den Privatbereich eindringen will. Sie ermöglicht unter anderem den Zugriff auf die Speichermedien eines Computers. Im Jahr 2008 war der nordrhein-westfälische Verfassungsschutz die einzige deutsche Behörde, die dafür eine ausdrückliche Erlaubnis hatte. Eine Online-Journalistin, ein Mitglied der Linken und drei Rechtsanwälte reichten dagegen eine Verfassungsbeschwerde ein. Mit seiner Entscheidung zur »Online-Durchsuchung« anerkannte das Bundesverfassungsgericht ein spezifisches Grundrecht, nämlich das auf »Gewährleistung der Vertraulichkeit und Integrität informationstechnischer Systeme« (abgeleitet aus Art. 2 Abs. 1 in Verbindung mit Art. 1 Abs. 1 GG). »Das Gericht ist im Informationszeitalter angekommen«, kommentierte das der FDP-Politiker Gerhard Baum, einer der Beschwerdeführer.

Dieses »IT-Grundrecht« folgt der Entwicklung der mobilen Gesellschaft und löst den Gedanken des »Kernbereichsschutzes für die private Lebensgestaltung« von seiner Verortung im Haus oder in der Wohnung. Zwar kann ein Computer auch in der Wohnung stehen, und ermittelnde Behörden können Zugriff auf die integrierte Kamera und Mikrofone nehmen; die größte Gefahr sah das Gericht aber nicht in dem »analogen« Aufzeichnen von Vorgängen, sondern dem möglichen Zugriff auf sämtliche Daten der Speichermedien der Rechner – Dokumente, Audioaufnahmen, Videos, Suchmaschinenpfade, Einkäufe, Kalendereinträge und vieles andere mehr. Das war, nur zehn Jahre nach dem Urteil zum »Großen Lauschangriff«, eine völlig andere Dimension des Angriffs auf die Privatsphäre.

Bei einer Online-Überwachung über das Internet lässt sich nicht mehr von vornherein trennen, ob die ermittelten Informationen den Kernbereich der persönlichen Privatsphäre betreffen oder nicht. Daten mit Bezug zur höchstpersönlichen Lebensgestaltung können erst im Nachhinein gelöscht werden, sie dürfen nicht verwertet werden. Bestätigt wurde diese Linie des ausgeprägten Schutzes der Privatheit auch 2016 im Urteil zur Vorratsdatenspeicherung, als präzisiert wurde, dass persönliche Daten nicht einfach über den konkreten Anlass hinaus weiterverwendet werden dürfen.

Daten auf Vorrat

2007 war in Deutschland als Reaktion auf eine EU-Richtlinie ein Gesetz zur »Neuregelung der Telekommunikationsüberwachung und anderer verdeckter Ermittlungsmaßnahmen« beschlossen worden, das dann im folgenden Jahr in Kraft gesetzt wurde. Es verpflichtete die Anbieter von Telekommunikationsdiensten, Daten wie Vertragsabschlüsse, IP-Adressen oder auch Einzelverbindungsnachweise über den für reine Vertragszwecke notwendigen Zeitraum hinaus zu speichern, auf »Vorrat« also. Gegebenenfalls sollten diese Daten vor allem der Ermittlung von Straftaten dienen.

Nach Massenklagen erklärte das Bundesverfassungsgericht dieses Gesetz für verfassungswidrig und verpflichtete die Telekommunikationsbetreiber zur sofortigen Löschung ihrer Daten, da deren Speicherung ohne konkreten Anlass erfolgt sei. Die politische wie juristische Debatte ist seither nicht abgerissen. 2014 erklärte nämlich der Europäische Gerichtshof die zugrunde liegende EU-Richtlinie für ungültig, da sie mit den Grundrechten der Europäischen Union nicht vereinbar sei.

Daraufhin war in Deutschland die Speicherung von Verkehrsdaten, gemäß einem Urteil des Bundesgerichtshofs von 2014, für sieben Tage erlaubt, da dies nicht der Strafverfolgung, sondern internen Zwecken diene. 2015 wurde das dann aber wieder geändert, als die Große Koalition ein neues Gesetz zur Vorratsdatenspeicherung verabschiedete, das von vornherein sehr viel Widerspruch hervorrief. Es sah eine Speicherung für zehn Wochen vor. Als schon ein Jahr später der Europäische Gerichtshof die gesamte Vorratsdatenspeicherung ohne Verdacht auf strafbare Handlungen für illegal erklärte, kam es zu einer Art Pattsituation; die Speicherfrist ist nicht aufgehoben, aber Verstöße dagegen werden auch nicht geahndet, bis es zu einer endgültigen Entscheidung kommen muss.

Die Gedanken sind frei

Der Kernbereich privater Lebensgestaltung ist deshalb so zentral, weil er dem im Grundgesetz verankerten Schutz der »Entfaltung der Persönlichkeit« gilt. »Die Gedanken sind frei – wer kann sie erraten?«, so das alte Freiheitslied: »Kein Mensch kann sie wissen, kein Jäger sie schießen«. Das bringt uns zurück zum Zweck des Staats, die Befreiung von der Furcht (siehe Seite 21ff.): Jeder Bürger soll Empfindungen und Gefühle genauso wie Überlegungen, Ansichten und Erlebnisse höchst persönlicher Art frei von Angst äußern können, ohne dass der Staat mithört oder mitliest.

Die Magna Charta des deutschen Datenschutzrechts ist deshalb das Volkszählungsurteil des Bundesverfassungsgerichts aus dem Jahre 1983. Zwei Jahre zuvor hatte die Bundesregierung die Mitglieder jedes einzelnen Haushalts mit einem umfassenden Katalog persönlicher Daten erfassen wollen. Zum ersten Mal wurde öffentlich diskutiert, dass Daten dank der sich rasch entwickelnden Computertechnologie in zuvor ungekanntem Ausmaß miteinander kombiniert werden konnten und so Persönlichkeitsprofile über persönliche Lebensweisen, politische Einstellungen, Vermögensfragen, Biografien usw. möglich wurden.

Nach mehreren Verfassungsbeschwerden erkannte das Bundesverfassungsgericht in zahlreichen Vorschriften des Volkszählungsgesetzes Eingriffe in die Grundrechte und befand wesentliche Teile des Bundesgesetzes für verfassungswidrig. Begründet wurde das vor allem mit einer Verletzung des Rechts auf informationelle Selbstbestimmung (nach Art. 2 Abs. 1 GG), als besonderer Ausprägung des Rechts auf freie Entfaltung der Persönlichkeit.

Ein zentraler Satz im Urteil ist immer noch so wichtig, dass er hier nochmals zitiert werden soll. Das Gericht befand, dass eine Rechtsordnung nicht mit einer freiheitlichen Gesellschaftsordnung vereinbar ist, wenn die »Bürger nicht mehr wissen können, wer was wann und bei welcher Gelegenheit über sie weiß. Wer unsicher ist, ob abweichende Verhaltensweisen jederzeit notiert und als Information dauerhaft gespeichert, verwendet oder weitergegeben werden, wird versuchen, nicht durch solche Verhaltensweisen aufzufallen. [...] Dies würde nicht nur die individuellen Entfaltungschancen des Einzelnen beeinträchtigen, sondern auch das Gemeinwohl, weil Selbstbestimmung eine elementare Funktionsbedingung eines auf Handlungsfähigkeit und Mitwirkungsfähigkeit seiner Bürger begründeten freiheitlichen demokratischen Gemeinwesens ist. Hieraus folgt: Freie Entfaltung der Persönlichkeit setzt unter den modernen Bedingungen der Datenverarbeitung den Schutz des Einzelnen gegen unbegrenzte Erhebung, Speicherung, Verwendung und Weitergabe seiner persönlichen Daten voraus.«

Das Recht auf informationelle Selbstbestimmung gewährleistet also, dass nur der Einzelne selbst über die Preisgabe und die Verwendung seiner persönlichen Daten bestimmen kann. Die Volkszählung wurde dann erst 1987 in deutlich abgespeckter Form und anonymisiert durchgeführt.

Das Dilemma des Rechtsstaats

Ich fasse zusammen: Der Staat hat die Pflicht, seine Bürger zu schützen, muss aber gleichzeitig auch ihre individuellen Freiheitsrechte wahren. Widerstreitende Interessen, die dabei in Konflikt geraten, muss der Gesetzgeber ausgleichen. Deshalb sind Eingriffe in die Grundrechte, zum Beispiel Abhöraktionen, nur dann verfassungsrechtlich legitim, wenn sie zum Schutz eines besonders wichtigen Rechtsguts – wie zum Beispiel des Lebens bei einem drohenden Terrorangriff – vorgenommen werden. Besonderen Schutz genießen auch Güter der Allgemeinheit, deren Bedrohung die Grundlagen und den Bestand des Staats und die Grundlagen der Existenz der Menschen berühren. Sollen für sie Grundrechte eingeschränkt werden, muss ein begründeter Verdacht vorliegen, und der Eingriff muss geeignet, erforderlich und angemessen sein. Die Menschenwürde steht dabei unter ganz besonderem Schutz: Sie ist absolut und entzieht sich jeder Abwägung.

Welche Befugnisse der Gesetzgeber zur Abwehr von Gefahren vorsieht, ist von der Verfassung nicht im Einzelnen festgelegt. Verändert sich die Bedrohung, kann er seine Strategien anpassen. Dann wird die Balance zwischen Freiheit und Sicherheit neu justiert. Dabei dürfen die Gewichte allerdings nicht grundlegend verschoben werden, sie müssen immer wieder austariert werden. Die Verfassung verlangt nämlich eine permanente Rückbesinnung auf die Freiheitsrechte der Bürgerinnen und Bürger. Dabei ist das Spannungsverhältnis zwischen Individuen auf der einen und Gesellschaft und Staat auf der anderen Seite eine ständige Herausforderung – wie auch der Wandel der Zeit und veränderte gesellschaftliche Rahmenbedingungen.

Bis auf die Menschenwürde können die verbürgten Freiheitsrechte miteinander abgewogen, aber keines davon darf völlig verdrängt werden. Für die Menschenwürde gilt sogar ein absoluter Schutz, das heißt, sie unterliegt keiner Abwägung. Das Spektrum möglicher Lösungen in dem polaren Feld von Freiheit und Sicherheit darf sich nicht vom technologischen Fortschritt abhängig machen, sondern muss unter Wahrung der Verhältnismäßigkeit herausgearbeitet werden. Denn nicht alles, was heutzutage oder in naher Zukunft technisch möglich ist, ist auch verfassungsgemäß. Deshalb sieht unsere rechtsstaatliche Ordnung auch vor, dass die Grenzen, die dem Gesetzgeber per Verfassung auferlegt sind, letztverbindlich von den Gerichten, insbesondere dem Bundesverfassungsgericht, ausgelotet, interpretiert und gegebenenfalls auch durchgesetzt werden. Die Akzeptanz in Politik und

Gesellschaft für diese juristische Letztkontrolle, den Rechtsstaat also, ist ein wesentlicher Faktor für die Einheit dieses Landes. Bürgerinnen und Bürger müssen aber auch den Willen zur Freiheit haben – das ist der andere Pol –, zu einer Freiheit in Verantwortung für die Gemeinschaft, ihre Mitmenschen und letztlich für sich selbst. Dieser Wille muss sich immer wieder neu artikulieren.

Mein früherer Richterkollege und Staatsrechtslehrer Ernst-Wolfgang Böckenförde beschrieb den Rechtsstaat folglich als Dilemma. Er gewähre seinen Bürgern Freiheit, aber diese müsse sich von innen her, aus der moralischen Substanz des Einzelnen und der Homogenität der Gesellschaft, selbst regulieren. Mit rechtlicher Gewalt allein könne der Staat das nicht erreichen. Sonst würde er ja gemäß Böckenförde »... in jenen Totalitätsanspruch zurückfallen, aus dem er in den konfessionellen Bürgerkriegen herausgeführt hat«.

3

Kapituliert der Rechtsstaat?
Von »Asyl« bis »Zuwanderung«

Seitdem die Frage aufkam, wie mit dem Flüchtlingsstrom umzugehen sei, wird nun der Rechtsstaat von allen Seiten bemüht – ob von Asyl-NGOs oder der AfD, ob von Horst Seehofer als Bundesinnenminister oder Vertretern der Linken. Alle sehen den Rechtsstaat bedroht, aber jeder meint damit etwas anderes.

Die Bundesrepublik Deutschland ist ein Rechtsstaat. Aber was heißt das eigentlich? Es bedeutet, dass das Recht für jeden gilt und gegen jedermann durchgesetzt werden muss. Dies betrifft auch den Staat. Egal welches strategisch politische Denken ihn bestimmt, was für ökonomische Erwägungen oder auch moralisch-ethische Beweggründe ihn treiben – handeln darf der Staat nur im Rahmen der Gesetze.

Diese Einschränkung ist wichtig, denn der Staat hat das Gewaltmonopol. Nur er kann geltendes Recht durchsetzen – über die vollziehende und die rechtsprechende Gewalt. Ein Selbsthilferecht oder gar ein Faustrecht der Bürgerinnen und Bürger, auch eine religiös fundierte Rechtsprechung wie bei der Scharia kann es in einem Rechtsstaat niemals geben.

Besonders in der Asyl- und Migrationspolitik der vergangenen Jahre ist dieser elementare Grundsatz dennoch in besorgniserregender Weise ignoriert worden – in Deutschland, aber auch in den anderen Staaten der Europäischen Union. Es verwundert nicht, dass diese politische Willkür das Vertrauen der Bevölkerung in die Demokratie und ihre Funktionsfähigkeit erschüttert hat. Am Wert der Rechtsstaatlichkeit wird immer häufiger gezweifelt. So machen sich Gruppierungen wie die »Reichsbürger« breit, welche die Gesetze nicht anerkennen und die Legitimation des Staats nicht akzeptieren, sondern bekämpfen.

Die AfD, bei der Bundestagswahl 2017 immerhin mit 12,6 Prozent der Stimmen in den Bundestag gewählt, gibt sich als einzige »Rechtsstaatspartei« aus und versucht auf diese Weise, sich von den herkömmlichen, von ihr als »Systemparteien« bezeichneten demokratischen Parteien abzugrenzen. Der Rechtsstaat aber ist unverbrüchlich – wer ihn infrage stellt, zerstört das Fundament der parlamentarischen Demokratie. Man sollte also annehmen, dass Bürgerinnen und Bürger von allen Seiten herbeieilen, um sich für den Rechtsstaat in die Bresche zu werfen, vor allem die Funktions- und Mandatsträger unserer Demokratie. Dem ist aber nicht so. Trotz aller Unkerei, dass der Rechtsstaat bedroht sei, wird er von vielen gleichzeitig so behandelt wie ein altes Vehikel, aus dem man sich das aussucht, was man noch gebrauchen kann, und den Rest liegen lässt. Im Folgenden möchte ich schildern, welche Entwicklungen in diese Richtung geführt haben. Verstehen Sie bitte meine Kritik nicht als Lamento eines Juristen, dessen Fachgebiet in der Öffentlichkeit nicht genügend wertgeschätzt wird. Ich meine sie als ernsthafte Warnung vor dem Abgleiten in eine postdemokratische Gesellschaft.

Mitgefühl ersetzt kein Recht

»Wir schaffen das«, war der Satz der Bundeskanzlerin, mit dem sie 2015 auf die Krise im Mittelmeer und den Flüchtlingsstrom aus Nordafrika, vor allem aber aus dem umkämpften Syrien reagierte.

Mehr als 18 000 Menschen sind zwischen dem Jahr 2004 und dem Frühjahr 2019 bei dem Versuch ertrunken, den vielfachen kriegerischen Auseinandersetzungen, politischer Verfolgung, aber auch der wirtschaftlichen Aussichtslosigkeit in ihrer Heimat zu entkommen. Andere konnten ein rettendes Schiff erreichen oder strandeten an irgendeiner Grenze, wo sie zum Teil noch heute auf eine Perspektive hoffen. Besonders das Foto eines zweijährigen kurdisch-syrischen Jungen, dessen Leichnam im September 2015 an der türkischen Mittelmeerküste angeschwemmt wurde, bewegte die Öffentlichkeit und Politik quer durch Europa und führte zu Forderungen, mehr Flüchtlinge in der EU aufzunehmen.

Die bundesdeutsche Gesellschaft spaltete sich in den Teil, der gerne eine Willkommensgesellschaft sein wollte, und in einen anderen, der dringend dafür plädierte, die Grenzen vor illegaler Migration zu schützen. Aus juristischer Sicht hatten, wie ich zeigen werde, diejenigen recht, die sich gegen eine ungehinderte Einreise wandten. Auch wenn Teile der Gesellschaft das als inhuman werten: Es war rechtlich nicht in Ordnung, in einem bestimmten Zeitraum alle Migranten unbegrenzt einreisen zu lassen – eine Verletzung des deutschen Asylrechts wie auch der europäischen Dublin-III-Verordnung. Die Rechtslage ist hier zwar komplex und nicht leicht überschaubar, aber dennoch waren die politischen Reaktionen auf die massenhafte Zuwanderung aus Nordafrika eine klare Kapitulation des Rechtsstaats. Warum?

Mehr als 1,3 Millionen Asylanträge wurden beim Bundesamt für Migration und Flüchtlinge (BAMF) von Anfang Juli 2015 bis Ende Juli 2018 gestellt. Der Großteil der Menschen kam erst nach dem berühmten Ausspruch der Bundeskanzlerin, der sicher ein Signal für viele Tausende war, sich überhaupt erst auf den gefährlichen Weg über das Mittelmeer zu machen – paradoxerweise führte hier politisches Handeln, das eigentlich Leben retten wollte, gleichzeitig zu neuen Opfern. Im Frühjahr 2016 wurde dann aber der Zustrom gebremst, als die verschiedenen Balkanrouten (siehe Seite 52) von den Staaten mit EU-Außengrenzen Stück für Stück dichtgemacht wurden. Inzwischen hat sich die Zahl deutlich verringert. Im Jahr 2018 beantragten noch 185 853 Menschen in Deutschland Asyl.

Humanität, Barmherzigkeit und Nächstenliebe – vom moralischen Standpunkt aus sind diese Prinzipien selbstverständlich ehrenhaft und anerkennungswürdig. In einem Rechts- und Verfassungsstaat aber hat das Handeln nach subjektiven Moralvorstellungen Grenzen – und die liegen im geltenden Recht. Subjektive und individuelle Vorstellungen von Solidarität und Hilfsbereitschaft können nicht an die Stelle des Gesetzes treten, sonst macht sich Chaos breit, weil die unterschiedlichen Vorstellungen um Vorrang konkurrieren und sich gegenseitig das Recht absprechen. So war es dann auch bei uns: Die Bereitschaft, Menschen in Not aufzunehmen, hat bei vielen Deutschen Furcht und Abwehr ausgelöst, was in der Folge politisch zu einer Radikalisierung und zu einer besorgniserregenden Spaltung der Gesellschaft führte. Das hat den populistischen Rechtsparteien erst richtig zum Aufschwung verholfen.

Juristischer Verschiebebahnhof

Nicht vom politischen Rechtsruck in Teilen der EU soll hier aber die Rede sein, sondern von einem »Rechts-Rutsch«, einem Verschiebebahnhof, was die rechtlichen Zuständigkeiten und politischen Lasten von Flucht und Migration angeht. Diese Regelungen sind, das soll als Aussage vorweggenommen werden, dringend reformbedürftig, denn sie sind weder gerecht noch den heutigen Flüchtlings- und Migrationsbewegungen gewachsen. Sie sind kompliziert, unüberschaubar, teilweise verworren und nicht immer widerspruchsfrei – vor allem im Zusammenwirken mit EU-rechtlichen und völkerrechtlichen Normen.

»Politisch Verfolgte genießen Asylrecht« – Artikel 16 Abs. 2 GG a.F., in Erinnerung an die Menschenrechtsverletzungen der Nazizeit im deutschen Grundgesetz festgeschrieben, begründete ein einklagbares Individualrecht auf Asyl. Zwei Jahre später, 1951, trat die Bundesrepublik der Genfer Flüchtlingskonvention bei, ursprünglich geschaffen, um für die heimatlosen Menschen auf der Flucht nach dem Zweiten Weltkrieg Regelungen zu finden. Inzwischen haben 148 Staaten das erweiterte Abkommen unterzeichnet, das eine international gültige Rechtsgrundlage zum Schutz von Flüchtlingen darstellt. Sie begründet allerdings kein Recht auf Asyl, sondern postuliert Rechte im Asyl.

1953 trat außerdem die Europäische Menschenrechtskonvention in Kraft, angelehnt an die »Allgemeine Erklärung der Menschenrechte« der Vereinten Nationen (1948). Diese vom Europarat vereinbarte Konvention ging jedoch weit über Goodwill-Erklärungen hinaus, sondern nennt bis heute juristisch verbindliche Grundrechte, die von jedermann vor dem eigens geschaffenen Europäischen Gerichtshof für Menschenrechte einklagbar sind.

Die ersten Migranten der jungen Bundesrepublik waren die »Gastarbeiter«. Die boomende Wirtschaft der Nachkriegszeit führte dazu, dass ab 1955 Anwerbeverträge mit Ländern wie Italien, Jugoslawien, Griechenland und der Türkei geschlossen wurden, um billige Arbeitskräfte nach Deutschland zu holen. Obwohl ursprünglich Rotation und Rückkehr geplant waren, wurden die genehmigten Aufenthaltszeiten immer länger, die Zahl der Angeworbenen stieg in die Millionen – vor allem, als nach dem Mauerbau der Zuzug aus der DDR wegfiel. Die Wirtschaft profitierte, bis 1973 die Ölkrise die Konjunktur bremste und der damalige Arbeits- und Sozialminister Walter Arendt (SPD) einen »Anwerbestopp« verhängte. Bis dahin waren rund 14 Millionen Ausländer auf Arbeitssuche in die Bundesrepublik gekommen und elf Millionen in ihre Heimat zurückgekehrt. Im Jahr der deutschen Einheit, 1990, war die Zahl der verbliebenen ehemaligen »Gastarbeiter« auf 4,8 Millionen Menschen angewachsen. Deutschland war, wie *Die Zeit* schrieb, »versehentlich zum Einwanderungsland« geworden.

Gezielte Einwanderungspolitik wurde hierzulande trotz vieler Debatten nicht betrieben. Der Anwerbestopp hatte die Folge, dass nun mehr Menschen versuchten, über einen Asylantrag ins Land zu kommen. Außerdem führte der Jugoslawienkrieg, aber auch der Umsturz in Rumänien, dazu, dass es in den Neunzigerjahren zu einem deutlichen Anstieg der Asylgesuche kam. Auch in Afrika nahmen die gewalttätigen Auseinandersetzungen zu, zwischen Äthiopien und Eritrea, zwischen Mali und Burkina Faso, in Burundi, im Kongo und im Senegal sowie in Simbabwe. 1992 war mit 440 000 Asylbewerbern ein Höhepunkt erreicht, auch wenn nur 4,3 Prozent der Anträge anerkannt wurden. Das blieb nicht ohne Folgen für die Gesellschaft: In Hoyerswerda und in Rostock, in Mölln und später auch in Solingen, aber auch andernorts kam es zu Brandanschlägen und gewalttätigen Angriffen auf Asylbewerber und andere Ausländer. Bei den Landtagswahlen in Baden-Württemberg und Schleswig-Holstein, die beide am 5. April 1992 stattfanden, wurden die Republikaner bzw. die rechtsextreme DVU drittstärkste Kraft in den Parlamenten.

Das deutsche Asylgrundrecht weitgehend abgeschafft

Vor diesem Hintergrund einigte sich 1992 die schwarz-gelbe Regierungskoalition mit der sozialdemokratischen Opposition auf einen sogenannten Asylkompromiss und eine Änderung des Grundgesetzes: Der Art. 16 Abs. 2 GG, der ein vorbehaltloses und einschränkungsloses Asylgrundrecht einräumte, wurde gestrichen. An seine Stelle trat der bis heute geltende Art. 16a GG. Er lautet: »(1) Politisch Verfolgte genießen Asylrecht. (2) Auf Absatz 1 kann sich nicht berufen, wer aus einem Mitgliedstaat der Europäischen Gemeinschaften oder aus einem anderen Drittstaat einreist ...«

Diese Änderung des Grundgesetzes mag man politisch kritisieren, aber sie war rechtens. Eine Verfassungsbeschwerde zweier Asylbewerber aus dem Irak und dem Iran gegen diese Einschränkung des Asylgrundrechts wurde deshalb 1996 vom Bundesverfassungsgericht abgelehnt. Die Begründung: Das Asylgrundrecht fällt nicht unter den Schutz der Menschenwürde (Art. 1 Abs. 1 GG), deshalb unterliegt es auch nicht der sogenannten Ewigkeitsverbürgung (Art. 79 Abs. 3 GG) und kann also – mit einer verfassungsändernden Mehrheit – eingeschränkt oder auch ganz abgeschafft werden.

Die Beschränkung des Asylrechts führte zunächst dazu, dass die Zahl der Antragsteller drastisch zurückging: Im Jahr 2007 waren es nur noch 19 000. Doch als die kriegerischen Auseinandersetzungen nicht abrissen, stiegen die Zahlen wieder, mit einem erneuten Höhepunkt 2012 und über 64 000 Asylanträgen in Deutschland, diesmal vor allem von Menschen aus Afghanistan und Syrien. Ein Jahr später führte diese Entwicklung dazu, dass die bisherige Drittstaatenregelung in präzisierter Form Teil der sogenannten Dublin-III-Verordnung der EU wurde: Danach ist nur derjenige Staat (der unter den Anwendungsbereich der Dublin-III-Verordnung fällt) für Asylverfahren und -gewährung zuständig, dessen Hoheitsgebiet der Flüchtling zuerst betreten hat. Dazu gehören neben den Mitgliedstaaten der EU auch Norwegen, Island, die Schweiz sowie Liechtenstein.

Nach Art. 3 Abs. 1 der Dublin-III-Verordnung ist der Antrag dann auch nur von einem einzigen Mitgliedstaat zu prüfen. Ziel dieser Regelung der Dublin-III-Verordnung ist es unter anderem auch, die Binnenmigration von Flüchtlingen innerhalb der EU zu verhindern; sie sollen sich nicht ein bestimmtes Asylland selbst aussuchen können. Gleichzeitig verschob Dublin III aber auch die Probleme auf die Staaten mit einer EU-Außengrenze – und weg von den Ländern ohne EU-Außengrenze wie Deutschland. Dass diese Strategie nicht funktionierte, wurde schnell deutlich, denn die Hauptankunftsländer im Mittelmeerraum wie Italien oder Griechenland zeigten sich rasch überfordert und »winkten« die Ankömmlinge mehr oder weniger durch, auch wenn das von ihren Politikern immer wieder dementiert wurde. Die betroffenen Staaten erhielten nicht nur zu wenig Hilfe von den anderen Mitgliedstaaten der EU, auch die mangelnde finanzielle und personelle Unterstützung der internationalen Flüchtlingsorganisation der UN (UNHCR) verschärfte den Druck auf die Menschen in den nur mangelhaft versorgten Lagern in Nordafrika. Die entstehende Lebensmittelknappheit war vielleicht nicht der Hauptgrund, aber möglicherweise der letzte Anstoß für viele, sich auf den Weg zu machen.

Spanien und Ungarn bauten nun an der Außengrenze der EU Zäune – in den spanischen Exklaven in Nordafrika und an der Grenze zu Serbien. Bis Mitte August 2015 gelangten dennoch mehr als 150 000 Flüchtlinge über die Balkanroute nach Ungarn und ließen sich dort registrieren; dann wurde jedoch die Versorgung dort immer schlechter und die Behandlung immer inhumaner. In Österreich entdeckte man einen Transporter mit 71 Leichen erstickter Flüchtlinge. Er war von kommerziellen Schleusern aus Ungarn auf dem Seitenstreifen der Autobahn abgestellt worden. Nicht nur im Mittelmeer, sondern nun auch an den Grenzen der Europäischen Union herrschten unmenschliche Zustände.

Ausnahmeentscheidung oder Kontrollverlust?

Wohl auch unter dem Druck anderer Mitgliedstaaten der EU beschloss das deutsche Bundesamt für Migration und Flüchtlinge, den Vollzug der Dublin-III-Verordnung für Menschen aus Syrien auszusetzen. Ein interner Vermerk darüber gelangte, wie *Die Zeit* recherchierte, in die Medien – er wurde »geleakt«. Als sich die Nachfragen häuften, gab die Pressestelle des Bundesamts für Migration und Flüchtlinge nun öffentlich per Twitter bekannt: »#Dublin-Verfahren syrischer Staatsangehöriger werden zum gegenwärtigen Zeitpunkt von uns weitestgehend faktisch nicht verfolgt.«

Diese Twitter-Meldung war eine Art Startschuss für viele der Flüchtlinge. Nun wollte sich kaum mehr jemand in Ungarn registrieren lassen. Die Tausende, die bis dahin vor dem Ostbahnhof in Budapest kampieren mussten, machten sich zu Fuß auf den Weg nach Westen. Am 5. September 2015 entschied die deutsche Bundeskanzlerin, diesen Flüchtlingen die Einreise ohne weitere Grenzkontrolle und per Zug zu ermöglichen. Den Syrern unter ihnen sicherte sie ein Bleiberecht in Deutschland zu. Was später von ihr als »humanitäre Ausnahmeentscheidung« gerechtfertigt wurde, war, wie *Die Zeit* schrieb, »ein angekündigter Kontrollverlust«.

Zwar kann nach Art. 17 der Dublin-III-Verordnung auch ein EU-Mitglied, das keine Außengrenze hat, Asylverfahren übernehmen, wenn es den »Selbsteintritt« erklärt – aber nur freiwillig und als Ausnahme zeitlich und zahlenmäßig begrenzt. Deutschland hat daraus bei Antragstellern, die etwa zuerst in Griechenland oder Italien gelandet waren oder aus umkämpften Regionen Syriens kamen, eine Regel gemacht. Das war ein Rechtsbruch, denn trotz Dublin III bleibt deutsches Recht weiterhin verpflichtend. Es verweigert nach wie vor die Einreise bei Ausländern aus sicheren

Drittstaaten (§ 18 Abs. 2 des Asylgesetzes); diese Gesetzesnorm kann man nicht einfach durch den »Selbsteintritt« aushebeln. Genau das aber ist in Deutschland geschehen und passiert noch immer. Jeder und jede, die auf dem Landweg nach Deutschland kommen, reisen aus einem sicheren Drittstaat ein und können sich deshalb nicht auf das Asylgrundrecht berufen.

Der Syrer Ahmad S. war einer der Kläger, die versucht hatten, das vor dem Europäischen Gerichtshof anzufechten. Auf der Flucht vor dem Krieg in seiner Heimat wollte sich der dreifache Vater eigentlich bis nach Österreich durchschlagen. Er kam über die Balkanroute und durch Kroatien bis nach Slowenien. Dann wurde er im Februar 2016 an der österreichischen Grenze in Spielfeld abgewiesen. Slowenien, wo S. schließlich Asyl beantragte, wollte ihn abschieben, nach Kroatien, dem EU-Land der ersten Einreise. Das Gericht bestätigte die Rechtslage: Kroatien war für den Asylantrag zuständig, die Durchreise ein illegaler Grenzübertritt.

In einem anderen Verfahren befand das Gericht, dass die Rücküberweisung gemäß Dublin III zudem innerhalb einer bestimmten Frist zu erfolgen habe: Ein Eritreer wehrte sich gegen seine Überstellung von Deutschland zurück nach Italien. Der entsprechende Bescheid des Bundesamts für Migration und Flüchtlinge war allerdings erst nach mehr als einem Jahr ergangen, eigentlich hätte das Amt innerhalb von sechs Monaten reagieren müssen. Der Europäische Gerichtshof bestätigte, dass wegen dieser Fristüberschreitung nun Deutschland für dieses Asylverfahren zuständig ist. Die Frist beginnt bereits nach dem formlosen Registrieren als Asylbewerber.

Auch deshalb ist es so wichtig, Personen, die offensichtlich keinen Anspruch auf Schutz in Deutschland haben, gar nicht erst einreisen zu lassen. Personen, die aus sicheren Drittstaaten kommen, so das Bundesverfassungsgericht, haben keinen Anspruch auf

Klärung, ob sie in Deutschland asylberechtigt sind, und können deshalb auch nicht nur vorläufig in Deutschland bleiben. Sie können – und müssen – also an der Grenze zurückgewiesen werden.

Diese klare und eindeutige Rechtsgrundlage führt im Übrigen auch die immer wieder aufflammende Debatte über Obergrenzen ad absurdum. In den Koalitionsverhandlungen 2018 hatten sich die Union und die SPD nach langem Streit darauf geeinigt, dass die Zahl der jährlich nach Deutschland kommenden Flüchtlinge die Spanne von 180 000 bis 220 000 Menschen künftig nicht übersteigen solle. Solche Aussagen sind Unsinn und Nebelkerzen in der politischen Debatte: Obergrenzen der Asylgewährung sind nicht zulässig. Bestehen nach dem Grundgesetz individuelle Asylansprüche, dann sind diese zu erfüllen, ungeachtet ihrer Anzahl. Obergrenzen sind aber auch deshalb nicht erforderlich, weil die meisten Asylsuchenden auf dem Landweg kommen und damit über einen sicheren Drittstaat. Das Asylgrundrecht gilt in Deutschland nur mehr in Ausnahmefällen und meistens bei Personen, die auf dem See- oder Luftweg einreisen. Soweit es um die Schutzansprüche nach Maßgabe des EU-Rechts und des deutschen Asylgesetzes geht, sorgen die bereits erwähnten Regelungen der Dublin-III-Verordnung der EU für Begrenzungen der Fluchtmigration, die Obergrenzen ebenfalls überflüssig machen. Man muss diese Regelungen nur anwenden.

Vom Sinn der Abweisung

Wir leben in einer mobilen Gesellschaft, und die Abschaffung der Grenzkontrollen im Schengener Raum seit 1995 hat uns verwöhnt gemacht, was das ungehinderte Reisen angeht. Dennoch können, das muss ich betonen, Bürger aus einem Nicht-EU-Land nicht einfach nach Deutschland einreisen, um hier dauerhaft oder für eine gewisse Zeit zu leben, auch nicht nach dem Europa- und Völkerrecht. Es gibt auch kein individuelles Menschenrecht jedermanns auf ein Leben hier oder in einem anderen Staat der Europäischen Union.

Ohne eine gesetzliche oder behördliche Erlaubnis ist die Einreise nach Deutschland also illegal, und sie muss (nicht: kann) vom Gesetz her verweigert werden. Das passiert aber nicht an den deutschen Grenzen, wo die Kontrollen, mit wenigen Ausnahmen, eher sporadisch sind. Dabei geht es nicht um die Frage »Grenzschließung oder Grenzöffnung«, sondern um die Durchsetzung geltenden Rechts bei der Einreise von Nicht-EU-Ausländern. Begründet wird die gegenteilige Praxis mit der Dublin-III-Verordnung, in der unter anderem steht (Art. 3 Abs. 1 Satz 1), dass die Mitgliedstaaten jeden Antrag auf internationalen Schutz prüfen, den ein Nicht-EU-Bürger oder Staatenloser im Hoheitsgebiet eines Mitgliedstaats, seiner Grenze oder in den Transitzonen stellt.

Der Dublin-Artikel 3 aber bedeutet, das muss hier ganz klar gesagt werden, keine Verpflichtung, Anträge von Ausländern, die aus einem EU-Mitgliedstaat einreisen wollen, stets prüfen zu müssen. Denn das würde zwangsläufig auch zur Einreise führen und eine mehr oder weniger langfristige Bleibeperspektive nach sich ziehen. Das aber widerspricht dem deutschen Asylgesetz (§ 18 Abs. 2 AsylG), weil die Betroffenen bereits aus sicheren Drittstaaten kommen. Deutschland ist dann nach eigener Gesetzeslage nicht nur berechtigt, sondern sogar dazu verpflichtet, diese Personen an seiner Grenze abzuweisen, sofern nicht besondere Ausnahmegründe vorliegen. Im Übrigen ist es gerade Sinn und Zweck auch der Dublin-III-Verordnung, dass nicht mehrere Mitgliedstaaten den Asylantrag ein und derselben Person prüfen, sondern nur ein einziger. Sie will so vermeiden, dass Flüchtlinge letztlich das Asylland und ihren Aufenthaltsstaat frei wählen dürfen.

Im Moment haben wir aber immer noch eine Binnenmigration innerhalb der EU, und Deutschland ist noch vor Frankreich die beliebteste aller Destinationen. So kritisierte der Präsident des Düsseldorfer Verwaltungsgerichts, Andreas Heusch, im Jahrespressegespräch 2019, dass es 2018 »185 000 Asylanträge in Deutschland gegeben [hat], davon 161 000 Erstanträge. Das sind 10 000 mehr, als in dem ganzen Jahr überhaupt Menschen in die EU eingewandert sind.« Nach einem Bericht der EU-Kommission hatten Mitte September desselben Jahres innerhalb einer Woche 8343 Menschen einen Asylantrag in einem EU-Land gestellt, die zuvor bereits in einem anderen EU-Staat registriert worden waren.

Das Thema ist – wie so häufig in der Beziehung zwischen nationalem und europäischem Recht – komplex. Einzelvorschriften eines Gesetzes dürfen nicht isoliert betrachtet werden, sondern müssen im Kontext gesehen und interpretiert werden. Einige Juristen vertreten die Auffassung, das Unionsrecht habe hier Vorrang und die im deutschen Recht vorgesehene Einreiseverweigerung sei damit hinfällig. Das wäre aber nur der Fall, wenn die in der Dublin-Verordnung enthaltenen Regelungen eine Pflicht, jeden gestellten Antrag zu prüfen und damit die Einreise zu gestatten, begründeten. Eine solche Interpretation des Art. 3 Abs. 1 Satz 1 (Dublin-III) ist aber meines Erachtens mit Sinn und Zweck der Verordnung nicht vereinbar. Denn man muss den gesamten Text lesen und auslegen, anstatt sich auf isolierte Sätze zu beziehen.

Die Rechtsprofessoren Alexander Peukert, Christian Hillgruber, Ulrich Foerste und Holm Putzke haben das in einem Beitrag für die *Frankfurter Allgemeine Zeitung* deutlich herausgearbeitet. In *Einreisen lassen oder zurückweisen? Was gebietet das Recht in der Flüchtlingskrise an der deutschen Staatsgrenze?* legen sie mit ebenso scharfsinniger wie überzeugender Argumentation dar: Die Dublin-Verordnung selbst sieht vor, dass der Antrag im Sinne der »Sichere

Drittstaaten«-Regelung nur von einem einzigen Mitgliedstaat geprüft wird. Es ist gerade das vorrangige Ziel des EU-Asylverfahrensrechts, eine »irreguläre Weiterreise« weitestgehend zu verhindern. Eine solche Sekundärmigration würde aber faktisch befördert, wenn Asylbewerber nach eigener Wahl eine Antragsprüfung und damit gleichzeitig eine Einreise und ein (vorläufiges) Aufenthaltsrecht in jedem Mitgliedstaat nach eigener Wahl durchsetzen könnten. Fazit: Eine solche Interpretation der Dublin-III-Verordnung, die auf eine nahezu unbegrenzte Weiterreiseberechtigung von Asylbewerbern hinausläuft, steht in eklatanter Weise im Widerspruch zum eigentlichen Sinn dieser Verordnung.

Jetzt kann man natürlich argumentieren, dass – angenommen, Art. 3 der Dublin-Verordnung schriebe die Pflicht zur Prüfung vor – sich ein Mitgliedstaat später immer noch für unzuständig erklären könnte. Den Asylbewerber dann aber an den eigentlich zuständigen sicheren Drittstaat zu überstellen scheitert nach allen praktischen Erfahrungen aus vielen Gründen, nicht zuletzt auch deshalb, weil einzelne EU-Mitgliedstaaten die Aufnahme verweigern würden. Damit würde und wird das gesamte Regelungssystem des EU-Asylrechts schlicht ausgehebelt. Auch diese Auslegung widerspricht dem Ziel der Dublin-Verordnung. Ganz allgemein muss immer wieder betont werden: Eine verfehlte Einreise- oder Zuwanderungspolitik kann in einem Rechtsstaat nicht mittels rigoroser Abschiebungen korrigiert werden. Eine solche Politik ist im Übrigen keineswegs als human zu bezeichnen.

Eine einzige Norm (Art. 3 Abs. 1 Satz 1) aus der Dublin-III-Verordnung darf nicht so ausgelegt werden, dass das gesamte Gesetzeswerk uminterpretiert wird. Das missachtet naheliegende rechtsmethodische Prinzipien und ist mehr als fragwürdig. Dass es aber gemacht wird, zeigt, dass das Regelungssystem des EU-Asylrechts dringend reformbedürftig ist. Doch noch handelt es sich bei der Dublin-III-Verordnung um geltendes Recht. Eines geht mit

Sicherheit nicht: durch die Hintertür dieses grundlegende Regelungssystem, seine Ziele und Prinzipien zu umgehen oder zu torpedieren.

Die Bundesrepublik hat mit über 30 Staaten Abkommen über die Rücknahme ausreisepflichtiger Ausländer geschlossen. Wie schwer es aber ist, Menschen, die einmal deutschen Boden betreten haben, in das sichere Drittland der Einreise zurückzuführen, zeigt die Praxis. Zwar sehen zum Beispiel bilaterale Verträge vor, dass Spanien und Griechenland innerhalb von 48 Stunden diejenigen zurücknehmen müssen, die dort als Erstes einen Antrag gestellt haben. Doch im Rahmen dieser im Sommer 2018 getroffenen Vereinbarung waren bis zum März 2019 erst elf Personen zurückgewiesen worden, und das betraf nur solche, die an der strenger überwachten bayerisch-österreichischen Grenze kontrolliert worden waren. Solche bilateralen Abkommen funktionieren also überhaupt nur, wenn die Grenzen streng überwacht werden. Gerald Knaus, Vorsitzender des Think Tanks Europäische Stabilitätsinitiative (ESI), nannte sie deshalb im Gespräch mit *tagesschau.de* »vor allem Symbolpolitik«. Die Bundesregierung finanziert auch diverse Programme, die über Geld, Sachleistungen und Beratung die Ausreise und Reintegration von nicht asylberechtigten Ausländern fördern. Aber wenn sie einmal im Land sind, gibt es viele Gründe, warum sie bleiben – fehlende Reisedokumente oder familiäre Bindungen zu anderen Geduldeten, humanitäre Aspekte wie zum Beispiel die Pflege von Angehörigen, medizinische Befunde, Widerstand oder bloße Ankündigung von Widerstand beim geplanten Rückflug. Laut der Tageszeitung *Die Welt* gab es im Jahr 2018 284 Angriffe auf Bundespolizisten, die zum Teil zu Verletzungen der Beamten führten.

Schengen muss dringend reformiert werden

All das zeigt, dass die Einreise mit all ihren Folgelasten überhaupt nur dann effektiv verhindert werden kann, wenn Grenzkontrollen erfolgen. Wie kann das funktionieren – im Raum der »Freiheit, der Sicherheit und des Rechts«, den das Schengener Abkommen von 1985 bestimmt hat? Der Schengen-Raum umfasst die Staaten der EU mit Ausnahme von Großbritannien und Irland. Dort darf die Reisefreiheit nur unter bestimmten Voraussetzungen eingeschränkt werden: Dazu zählen schwerwiegende Bedrohungen der öffentlichen Ordnung oder inneren Sicherheit aus Sicht eines Mitgliedslandes. Mehrere Schengen-Staaten haben diesen Grund angeführt, um auf dem Höhepunkt des Flüchtlingsansturms Grenzkontrollen wieder einzuführen – neben Deutschland waren das Dänemark, Frankreich, Schweden und Österreich. Das Schengen-Abkommen sieht dafür eine maximale Dauer von sechs Monaten vor, bei jeder Verlängerung müssen die EU-Mitgliedstaaten und die EU-Kommission informiert werden. Die EU-Kommission hat die Praxis der fortwährenden Verlängerung mehrfach kritisiert, zuletzt forderte der damalige Innenkommissar Dimitris Avramopoulos die Aufhebung der Grenzkontrollen. Nach meinem Dafürhalten sind sie jedoch notwendig, denn die allgegenwärtige Binnenmigration – unter Umgehung der Drittstaatenregelung – ist illegal und sogar strafbares Unrecht.

Der Schengener Grenzkodex muss also dringend den Erfordernissen möglicher Kontrollen angepasst werden, denn Flucht und Migration sind zu einem »Business« im großen Stil geworden – mit Schleppern und gefälschten Pässen. Im ersten Halbjahr 2018 fasste die Grenzpolizei rund 18 000 unerlaubt eingereiste Personen, ein Viertel davon kam über die Grenze zu Österreich. Die illegale Zuwanderung wird also, da sind sich die Innenminister von Bund und Ländern sowie der anderen EU-Staaten einig, weiter anhalten. Es kann und darf nicht sein, dass ein Staat – unter Berufung auf das Recht des Schengen-Kodex – gegen diese Rechtslosigkeit nichts unternehmen kann.

Menschenrechtsverletzungen mit deutscher Hilfe

Mehr und mehr verlegt sich Europa nun darauf, die Probleme vor seine Grenzen zu schieben und dort, im Nicht-EU-Ausland, Hotspots zur Überprüfung der Asylwürdigkeit zu schaffen. Die bisherigen Ansätze sind aus Sicht des demokratischen Rechtsstaats keine befriedigenden Lösungen – ob man die Sammelstellen jetzt »Asyl-Lager« nennt, wie Otto Schily (SPD) das tat, oder »Willkommenszentren« wie der frühere Bundesinnenminister Thomas de Maizière (CDU). Im Juni 2018 einigten sich die EU-Mitgliedstaaten auf zentrale Anlaufstellen in Nordafrika, ohne dass überhaupt ein Einverständnis eines der betroffenen Länder vorlag.

Auch an den europäischen Küsten sollen Bootsflüchtlinge in geschlossenen Aufnahmelagern interniert werden. Auf den griechischen Inseln Lesbos, Kos, Samos, Chios und Leros müssen zum Beispiel Flüchtlinge 12 bis 18 Monate ausharren, weil die Behörden mit der Bearbeitung ihrer Asylanträge überfordert sind. Über 50 000 Flüchtlinge kamen allein 2018 nach Griechenland, viele davon nun auch – weil die Mittelmeer-Passagen schwieriger geworden sind – auf dem Landweg über die türkische Grenze. Die Türkei soll insgesamt über sechs Milliarden Euro von der EU erhalten, um 3,6 Millionen Flüchtlinge auf ihrem Staatsgebiet zu versorgen.

Die katastrophalen Zustände in den Lagern im Bürgerkriegsland Libyen haben mehrere internationale Anwälte dazu gebracht, die Verantwortlichen der EU vor dem Internationalen Strafgerichtshof in Den Haag anzuzeigen. Denn die libysche Küstenwache wird unter anderem von Deutschland dafür bezahlt,

Boote mit Migranten auf dem Mittelmeer abzufangen und sie im Land zu internieren. Dort werden sie auf ihren Status als Flüchtling überprüft. Laut Aussagen der libyschen UN-Mission wurden seit 2017 knapp 29 000 Migranten in Internierungslagern festgehalten, unter – wie häufig beschrieben und kritisiert wurde – menschenverachtenden Umständen. Eine unbekannte Zahl von Personen ist in illegalen Lagern von Schleusern und Menschenhändlern eingesperrt.

Ob staatlich oder kriminell: Diese Lager sind stets eine Verletzung der international anerkannten Menschenrechte. Diese beinhalten zwar nicht das Recht, in ein Land der eigenen Wahl einfach so einreisen oder gar zuwandern zu dürfen, aber es ist keinesfalls legitim, Menschen an der Ausreise zu hindern – aus dem eigenen Land oder aus einem fremden.

Verfolgt oder gefährdet?

Die Genfer Flüchtlingskonvention von 1951 stellt heute noch einen wichtigen Kern des Völkerrechts dar. Sie postuliert, dass Personen in einem anderen Land Schutz suchen können. Für wen das zutrifft, hat die EU in der Qualifikationsrichtlinie 2011/95/EU geregelt, die auch in deutsches Recht umgesetzt wurde. Die Begriffe der »politischen Verfolgung«, wie das im deutschen Asylrecht heißt, und des »Flüchtlings« im Sinne des Völker- und Europarechts meinen dabei im Wesentlichen das Gleiche. Es geht nicht nur um Menschen, die wegen ihrer politischen Einstellung individuell bedroht sind, sondern zum Beispiel auch um Diskriminierungen aus rassischen, religiösen oder geschlechtsbezogenen Gründen.

Daneben gewährt das EU-Recht in Verbindung mit dem deutschen Asylgesetz einen subsidiären, also unterstützenden, Schutz.

Der gilt für Menschen, die geflohen sind, weil sie in ihrem Heimatstaat in konkreter Gefahr waren, körperlichen und seelischen Schaden zu erleiden – durch bewaffnete Konflikte, Folter, Verhängung oder Vollstreckung der Todesstrafe oder auch eine unmenschliche oder erniedrigende Bestrafung, etwa Steinigen oder Auspeitschen. Ausgenommen von diesem Schutz sind Personen, die ein Kriegsverbrechen oder eine schwere Straftat begangen haben und vielleicht auch als gefährlich für die Sicherheit der Bundesrepublik eingestuft werden.

Im Frühjahr 2019 zielten knapp zehn Prozent der über 74 000 Asylanträge auf subsidiären Schutz. Der Familiennachzug ist für diese Gruppe eingeschränkt, nur noch wenigen Personen wird er gestattet. Deshalb versuchen viele Antragsteller, einen anderen Status zu erhalten. 9254 Personen wurde im ersten Halbjahr 2019 subsidiärer Schutz gewährt (BMI).

Schließlich gibt es noch die Einwanderer, die weder politisch verfolgt werden noch subsidiär schutzberechtigt sind – die sogenannten Wirtschaftsflüchtlinge. »Ohne Papiere, aber immer einen Fahrschein«, schrieb *Der Spiegel* schon 2005 über sie. Häufig sind das afrikanische Migranten, die sich in Europa ein besseres Leben erhoffen, aber auch ihre Familien in der Heimat unterstützen. Sie durch ein aufwendiges Asylverfahren zu schleusen ist objektiv missbräuchlich. Um Nicht-EU-Ausländer ohne Schutzanspruch aufnehmen zu können – aus humanitären Gründen oder weil der Arbeitsmarkt das erfordert –, benötigen wir stattdessen einen bewussten und gewollten, gesetzlich gesteuerten und gezielt begrenzten Zuzug, also ein entsprechendes Einwanderungsgesetz. Das kürzlich beschlossene Fachkräfteeinwanderungsgesetz (siehe Seite 8off.) ist ein begrüßenswerter erster Schritt in diese Richtung.

Anspruch auf Aussitzen

Während die europäische Flüchtlingspolitik sich als wenig rechtssicher erweist, lernen die Asylbewerber und ihre Hilfsorganisationen ständig dazu. Sie nutzen die Tatsache, dass allein der Antrag auf Asyl schon mit vielen Ansprüchen und staatlichen Leistungen verbunden ist, zum Beispiel einem vorläufigen Bleiberecht. Ich will jetzt nicht behaupten, dass das Leben in der Fremde und in einer Flüchtlingsunterkunft angenehm ist, aber für viele der Betroffenen ist es immer noch besser als das Leben, das sie vorher führen mussten. Es bleibt ein Anreiz, sich auf den Weg zu machen. Zwar sind die Verfahren schneller geworden und werden statt früher in neun nun in sechs Monaten abgewickelt, aber nach einer Ablehnung erfolgen nur selten Abschiebungen. Während wir also in Deutschland nur noch ein rudimentäres Asylgrundrecht besitzen, haben wir, wie mein Kollege Kay Hailbronner, Professor für Öffentliches Recht in Konstanz, das in der *Frankfurter Allgemeinen Zeitung* nannte, ein umfassendes »Asylbewerberrecht«. Die Grenzen zwischen einem anerkannten Schutzanspruch und der Fürsorge für die Asylbewerber verwischen und werden unscharf.

Rechtsbrüche und Politikversagen

Die europäische Reaktion auf die Zuwanderung von Flüchtlingen und Migranten ist weitgehend von politischer Willkür und Hilflosigkeit geprägt. Geltendes Recht wurde immer wieder ignoriert bzw. nur partiell herangezogen, dort, wo es den jeweiligen Interessen diente. Die komplexe Verschränkung von Völkerrecht, EU-Recht und nationalen Gesetzen machte es außerdem leicht, die Rechtslage – absichtlich oder unabsichtlich – fehlzuinterpretieren.

Natürlich muss das Regelungssystem des EU-Asylrechts dringend reformiert werden. Aber noch ist die Dublin-III-Verordnung geltendes Recht. Sie darf nicht, wie geschildert, willkürlich oder zumindest sinnwidrig ausgelegt werden. Ihr Regelungssystem, ihre Ziele und ihre Prinzipien müssen eingehalten werden, sonst wird das Recht als Basis der Politik vollends ausgehebelt.

Fassen wir noch einmal zusammen:

- Das deutsche Asylgrundrecht ist im Grundgesetz stark beschnitten worden. Es sieht Schutz nur noch für einen sehr kleinen Kreis von Antragstellern vor, nämlich jene, die nicht über sichere Drittstaaten kommen.

- Asylbewerber, die auf dem Landweg die deutsche Grenze erreichen, müssen danach zurückgewiesen werden. Diese Vorschrift kennt zwar Ausnahmen, sie dürfen aber nicht – wie es tatsächlich geschieht – zur Regel werden. Dann wird die Einreise zum Rechtsbruch.

- Ein sogenanntes Selbsteintrittsrecht Deutschlands besteht nur für Ausnahmefälle. Eine regelhafte Nichtbeachtung dieser Grundsätze verstößt nicht nur gegen das Regelungssystem von Dublin III, sondern auch gegen deutsches Recht (§ 18 Abs. 2 AsylG).

- Darüber hinaus gewährt das deutsche Asylgesetz in Umsetzung einer EU-Richtlinie einen Anspruch auf internationalen Schutz bei begründeter Furcht vor Verfolgung aus Gründen der Rasse, Religion, Nationalität, der politischen Überzeugung oder aus sozialen Gründen.

- Subsidiärer Schutz gilt denjenigen Personen, denen im Herkunftsland ein ernsthafter Schaden droht, insbesondere durch Krieg und Bürgerkrieg.

- Ist ein Nicht-EU-Ausländer erst einmal in deutsches Hoheitsgebiet eingereist, stehen ihm Rechte zu, die zum Teil hohe

Hürden gegen Ausweisung und Abschiebung darstellen – unabhängig davon, ob die Person sich als schutzberechtigt erweist oder nicht. Hinzu kommen gravierende praktische Hindernisse, die sich einer Abschiebung in den Weg stellen.

- Das Schengen-Abkommen muss deshalb in einer Weise geändert werden, dass es Grenzkontrollen in stärkerem Ausmaß und mit größerer Rechtssicherheit als bisher zur Wahrung und Durchsetzung geltenden Rechts erlaubt.
- Die Internierung von Flüchtlingen in Lagern außerhalb der EU stellt vielfach eine Menschenrechtsverletzung dar – mit deutscher Unterstützung.

Dass europäisches und deutsches Recht nicht vollzogen wurden, hat zum Versagen des Dublin-Mechanismus geführt: Die »sicheren Drittstaaten« wurden faktisch zu Durchzugsländern. Das hat eine Art Wahlfreiheit für die Asylsuchenden und alle anderen Migranten geschaffen. Das wohlhabende Deutschland manövrierte sich durch die Unentschlossenheit der politisch Handelnden in die Position, nahezu das einzige Zielland der Migration zu werden. Die europäische und auch die nationale Asylrechtsordnung wurden damit weitgehend ausgehebelt.

Die Chronik dieses Kontrollverlustes zeigt aber auch, dass mit der Einschränkung des Asylrechts im deutschen Grundgesetz und der sicheren Drittstaatenregelung in der Dublin-III-Verordnung Änderungen des Rechts vereinbart wurden, die lediglich politischen Zweckmäßigkeitserwägungen folgten. Sie stellten keine nachhaltige Grundlage für einen geordneten Umgang mit den Folgen von Flucht und Migration dar. Nur deshalb konnten sie auch von Regierungen und Politikern unterlaufen oder ignoriert werden. Die Erstzutrittsländer der EU, vor allem Italien und Griechenland, waren von dem Ausmaß der Migration erkennbar überfordert. Deutschland und andere EU-Mitglieder haben das lange ignoriert – auch, dass die Zahl der Migranten bereits vor Beginn des Syrienkriegs, im Prinzip schon in den Neunzigerjahren des vergangenen Jahrhunderts, deutlich anstieg. Das Problem zeichnete sich also nicht erst im Jahre 2015 ab. Sachliche, personelle und finanzielle Mittel wurde jedoch weder von der EU noch von Deutschland in ausreichendem Maß bereitgestellt. Von europäischer Solidarität war keine Rede.

Menschlichkeit auf Basis des Rechts

Ich sprach vorhin von Humanität, Barmherzigkeit und Nächstenliebe, die das Recht nicht ersetzen können. Sie sind aber gleichzeitig auch Voraussetzung dafür, dass der Rechts- und Verfassungsstaat langfristig handlungsfähig bleibt. Das ist dann der Fall, wenn Menschlichkeit eine geordnete rechtliche Grundlage hat.

So sind auch Einreiseverweigerungen an den deutschen Binnengrenzen kein längerfristiges Mittel zur angemessenen und vor allem dauerhaften Lösung der Migrationsfrage. Das Asyl- und Migrationsrecht bedarf deshalb einer grundlegenden Reform, am besten durch ein neues, einheitliches EU-Recht. Doch in der deutschen wie auch der europäischen Politik hat sich bisher in dieser Hinsicht nichts wirklich Entscheidendes bewegt – in der naiven Hoffnung, dass sich Zustände wie in den Jahren 2015 und 2016 nicht wiederholen werden.

Für eine rechtlich klar geregelte Begrenzung der Einreise nach Europa gibt es sicher nicht nur den einen Königsweg – wir brauchen ein Bündel von Maßnahmen. Aber dazu gehört eben auch eine zukunftsorientierte Gestaltung der eigenen Gesetzeslage (siehe auch Kapitel 8 über die Nachhaltigkeit des Rechts, Seite 235ff.). Gerade dies wurde bislang versäumt. Wie viel Zuwanderung dieses Land verträgt, wie viel es benötigt, hinzunehmen bereit ist oder anstrebt, ist eine politische Grundsatzentscheidung, die vom Parlament zu treffen ist und an der auch die Länder über den Bundesrat zu beteiligen sind. Diese legislative Entscheidung darf nicht der Bundesregierung überlassen bleiben.

Seenotrettung ist selbstverständlich

Menschen in Seenot zu retten ist unzweifelhaft ein Gebot des Rechts und der Moral. Es spricht auch vieles dafür, dass die Staaten der EU sich wieder selbst dieser Aufgabe stellen müssen, anstatt dies unkoordinierten Aktionen privater Organisationen zu überlassen. Das kann aber nicht bedeuten, dass die EU-Staaten damit auch das illegale Geschäftsmodell der Schlepperorganisationen befördern oder mit der Rettung von Menschen in Seenot zugleich die uneingeschränkte Einreise in die Staaten der EU gewährleisten. Auch hier wäre sicher hilfreich, wenn die EU eine stringente Politik verfolgen würde.

Im Schatten der Illegalität

In Deutschland leben inzwischen viele Ausländer, die den Status als Flüchtling im Rechtssinn nicht oder auf fragwürdige Weise erlangt haben – weil das geltende Recht inkorrekt, oberflächlich oder vorschnell interpretiert wurde. Dass Franco A., ein deutscher Bundeswehrsoldat, sich als syrischer Obsthändler ausgeben konnte, obwohl er nicht einmal ansatzweise Arabisch sprach, zeigte die Blößen des Staats auf drastische Weise. Was die sich illegal in Deutschland aufhaltenden Personen angeht, so können wir nur vermuten, dass ihre Zahl in die Hunderttausende geht. Man muss sich dafür nur ansehen, wie viele Menschen nach Europa – und ganz überwiegend nach Deutschland – einzureisen versuchen: Im Jahr 2018 wurden laut einem Bericht der EU-Kommission rund 150 000 Personen an den EU-Grenzen aufgehalten, im Jahr davor waren es über 180 000. Menschenschmuggel ist laut einem Europol-Bericht von 2016 der am schnellsten wachsende kriminelle Sektor in der EU, nach Schätzungen sind an die 40 000 Personen daran beteiligt. Man kann also von einer hohen Dunkelziffer von Menschen ausgehen, die es schaffen, an allen Kontrollen und behördlichen Instanzen vorbei einzuwandern.

Ungefähr 40 Prozent der Flüchtlinge und Migranten konnten nach Auskunft des Bundesamtes für Migration und Flüchtlinge im Jahr 2016 keine Ausweispapiere vorweisen, und diese Situation, so eine Sprecherin des Innenministeriums, hat sich kaum geändert. Das erschwert die Klärung des Status dieser Personen und damit verbunden auch eine Abschiebung, weil das Herkunftsland nicht klar ist. Länder wie Tunesien zum Beispiel, die Heimat des schon vor dem Weihnachtsmarkt-Anschlag in Berlin auffälligen Attentäters Anis Amri, sind sehr unwillig bei der Ausstellung von Passersatzpapieren oder bestreiten sogar, dass es sich um Bürger ihrer Nation handelt.

2018 lebten in Deutschland rund 230 000 Menschen, die ausreisepflichtig waren. Im Jahr davor waren rund 22 000, also in etwa ein Zehntel, abgeschoben worden. Um wenigstens die Terrorverdächtigen oder Straftäter vorrangig zu erfassen, wurde in Baden-Württemberg ein »Sonderstab gefährliche Ausländer« gegründet, der Informationen aus Kommunen und Landkreisen, aber auch Daten der Bundes- und Landespolizei verwertet. Sie arbeiten an der Überwachung und Abschiebung von 80 bis 90 Gefährdern im Land Baden-Württemberg, denen man wegen ihrer radikalen Tendenzen einen Terroranschlag zutraut. Die zweite Gruppe bilden »Intensivtäter«, etwa Jugendliche aus den Maghreb-Staaten, die durch ihre hohe Gewalttätigkeit und kriminelles

Verhalten aufgefallen sind. Schließlich gibt es noch die Integrationsverweigerer, die in Unterkünften auffällig werden und den sozialen Frieden stören.

Abschieben ist schwer

Zu den Herausforderungen für den Rechtsstaat gehört es deshalb auch, trotz aller Schwierigkeiten die Ausreise derjenigen zu veranlassen und gegebenenfalls durch Abschiebungen durchzusetzen, deren Aufenthalt in Deutschland oder der EU nicht rechtens ist. Auch wenn das deutsche Recht inzwischen zahlreiche Regelungen zur Erleichterung von Abschiebungen eingeführt hat, bleiben rechtliche Schranken bestehen, die auch künftig dazu führen werden, dass Ausländer, die erst einmal ungehindert eingereist sind, vielfach nicht erfolgreich abgeschoben werden können, obwohl ihnen kein Schutzanspruch zusteht. Da ist zum Beispiel das sogenannte Refoulement-Verbot (Nichtzurückweisungsprinzip) gemäß Art. 33 der Genfer Flüchtlingskonvention: Niemand darf in Gebiete aus- oder zurückgewiesen werden, in denen sein Leben oder seine Freiheit wegen seiner Rasse, Religion, Staatsangehörigkeit, seiner Zugehörigkeit zu einer bestimmten sozialen Gruppe oder wegen seiner politischen Überzeugung bedroht sein könnte. Ferner stehen jedem Menschen, selbstverständlich auch dem Flüchtling, mit dem Aufenthalt im deutschen Hoheitsgebiet auch die menschenrechtlichen Verbürgungen des Grundgesetzes zu, wie beispielsweise der Schutz der Menschenwürde, das Recht auf Leben, körperliche Integrität und Freiheit sowie die Glaubensfreiheit, die zugleich Schutzpflichten des Staats begründen und daher eine Ausweisung in bestimmte Gebiete verhindern können. Eingehalten werden müssen auch verfassungsrechtliche und gesetzliche Verfahrensgarantien, wie beispielsweise die Gewährleistung von Rechtsschutz gegen Hoheitsakte der deutschen öffentlichen Gewalt (Art. 19 Abs. 4 GG) – das heißt, die Betroffenen haben das Recht, Rechtsbehelfe gegen ihre Abschiebung einzulegen.

So wichtig es unter rechtsstaatlichen Gesichtspunkten ist, dass der Staat bestehende Ausreisepflichten auch wirklich durchsetzt, so unbestreitbar ist es auch, dass dies nur unter Wahrung des deutschen und europäischen Rechts sowie des Völkerrechts geschehen kann. Deshalb kann ich nur vor der Annahme warnen, man könne die Fehler bei der Einreise- und Aufnahmepolitik bei illegaler Fluchtmigration allein durch eine konsequente Ausweisungs- und Abschiebungspolitik wieder kompensieren.

Noch ein Wort zum sogenannten Kirchenasyl: Im Mai 2019 suchten bundesweit 671 Menschen in Kirchengemeinden Schutz. So barmherzig ein solcher Schutz vielen Menschen scheinen mag – Kirchenasyl ist grundsätzlich dem geltenden Recht fremd. In einem säkularen Rechtsstaat können sich selbst die Kirchen nicht über das für alle geltende Recht hinwegsetzen. Die Verfassung spricht ihnen zwar Autonomie zu, aber nur »innerhalb der Schranken des für alle geltenden Gesetzes« (Art. 140 GG in Verbindung mit Art. 137 Abs. 3 der Weimarer Verfassung). Man stelle sich vor, Moscheen nähmen Menschen in Schutz, die sich unter Berufung auf ihren Glauben der Schulpflicht für ihre Kinder entziehen wollten, zum Beispiel, weil Jungen und Mädchen gemeinsamen Schwimmunterricht haben. Auch das wäre nicht zu tolerieren.

90 Prozent der Personen im sogenannten Kirchenasyl wollen ihre Rückführung in das Ankunftsland verhindern. Den Kirchen und ihren Gemeinden steht jedoch kein Sonderrecht zur Verfügung, was abweichend vom staatlichen Recht Aufenthaltsrechte für Flüchtlinge und Abschiebungshindernisse begründen könnte. Das gilt insbesondere auch im Hinblick auf die Überstellungen von Asylsuchenden in einen anderen Mitgliedstaat der Europäischen Union nach Maßgabe der Regelungen der Dublin-III-Verordnung.

Ob und wann eine solche Überstellung im Einzelfall ausgeschlossen ist, entscheiden grundsätzlich die zuständigen staatlichen Behörden und Gerichte, nicht aber die Kirchengemeinden oder Pfarreien. Der Begriff »Kirchenasyl« ist mithin in einem Rechtsstaat völlig fehl am Platz. Rechtlich unproblematisch ist jedoch, wenn sich Kirchen oder Gemeinden gegenüber den zuständigen staatlichen Instanzen für die Wahrung des Rechts und die Rechte einzelner Asylsuchender in besonderen Ausnahme- und Härtefallsituationen einsetzen.

Eine wichtige Rolle spielt in diesem Zusammenhang auch die Frist, die nach Art. 29 Abs. 1 Satz 1 der Dublin-III-Verordnung für die Überstellung in den für die Prüfung des Asylantrags eigentlich zuständigen Staat vorgesehen ist. Sind die sechs Monate abgelaufen, geht die Zuständigkeit für die Prüfung des Antrags auf die Bundesrepublik über. Befindet sich die zu überstellende Person in Haft oder ist sie flüchtig, kann die Frist nach Art. 29 Abs. 2 Satz 2 der Dublin-III-Verordnung auf zwölf beziehungsweise 18 Monate verlängert werden. Hierauf hat sich das Bundesamt für Migration und Flüchtlinge in einigen Fällen erfolglos berufen, wenn sich die betroffene Person in das Kirchenasyl begeben hatte.

Das Bundesamt für Migration und Flüchtlinge hat bisher aber auf Grundlage von Absprachen mit Vertretern der evangelischen und katholischen Kirche auf die Durchsetzung gegenüber den Kirchen verzichtet, sodass nach mehreren Gerichtsentscheidungen kein Raum für eine Fristverlängerung bleibt. In Anbetracht dieser Schwierigkeit verfolgt das Bundesamt seit 2018 einen schärferen Kurs, es stellt erhöhte Anforderungen an die Anzeige eines Kirchenasyls und beruft sich bei Nichterfüllung dieser Anforderungen auf die 18-Monatsfrist, sodass eine Rücküberstellung der betreffenden Person länger möglich ist.

Das neue »Zweite Gesetz zur besseren Durchsetzung der Ausreisepflicht«, auch bekannt als das »Geordnete-Rückkehr-Gesetz«, soll Rückführungen und Ausweisung erleichtern und zum Beispiel das Untertauchen verhindern. Weil es dafür eine Abschiebehaft vorsieht – die es im Übrigen auch schon nach dem alten Recht gab –, ist dieses Gesetz heftig umstritten, zu Unrecht: Die Abzuschiebenden werden zwar in regulären Justizvollzugsanstalten untergebracht, aber getrennt von den Strafgefangenen. Auch sind die Voraussetzungen für die Anordnung einer Abschiebungshaft streng gefasst. Die Haft muss immer noch von einem Richter nach einer Einzelfallprüfung angeordnet werden. Dieses Gesetz führt nicht, wie voreilig kritisiert, zu Masseninhaftierungen und inhumanen Zuständen.

Schließlich benötigen wir aber auch zur Durchsetzung von Abschiebungen das notwendige Personal, das insbesondere auf der Ebene der Kommunen und Länder oftmals fehlt. Die Bundespolizei, zitiert *Der Spiegel* aus einem internen Bericht von 2018, hat bereits Mühe, Beamte für Abschiebeflüge zu bekommen. Diese seien an ihrer »Belastungs- und Motivationsgrenze«. Bei der Abschiebung von 13 Tunesiern aus Sachsen 2016 waren 123 Polizisten im Einsatz.

Unterschiede berücksichtigen

Asyl und Einwanderung werden oft gleichgesetzt, was zu erheblichen Schwierigkeiten in der Integration führen kann. Bei Menschen, die legal in dieses Land einwandern, muss eine hohe Integrationsbereitschaft erwartet werden. Sie sollen und wollen in der Regel dauerhafte Einwohner dieses Landes werden, gegebenenfalls sogar Staatsbürger. Die grundlegende Situation von Flüchtlingen ist eine andere: Im Sinne des internationalen Rechts wird ihnen Schutz gewährt, solange die Verfolgung in ihrem Heimatland anhält. Dies gilt in besonderem Maße für diejenigen, die nur einen subsidiären Schutz erhalten. Das Asylrecht sieht ganz klar vor, dass die Flüchtlinge in ihr Land zurückkehren, wenn das ohne Gefahr möglich ist. Wir können nicht in gleicher Weise erwarten, dass sich diese Menschen in die Gesellschaft ihres Gastlandes integrieren.

Was bedeutet das für die Integrationspolitik? Die in den vergangenen Jahren im Zuge der Flüchtlingsbewegungen nach Deutschland gekommenen Ausländer sind in dieser Hinsicht nicht alle gleich zu behandeln. Ihr aufenthaltsrechtlicher Status und ihre Zeithorizonte sind völlig unterschiedlich. Das beeinflusst selbstverständlich Integrationsziele wie Spracherwerb, berufliche Qualifikation oder Arbeitserlaubnis. In diesem Zusammenhang ganz allgemein von »Flüchtlingen« zu sprechen geht an der Realität völlig vorbei.

Zu wenig differenziert wird auch in der politischen und gesellschaftlichen Debatte um den Familiennachzug. Die Befürworter eines großzügigen Familiennachzugs verweisen gerne auf die Verfassung, nämlich auf den Art. 6 Abs. 1 GG, der Ehe und Familie einen besonderen Schutz gewährleistet. Aber: Dieser gewährt nicht automatisch auch ein Zuzugsrecht für ausländische Ehegatten oder andere Familienangehörige. Das hielt das Bundesverfassungsgericht bereits 1987 fest, als türkische und jugoslawische Staatsangehörige klagten. Allerdings betonten die Richter, dass die im Grundgesetz ausgedrückte Wertschätzung von Ehe und Familie auch hier bei jeder Einzelfallentscheidung zu berücksichtigen sei. Das bedeutet aber auch, dass es legitim sein kann, Personen mit bloß subsidiärem Schutz, die nur begrenzte Zeit in Deutschland Aufnahme finden, den Familiennachzug zu verweigern – wenn die Möglichkeit individueller Ausnahmen entsprechend überprüft wurde.

Unsere »Leitkultur« ist die Vielfalt

Ich möchte mich hier nicht mit der Frage befassen, ob die Integrationsgesetze des Bundes und der Länder zwischen Asyl und Einwanderung hinreichend unterscheiden. Wenn aber von Ausländern generell immer wieder ein Bekenntnis zur deutschen »Leitkultur« gefordert wird, dann bedarf dies unter verfassungsrechtlichen Aspekten einiger Klarstellungen. Zum einen ist der Begriff unbestimmt, seine Einklagbarkeit dürfte fraglich sein. Will man die deutsche Leitkultur mit der »Werteordnung des Grundgesetzes« umschreiben, dann muss man berücksichtigen, dass dazu auch religiöse und kulturelle Vielfalt gehören, Meinungsfreiheit und die freie Entfaltung der Persönlichkeit. Die Werteordnung des Grundgesetzes wird also nicht durch Homogenität, sondern durch Pluralität und Heterogenität gekennzeichnet, immer im Rahmen der für alle geltenden Gesetze. In einem Beschluss aus dem Jahre 2009 hat das Bundesverfassungsgericht sogar festgehalten: »Die Bürger sind grundsätzlich auch frei, grundlegende Wertungen der Verfassung infrage zu stellen oder die Änderung tragender Prinzipien zu fordern.«

Schon vor vielen Jahren hatte der frühere Bundesverfassungsrichter Ernst-Wolfgang Böckenförde betont, dass der freiheitliche Verfassungsstaat zwar von bestimmten identitätsstiftenden Voraussetzungen abhänge, zum Beispiel von einem gewissen Maß an Homogenität an Sprache, Kultur, Wertanschauung und zivilgesellschaftlicher Solidarität; er könne dies aber weder selbst gewährleisten noch erzwingen.

Unsere Verfassung kennt nur Grundrechte, keine Grundpflichten, weder für Deutsche noch für Ausländer. Die einzige Pflicht ist, die Gesetze und das Gewaltmonopol des Staats zu achten. Denn diese Loyalität aller leitet sich aus der Herrschaft und Unverbrüchlichkeit des Rechts ab. Dieses Identitätsmerkmal des deutschen Verfassungsstaats muss auch Kern einer Einwanderungsgesetzgebung werden, die klug und vorsorglich regelt, steuert und begrenzt. Die bisherige chaotische und aus dem Ruder gelaufene Asyl- und Einwanderungspolitik lässt sich, das steht fest, jedenfalls nicht über ein nachgeschobenes Integrationsgesetz reparieren.

Handlungsoptionen für Deutschland

Deutsche Politiker verweisen gerne auf die »globale« Dimension der Flüchtlingsproblematik. Das erleichtert es, eigenstaatliches Handeln hinauszuzögern und zum Beispiel lieber die internationale Bekämpfung der Fluchtursachen zu fordern. Es stimmt natürlich – die Krisen und Kriege im Nahen Osten oder auf dem afrikanischen Kontinent lösen Flüchtlingsbewegungen und Binnenwanderungen aus. Dagegen etwas zu unternehmen ist genauso sinnvoll, wie dem zunehmenden Zerfall einer geordneten Staatlichkeit in diesen Regionen und der Machtergreifung durch verbrecherische Organisationen entgegenzuwirken. Auch die Verbesserung der ökonomischen und sozialen Bedingungen in den Herkunftsländern, die Linderung der Ungleichheit in der Welt sind wichtige und hehre Ziele. Aber – realistisch gesehen – die Möglichkeiten Deutschlands, selbst die der Europäischen Union, sind in dieser Hinsicht begrenzt.

Selbstverständlich ist auch, dass wir europaweit einheitliche Lösungen finden müssen. Wir brauchen einen gemeinsamen Asylraum, mit übereinstimmendem Asyl- und Asylverfahrensrecht und vor allem mit demselben sozialen Standard während des Aufenthalts. Richtig ist es auch, dass die Europäische Union und die Mitgliedstaaten alles daransetzen, dass ihre Nachbarstaaten nach ihrer rechtlichen, wirtschaftlichen und realen

Verfassung zu sicheren Drittstaaten werden. Nur dann können Asylsuchende dort überhaupt Aufnahme finden bzw. dorthin zurückgeführt werden.

Trotz all dem sind und bleiben wir vor allem selbst gefordert, in unserer nationalen Politik Handlungsoptionen zu entwickeln. Darauf nämlich haben wir den größten Einfluss. Und wir tragen Verantwortung, im Rahmen der EU, aber auch der Welt. Es ist jetzt müßig zu spekulieren, was passiert wäre, wenn die Bundeskanzlerin den berühmt gewordenen Satz nicht gesagt hätte. Die Wurzeln des Problems liegen tiefer. Die deutsche Politik hat der Gefährdung ihrer verfassungsstaatlichen Souveränität, Identität und Stabilität – kurz, dem Angriff auf den Rechtsstaat – nichts entgegengesetzt. Sie hat zugelassen, dass ein auf individuelle Verfolgung zugeschnittenes Asylrecht zum ausufernden Asylbewerber-Recht für Hunderttausende wurde. Jahrelang hat auch die deutsche Rechtspraxis hingenommen, ja sogar befördert, dass allein die Erklärung, einen Asylantrag stellen zu wollen, für eine Einreise reichte, die sich schließlich häufig zu einem Aufenthalt von nicht absehbarer Dauer wandelte.

Wenn die Rechtsgrundlagen, ob national oder europäisch, nicht ausreichen oder als unangemessen, unzweckmäßig oder ungerecht erachtet werden, um die Folgen von Flucht und Migration in geordneter Weise zu bewältigen, dann muss das Recht ergänzt oder angepasst werden. Dazu wurden bereits viele Vorschläge gemacht, zum Beispiel ein Verfahren der Vorprüfung der Fluchtgründe. Dazu könnte ein formalisiertes Einreiseverfahren dienen, wie es zum Beispiel die Vereinigten Staaten von Amerika auf elektronischer Basis praktizieren. Das hat meine Kollegin Sylvia Kaufhold schon 2017 in der *Zeitschrift für Rechtspolitik* vorgeschlagen. Auf diese Weise könnten Plausibilität und Dringlichkeit des Fluchtgrundes vorab weitestgehend geklärt und eine geordnete und legale Einreise ermöglicht werden. Das eigentliche

Asylverfahren könnte dann bei positivem Ausgang der Vorprüfung auf dem Boden der EU stattfinden. Ein solches Einreiseverfahren sollte in der Europäischen Union einheitlich eingeführt und gehandhabt werden. Wenn das nicht möglich ist, müsste bis auf Weiteres eine eigenstaatliche Lösung gefunden werden. Leider sind die politisch Verantwortlichen in Deutschland bisher nicht bereit gewesen, diesen Vorschlägen näherzutreten. In jedem Fall muss sichergestellt werden, dass das Asylrecht nicht länger zweckentfremdet werden kann als »Türöffner« für eine illegale Einwanderung – von Personen, die ersichtlich kein Recht auf Asyl oder auf internationalen Schutz in Deutschland und der EU haben.

Ich halte es jedenfalls für unverantwortlich, wenn man sich in der Politik beruhigt zurücklehnt, sobald die Zahl der Asylbewerber gerade mal wieder abnimmt. Stattdessen sollte man diese etwas »ruhigeren« Zeiten nutzen, um zukunftsorientierte, nachhaltige, bedachte und abgewogene Lösungen zu erarbeiten. Diese erfordern, ich wiederhole mich bewusst, eine klare Unterscheidung zwischen Flüchtlingen im Sinne der Genfer Flüchtlingskonvention und den Migranten sowie zwischen Asyl und Zuwanderung. Das neue Einwanderungsgesetz in Deutschland, das die Gewinnung von Fachkräften aus dem Ausland regelt, müsste aber durch eine rechtsstaatlich korrekte Ordnung und Handhabung der Fluchtmigration flankiert werden.

Eigenstaatlichkeit in der EU

Rechtsstaatlichkeit ist ein unverzichtbares Element der verfassungsrechtlichen Identität Deutschlands. Sie ist die Grundlage von Demokratie und Sozialstaatlichkeit. Voraussetzung dafür aber ist, dass ein Staat seine Grenzen so schützen kann, dass sein Recht uneingeschränkt zur Geltung kommen kann und notfalls über das staatliche Gewaltmonopol durchgesetzt wird. Alle staatlichen Gewalten sind laut unserer Verfassung verpflichtet, die rechtsstaatliche Identität nicht zu gefährden oder zu beseitigen. Dabei dürfen Hoheitsrechte in begrenztem Maße auch auf die Europäische Union übertragen werden – solange die Eigenstaatlichkeit und Souveränität Deutschlands nicht preisgegeben oder substanziell gefährdet werden. Das hat auch das Bundesverfassungsgericht in der Vergangenheit immer wieder betont.

Eine rechtsstaatliche Ordnung der Migrationspolitik bedeutet dreierlei:

- Gesetzlich begründete Ansprüche auf Asyl oder internationalen Schutz müssen erfüllt werden.
- Flüchtlinge, die sich bereits in sicheren Drittstaaten aufhalten, können ohne Rechtszwang aus Gründen der Humanität und der Solidarität vorübergehend aufgenommen werden.
- Das Einwanderungsgesetz regelt die Arbeitsmigration aus volkswirtschaftlichen oder demografischen Gründen des eigenstaatlichen Interesses.

Die Handhabung des Asylrechts und des Asylverfahrensrechts muss sich strikt auf das konzentrieren, was ihr Zweck ist: aktuell politisch verfolgten Personen Schutz zu gewähren, in der Regel durch ein – im Prinzip vorübergehendes – Aufenthaltsrecht. Darüber hinaus hat selbstverständlich jeder Staat das Recht und die Möglichkeit, ohne völker- und europarechtliche oder innerstaatliche Verpflichtungen weitere Personen, die beispielsweise bereits anderswo hinreichenden Schutz gefunden haben, aufzunehmen. Nur die Zahl dieser aus humanitären Gründen oder aus Gründen der zwischenstaatlichen Solidarität Aufzunehmenden kann mit Kontingenten oder Obergrenzen beschränkt werden – nicht aber die Zahl der Asylberechtigten. Schließlich kann jeder Staat in einem Einwanderungsgesetz darüber befinden, in welchen Fällen und in welchem Umfang er aus eigenem Interesse Einwanderung, insbesondere Arbeitsmigration, ermöglicht.

Es war in den letzten Jahren ein Kardinalfehler der Politik, diese drei Aspekte nicht hinreichend differenziert und damit in der Praxis die Asylverfahren hoffnungslos überfrachtet zu haben. Die Konsequenzen dieser jahrelangen politischen Fehlsteuerung dürfen aber auch nicht auf dem Rücken der betroffenen Ausländer ausgetragen werden. Weder darf es dazu kommen, dass ihnen in der Gesellschaft mit Hass oder Feindschaft begegnet wird, noch können und dürfen wir ihnen die Anwendung der bewährten Regeln unserer Rechts- und Sozialstaatlichkeit vorenthalten. Dies wäre unzulässig und eines Rechtsstaats unwürdig.

Zukunftsorientierte Migrationspolitik

Eine nachhaltige Asyl- und Migrationspolitik braucht rechtsstaatliche Stützpfeiler und Strukturen. Nicht das grundsätzliche Versprechen, politisch verfolgten Personen Schutz zu gewähren, gehört auf den Prüfstand, sondern das, was daraus in der politischen und administrativen Praxis geworden ist. Wenn die Politik nicht umsteuert, erleidet die Rechtsstaatlichkeit auf diesem auch in Zukunft so wichtigen Terrain einen irreversiblen Vertrauensverlust.

Da ist zum Beispiel die Arbeitsmigration. Deutschland benötigt eine nachhaltige Strategie zur Fachkräftesicherung, um insbesondere dem demografischen Wandel etwas entgegenzusetzen. Bis zum Jahr 2060, errechnete die Bertelsmann Stiftung, muss Deutschland 260 000 Menschen aus dem Ausland für seinen Arbeitsmarkt gewonnen haben – 146 000 davon aus Drittstaaten außerhalb der EU. Der Pool der Flüchtlinge ist dafür wenig geeignet, denn – so eine weitere Studie der Stiftung – er enthält verhältnismäßig wenig Fachkräfte. 90 Prozent der geflüchteten Personen können vor der Einreise nach Deutschland keine mündlichen oder schriftlichen Deutschkenntnisse vorweisen. Immerhin 13 Prozent haben einen Hochschulabschluss, aber nur sechs Prozent eine abgeschlossene betriebliche oder andere Ausbildung. Nach den Angaben der Bundesagentur für Arbeit beziehen zwei Drittel der etwa 1,7 Millionen Flüchtlinge Hartz-IV-Leistungen. Während die Arbeitslosenquote generell sinkt, steigt sie in der Gruppe der aus nichteuropäischen Asylherkunftsländern stammenden Menschen an, so das Institut für Wirtschaftsforschung (ifo) in München; sie ist inzwischen dreimal so hoch wie die der deutschen Staatsbürger.

Im Gegensatz zu der großen Zahl an Flüchtlingen kommen weit weniger »Personen als Arbeitsmigranten« aus außereuropäischen Staaten nach Deutschland: Zwischen 2011 und 2015 waren es jährlich keine 30 000 Menschen, 2017 betrug ihre Zahl 38 000. »Betrachtet man die Fachkräftezuwanderung aus Nicht-EU-Staaten nach Deutschland insgesamt«, so die Bertelsmann-Analyse, »kann konstatiert werden, dass sie sich unterhalb der volkswirtschaftlichen Bedeutsamkeit befindet und auch im internationalen Vergleich niedrig ist.«

Das liegt auch daran, dass das bisherige Einwanderungsrecht in Deutschland komplex und intransparent war und vor allem auf akademische Fachkräfte zugeschnitten. Es regelte über 40 Zuwanderungsmöglichkeiten zu Erwerbszwecken, die an über 30 verschiedene Kriterien gekoppelt waren. Dies – so die Bertelsmann Stiftung – verstanden weder interessierte Fachkräfte im Ausland noch Unternehmen und öffentliche Verwaltungen im Inland.

Das neu beschlossene Fachkräfteeinwanderungsgesetz aus dem Jahr 2019 soll den Zuzug für Personen erleichtern, die hier arbeiten wollen. Während sich für die Gruppe der Akademiker wenig ändert, adressiert das Gesetz nun insbesondere nicht akademisch ausgebildete Fachkräfte. Sie können für bis zu sechs Monate nach Deutschland kommen, um sich hier einen Job zu suchen, für den sie ihre Ausbildung qualifiziert hat. Während dieser Zeit ist der Bezug von Sozialleistungen ausgeschlossen. Bereits vor der Einreise müssen die Bewerber nachweisen, dass sie ihren Lebensunterhalt selbst finanzieren können und über die für ihre Tätigkeit notwendigen Sprachkenntnisse verfügen. Auf die sogenannte Vorrangprüfung, also ob für die betreffende Stelle ein geeigneter deutscher Bewerber oder ein EU-Bürger vorrangig in Betracht kommt, wird vorläufig verzichtet. Darüber hinaus sollen die Möglichkeiten der Anerkennung ausländischer Berufsqualifikationen erweitert werden. Die Quoten sollen sich am Bedarf der Volkswirtschaft ausrichten. Eine Beschränkung auf Engpassberufe wie Ärzte oder Programmierer ist für Akademiker und Fachkräfte mit qualifiziertem Hochschulabschluss nicht mehr vorgesehen.

Der »Spurwechsel« vom Asyl- in das Einwanderungsverfahren – das betrifft diejenigen Asylbewerber, die in Deutschland eine Ausbildung machen – ist vor allem deshalb umstritten, weil er einen weiteren Anreiz für Fluchtmigration darstellt. Das zeitgleich zum Fachkräfteeinwanderungsgesetz beschlossene »Gesetz über Duldung bei Ausbildung und Beschäftigung« sucht hier einen Mittelweg: Asylbewerber können geduldet werden; das heißt, eine rechtlich legitimierte Abschiebung wird vorläufig ausgesetzt, wenn sie eine qualifizierte Berufsausbildung oder eine – unter weiteren Einschränkungen – Assistenz- oder Helferausbildung aufgenommen haben.

Schöne Worte als Soft Law

Zu heftigen Auseinandersetzungen führte der »Globale Pakt für eine sichere, geordnete und reguläre Migration« der Vereinten Nationen, eine internationale Vereinbarung von 192 Staaten, die auch Deutschland unterzeichnet hat. Der Migrationspakt formuliert 23 Ziele – zum Beispiel die Bekämpfung der Schleuser oder die Linderung prekärer Umstände während der Migration. Er fordert Grundrechte, Information und Rechtssicherheit. Seine Kritiker befürchten, dass der Pakt unkalkulierbare Anreize für weitere Migration darstellen könnte; er belaste vor allem die Zielstaaten, zu denen zweifellos auch Deutschland gehöre. Dieser Migrationspakt beruft sich auf rechtsstaatliche Prinzipien. Kann er dennoch eine geordnete Asyl- und Zuwanderungspolitik, wie sie auch für Deutschland notwendig ist, erschweren oder verhindern?

Die Befürworter halten solche Befürchtungen für völlig unbegründet. Sie verweisen darauf, dass der Migrationspakt ausdrücklich die nationale Souveränität über die Migrationspolitik betont und seine Verpflichtungen nicht rechtsverbindlich seien. Es gehe vielmehr um die Vereinbarung gemeinsamer politischer Ziele für eine Migration, die nach den Regeln der jeweiligen Staaten zu erfolgen habe.

Viele der Ziele sind – wie häufig bei Proklamationen der Vereinten Nationen – recht vage formuliert und nicht immer frei von inneren Widersprüchen. Was das Für und Wider dieses Paktes betrifft, will ich mich daher auf einige grundlegende Bemerkungen beschränken.

Der UN-Migrationspakt stellt keinen völkerrechtlich verbindlichen Vertrag dar. Es geht um sogenanntes Soft Law. Die unterzeichnenden Staaten geben politisch-moralische Verpflichtungserklärungen ab, sprechen also politische Selbstverpflichtungen aus, für die Einhaltung, Verfolgung und Durchsetzung der genannten Ziele einzutreten. Verstoßen sie gegen diese Vorgaben, haben sie keine rechtlichen Sanktionen zu befürchten.

Der Pakt enthält definitiv keine Rechtsvorgaben, will aber natürlich politische Wirkung erzielen. Staaten, die den Zielvorgaben des Migrationspaktes entgegenhandeln, setzen sich politischer »Ächtung« aus. Dass sich das auf innenpolitische Verfahren der Gesetzgebung oder den allgemeinen innenpolitischen Diskurs auswirkt, wird allerdings vor allem diejenigen Staaten treffen, in denen ein offener, transparenter politischer Diskurs stattfindet und stattfinden kann. Viele Staaten, die den UN-Migrationspakt unterzeichnet haben, fallen nicht darunter.

Solche internationalen Übereinkommen wirken deshalb politisch völlig asymmetrisch. Denn was bringt eine politisch-moralische Selbstverpflichtung derjenigen Staaten, in denen demokratische, transparente und offene politische Willensbildungsprozesse fehlen oder unterdrückt werden? Obgleich viele dieser Staaten zahlreiche andere Pakte unterzeichnet haben, die dem Schutz von Menschenrechten dienen, ist die Menschenrechtslage in nicht wenigen dieser Staaten – vorsichtig formuliert – prekär.

Da dieses Soft Law nicht völkerrechtlich verbindlich ist, ist kein gesetzgeberisches Zustimmungsverfahren vorgesehen. Solche Abkommen können also ohne Mitwirkung der Parlamente von der jeweiligen Regierung unterzeichnet werden. Eine demokratische Legitimation, wie sie dem Zustimmungsgesetz zu einem völkerrechtlichen Vertrag eigen ist, fehlt, ebenso die mit jedem Gesetzgebungsverfahren verbundene Transparenz und Öffentlichkeit. In Deutschland ist der Pakt noch kurz vor der Unterzeichnung im Bundestag erörtert worden. Das Parlament hat ihm kurzfristig zugestimmt. Grundsätzlich aber ist unter demokratiestaatlichen und rechtsstaatlichen Aspekten Zurückhaltung zu empfehlen, wenn es um den Abschluss rechtlich unverbindlicher, auf

Selbstverpflichtung politisch-moralischer Art abzielender Abkommen geht – auch wenn sie verfassungsrechtlich zulässig sind.

Zum Schluss noch ein Wort zur rhetorischen Aufheizung der Debatte um die Ereignisse des Sommers 2015: Ich würde in diesem Zusammenhang nicht von einer »Herrschaft des Unrechts« sprechen, wie das Horst Seehofer 2016 getan hat, aber auch Juristen wie Ulrich Vosgerau. Zum einen erinnert diese Begrifflichkeit an die Gewalt- und Willkürherrschaft des NS-Regimes, aber auch an die SED-Diktatur in der ehemaligen DDR. Zum anderen verbindet man mit einer »Herrschaft des Unrechts« eine gezielte und durchgehende Missachtung und Außerkraftsetzung des Rechts seitens des Staats und seiner Behörden und Gerichte, zur Absicherung der eigenen Herrschaftsmacht. Davon kann im Zusammenhang mit der Migration der letzten Jahre in Deutschland und der Europäischen Union keine Rede sein. Auf der anderen Seite wirft es ein bezeichnendes Licht auf die mangelnde Wertschätzung der Rechtsstaatlichkeit in Politik und Medien, wenn das beharrliche Drängen von Horst Seehofer und anderen, geltendes Recht auch in der Ausländer-Einreisepolitik endlich durchzusetzen, als »Streithanselei«, Rechthaberei oder als die Regierungsfähigkeit gefährdender Starrsinn diffamiert wird.

4

Selbstjustiz: Gefährliche Entwicklungen

Die Flüchtlingskrise war aus rechtlicher Sicht eine Bankrotterklärung des Rechtsstaats. Sie hat bei vielen Bürgern den Eindruck hinterlassen, das Recht sei kein geeignetes Instrument, um Sicherheit und Ordnung in diesem Land zu garantieren. Klarheit, Beständigkeit, Vorhersehbarkeit und Gewährleistung von Rechtsnormen sind aber der Kern des Rechtsstaats. Sie müssen das Vertrauen der Bürger in die Verlässlichkeit der Rechtsordnung schaffen und bestärken. Die besten Gesetze nützen nichts, wenn sie nicht vollzogen werden.

Leider gilt das nicht nur für veritable Krisen, wie sie die Flüchtlingsbewegung ohne Zweifel darstellt, sondern auch für den Alltag. So gibt es zahlreiche Belege dafür, dass sich mitten in Deutschland Unrecht gegenüber dem Recht durchgesetzt hat. Zum Beispiel im Zusammenhang mit kriminellen Organisationen. Deutschland, das ist nicht übertrieben, ist zum »Gangland« geworden. Im Dickicht der Großstädte entstehen hier Parallelwelten, die anderen Gesetzen folgen als den bundesdeutschen. Polizei und Politik sprechen nur ungern darüber, weil sie nicht zugeben mögen, dass sie gegenüber diesen Zuständen hilflos sind.

Das Gesetz der Clans

Einige Großfamilien in Berlin, Duisburg, Bremen oder Essen haben kriminelle Banden gebildet, die komplette Stadtviertel kontrollieren. Es sind Nachkommen der Flüchtlinge des ersten Libanonkriegs, der 1975 begann. Diese spezielle Gruppe arabisch sprechender Kurden schiitischen Glaubens hat in Jahrhunderten der Verfolgung gelernt, nur durch eine starke Familie überleben zu können. Der Chef dieser Clans ist Gesetz, religiöses und weltliches Oberhaupt zugleich. Ein selbst ernanntes »Friedensrichtersystem« dient außerdem dazu, Streitigkeiten untereinander zu schlichten. Deutsches Recht wird nicht anerkannt, Schulpflicht und Bildungssystem sind nicht akzeptiert und werden umgangen.

Jens Gnisa, der Vorsitzende des Deutschen Richterbundes, hat anschaulich beschrieben, wie er selbst unter Polizeischutz durch den Duisburger Stadtteil Marxloh fuhr, um sich ein Bild dieser Parallelwelt zu machen: »Da stehen sie, junge Männer in Gruppen vor runtergekommenen Geschäften. Sie fallen sofort durch ihr Machogehabe auf. Als sie den Streifenwagen sehen, grinsen und winken sie. Es ist keine Freundlichkeit, sondern Häme [...] Ein Polizist muss immer damit rechnen, plötzlich einer Überzahl von aggressiven jungen Männern gegenüberzustehen. Ihr Hass trifft aber nicht nur die Ordnungshüter, sondern alles, was für den Staat gehalten wird: Sozialarbeiter, Ordnungsamt, Feuerwehr, sogar Sanitäter [...] Die Polizisten, die hier Dienst tun müssen, fühlen sich alleingelassen – von der Politik, vom Rechtsstaat.«

Rund 2800 Menschen gehören in Duisburg zu rund 70 Großfamilien – ein kleines Imperium. Rund ein Drittel von ihnen taucht schon in einer Polizeiakte auf – die Vergehen reichen von organisiertem Drogen- und Menschenhandel, Glücksspiel, Schutzgelderpressungen und Autoschiebereien bis zu Sozialbetrug. Beispielsweise wurden bei einer gezielt angesetzten Polizeikontrolle

Personen vernommen, die mit einem Auto, das fast so teuer war wie ein Einfamilienhaus, ihr Hartz-IV-Geld beim Amt abholen wollten. Schon ein simpler Verkehrsunfall reicht, um Clanmitglieder auf den Plan zu rufen, die sich auf der Straße zusammenrotten, um die Polizei einzuschüchtern. »Das stört den Rechtsfrieden«, sagt Stefan Müller, der als Oberstaatsanwalt in Duisburg eine Sonderabteilung gegen Clan-Kriminalität leitet.

In Berlin sind es nach Einschätzung der Sicherheitsbehörden zwölf solcher arabischen Großfamilien mit mehreren Hundert Mitgliedern, die für rund ein Viertel der organisierten Kriminalität verantwortlich sein sollen. Mehr als die Hälfte der Verdächtigen aus diesen Clans hat inzwischen einen deutschen Pass. »Die Politik hat das Thema 30 Jahre lang verschlafen«, sagte der stellvertretende Bezirksbürgermeister von Neukölln, Falko Liecke, der *Neuen Zürcher Zeitung*. Die Familien sind mit rechtsstaatlichen Mitteln schwer zu fassen, auch wenn es inzwischen Sonderkommissionen und Großrazzien gegen sie gibt. Ihre Straftaten organisieren sie arbeitsteilig: Ältere Männer übernehmen die Planung, jüngere, die noch unter das Jugendstrafrecht fallen, führen sie aus. Familienmitglieder geben sich gegenseitig Alibis, Zeugen werden genauso bedroht wie Vollzugsbeamte und Staatsanwälte. Kommen einzelne Mitglieder dennoch ins Gefängnis, so organisieren sie von dort ihre Geschäfte weiter. »Knast« gehört zur Clan-Kultur wie der Rap.

Hier handelt es sich nicht »nur« um organisierte Kriminalität – das wäre schon schlimm genug. Bei den arabischen Clans geht es vielmehr, ganz ähnlich wie auch bei der von Extremisten durchsetzten Tschetschenen-Mafia, um eine Kultur, die auf Gewalt und Terror basiert. Es geht um bewusste Verweigerung von Integration und Assimilation – mit dem klaren Ziel, Gesellschaft und Rechtsstaat zu unterwandern. Das ist eine weitere Dimension und eine besonders beunruhigende Entwicklung. Das Gewaltmonopol des Staats schwindet, der Rechtsstaat scheint ohnmächtig und zieht sich zurück.

»Arabische Clans – die unterschätzte Gefahr« warnt auch der Politologe Ralph Ghadban, selbst im Libanon geboren. In seinem Buch schildert er eindrücklich die Mentalität dieser Großfamilien, ihre Ablehnung der deutschen Verfassung als Grundlage des Staats und Bindeglied der Gesellschaft. Seither wird er im Internet offen mit dem Tod bedroht. Diese arabisch-kurdischen Clans und ihre Angehörigen wollen sich nicht integrieren, so Ghadban, sondern seien dabei, einen Übergang einzuläuten – »von einer Abwehrhaltung, die die Muslime vor den Gefahren einer offenen, liberalen Gesellschaft schützen wollte, hin zu einer offensiven Haltung, die der islamischen Lebensweise im Gastland mehr Raum verschaffen will«. Der Migrationsforscher kritisiert die, wie er findet, naive Multikulti-Politik deutscher Parteien angesichts einer Bevölkerungsgruppe, welche die Scharia über die Menschenrechte stelle.

Parallelgesellschaften

Flucht und Migration haben die deutsche Gesellschaft mit anderen kulturellen und religiösen Perspektiven konfrontiert und die Gesellschaft »bunter« gemacht, im Positiven wie im Negativen. Der Rechtsstaat sollte das Bindeglied zwischen den unterschiedlichen ethnischen Gruppierungen, Glaubensrichtungen und Lebensweisen in diesem Land sein, aber die Praxis zeigt, dass er längst nicht überall als Conditio sine qua non anerkannt ist.

Durch die Medien geistert dann das Schreckgespenst der Scharia, häufig assoziiert mit drastischen Strafen wie Steinigen oder Handabhacken. Im Prinzip umfasst der Begriff Scharia zunächst einfach nur die Gesamtheit religiöser und kultureller Normen im Islam; die Auslegung des Korans ist allerdings weit weniger homogen als zum Beispiel die christliche Tradition. Deshalb berufen sich auch Täter, die »Ehrenmorde« oder »Blutrache« begehen, auf die Scharia. Der selbst definierte kulturell-religiöse Kontext wird dann höhergestellt als das deutsche Recht.

Aus solchen individuellen Interpretationen lässt sich jedoch keinesfalls ablesen, dass der Islam generell gewalttätig ist oder nicht zum Rechtsstaat passt, wie das im Herbst 2018 die AfD in einem Antrag im Bundestag formulierte. Das Grundgesetz gewährt die Freiheit des Gewissens und der Religion (Art. 4 GG), und der deutsche Säkularstaat hat ein berechtigtes Interesse an der religiösen Vitalität und Vielfalt des Volkes. Selbstverständlich können, wie ich einmal in einem Interview gefragt wurde, ein Muslim Bundeskanzler, und eine Muslima Bundeskanzlerin werden, wenn sie sich Recht und Verfassung verpflichtet fühlen.

Das aber setzt in vielen Fällen eine funktionierende Integration voraus. Der Rechtsstaat kann sich die Herausbildung von Parallelgesellschaften nicht erlauben – nach dem Motto: »Jeder nach seiner Fasson«. Am eindringlichsten warnen vor dieser Entwicklung gut integrierte Einwanderer wie die türkisch-deutsche Anwältin Seyran Ateş in ihrem Buch *Der Multikulti-Irrtum*. Sie schildert, wie sie selbst vor Jahren beinahe von einem Türken umgebracht worden wäre, ohne dass ihr der Rechtsstaat zu Hilfe kam, sodass sie sich verstecken musste. »Es gibt keinen logischen Grund«, schreibt sie, »warum eine muslimische Parallelgesellschaft in Deutschland oder sonst auf dieser Welt anders funktionieren sollte als in Holland oder auch in Frankreich oder Großbritannien. Deshalb bin ich der Ansicht, dass uns in Deutschland die gleichen Zustände drohen wie in diesen Ländern. Es kann auch in Deutschland passieren, dass ein Islamkritiker auf offener Straße erstochen wird. Schon jetzt sind die Zustände mehr als alarmierend.«

Im Namen der Ehre

Parallelgesellschaften leben zwar im Schutz des Rechtsstaats, aber ihre Mitglieder akzeptieren und verstehen auch nicht die umfassende Geltung des Rechts, das in einer säkularen Gesellschaft über allen anderen Geboten steht. Deshalb kommt es auch immer wieder zu Fällen von Selbstjustiz. Jedes Jahr geschehen in Deutschland im Schnitt drei sogenannte Ehrenmorde in Migrantenfamilien. Bezieht man außer der engsten Familie weitere Verwandte ein, sind es etwa zwölf solcher Straftaten, ermittelte eine Studie des Freiburger Max-Planck-Instituts für Strafrecht im Auftrag des Bundeskriminalamts. Immer geht es um die Wiederherstellung der Familienehre, für die ein Leben geopfert wird – meistens ein weibliches, das von der Tochter oder Schwester.

Anders als weithin vermutet, geht es bei diesen gewaltsamen Übergriffen eher selten um westlichen Lebensstil wie Kleidung oder Berufstätigkeit der Frau, häufig ist eher ihre, vielleicht auch nur vermutete, Untreue oder eine Trennung der Auslöser. Die Frau werde zwar auch in der westlichen Gesellschaft nicht selten als Besitz angesehen, wie die Studie des Freiburger Max-Planck-Instituts betont, doch türkische Männer wenden demzufolge immer noch dreimal häufiger Gewalt an. »Man kann schon zunehmend feststellen«, so auch ein Freiburger Staatsanwalt im Deutschlandfunk, »dass es Bevölkerungskreise gibt, die entweder aus fehlendem Vertrauen in den Rechtsstaat oder auch deswegen, weil der Gedanke an das staatliche Gewaltmonopol in ihren Köpfen nicht so internalisiert ist, dazu neigen, staatliche Hilfe bei Konfliktschlichtung nicht in Anspruch zu nehmen, sondern versuchen [...] interne Streitereien unter sich auszutragen«.

Werden solche kulturell und religiös motivierten Straftaten vor deutschen Gerichten anders behandelt als zum Beispiel ein Gewaltakt aus Habgier? »Niedrige Beweggründe«, zum Beispiel

Eifersucht, könnten weniger schwer bewertet werden, wenn der Angeklagte glaubte, im Sinne der Scharia im Recht zu sein. So zumindest könnte man ein Urteil des Landgerichts Cottbus bewerten, auf dessen Grundlage 2018 ein tschetschenischer Asylbewerber wegen Totschlags verurteilt wurde – und nicht etwa wegen Mordes, obwohl er Dutzende Male auf seine Frau einstach und sie aus dem Fenster warf. Der Mann war allerdings auch weitgehend ungebildet, hatte eine problematische Biografie, stand unter Drogen und hatte in Wirklichkeit keine Ahnung, was der Koran für solche Fälle vorschreibt. Eifersucht hielt der Angeklagte schlicht für sein gutes Recht.

Gebildete und mit den hiesigen Rechtsnormen vertraute Einwanderer werden deutlich strenger behandelt, zum Beispiel eine ursprünglich aus Pakistan stammende Familie aus Darmstadt, die ihre 19-jährige Tochter tötete, weil sie eine uneheliche Beziehung geführt haben soll. Nach 20 Jahren Aufenthalt in Deutschland, argumentierte das Gericht, hätten die Familienmitglieder genug Gelegenheit gehabt, sich mit den hiesigen Wertvorstellungen vertraut zu machen.

Es gebe in der Rechtsprechung bisher keine Tendenz, religiös motivierte Partnertötungen milder zu behandeln, betont die »Ehrenmord«-Studie des Max-Planck-Instituts, die Fälle zwischen 1996 und 2005 analysierte und sie mit anderen Partnermorden verglich. Im Gegenteil: Die Richter bestraften die Taten von Muslimen strenger als die anderer Täter; 38 Prozent erhielten »lebenslang«, bei Tätern mit anderer Religionszugehörigkeit waren es nur 23 Prozent. Bei Männern ohne Migrationshintergrund sind die Gerichte, gemäß der Einschätzung der Rechtswissenschaftlerinnen Ulrike Lembke und Lena Foljanty, eher bereit, die Gefühle von Verzweiflung und Ausweglosigkeit strafmildernd zu berücksichtigen.

Autoritätsverlust der Familie

Die Hintergründe sind aber in vielen Fällen komplex und lassen sich nicht auf den Islam reduzieren. Sie spiegeln unter anderem wider, dass die Familie in anderen Kulturen einen weit höheren gesellschaftlichen Rang einnimmt als in Deutschland. Das Argument, dass zum Beispiel Kinder mit 18 Jahren volljährig sind und ihr eigenes Leben führen können, trifft häufig auf Unverständnis, denn es entwertet nicht nur die Autorität der Eltern, die viel geopfert haben, um ihren Kindern eine bessere Zukunft im Exil zu ermöglichen. Es berücksichtigt auch nicht, dass in Zeiten des Internets selbst die Verwandtschaft im Herkunftsland noch geächtet werden kann, wenn sich zum Beispiel Jugendliche in Deutschland »falsch« verhalten und Fotos davon die Runde machen. Und natürlich geht es auch um patriarchalische Familienstrukturen, für die Gleichberechtigung der Geschlechter nicht existiert.

Ein besonders tragischer Fall aus Hannover macht das deutlich: Die 21-jährige Jesidin Shilan H. war die Tochter von Bilderbuch-Immigranten. Ihr Vater, Ghazi H., war 1997 mit seiner Familie nach Deutschland geflüchtet, weil unter Saddam Hussein die Auslöschung der jesidischen Volksgruppe im Norden des Irak drohte. In seiner neuen Heimat wurde Ghazi H. ein erfolgreicher Unternehmer, ließ seine Kinder studieren und Shilan sogar in eine eigene Wohnung ziehen, als sie ihr Studium begann. Alles lief problemlos, bis die junge Frau ihren Cousin abwies, der sie heiraten wollte. Daraufhin stellte dieser gefälschte Nacktfotos von ihr ins Netz.

Die Brüder ihres Vaters verlangten nun eine Zwangsheirat, da die Ehre der Familie sonst auf jeden Fall beschädigt sei, selbst wenn Shilan nichts für die Fotos konnte. Als der Vater das ablehnte, wurde seine Tochter auf einer Feier vor den Augen anderer Gäste von ihrem Cousin und selbst ernannten Bräutigam erschossen. »Meine Tochter wurde ein Opfer von veralteten Bräuchen und Traditionen«, schrieb Ghazi H. damals auf Facebook. Religion, erklärte der Orientalist und Psychologe Jan İlhan Kızılhan gegenüber der Wochenzeitung *Die Zeit*, spiele in diesem Fall nicht die entscheidende Rolle, sondern der von einzelnen Mitgliedern empfundene Respektverlust innerhalb der streng nach außen hin abgeschotteten jesidischen Gemeinschaft. Zwei Jahre später wurde der Täter im Irak verhaftet.

Auch Ehrenmord ist Mord

Der Bundesgerichtshof forderte in einem Urteil aus dem Jahr 2002 bei Tötungen »zur Wiederherstellung der Ehre« grundsätzlich eine Bestrafung wegen Mordes. Wer die eigene oder die Familienehre über das Leben eines anderen stelle, handele aus »niedrigen Beweggründen« und sei deshalb strenger zu bestrafen als für einen Totschlag. Nur wenn der Täter die besondere Verwerflichkeit seines Tuns nicht erkennen könne, seien Ausnahmen – wie im Fall des Tschetschenen in Cottbus – möglich. Seit dem BGH-Urteil erhalten »Ehrenmörder« in der Mehrheit der Fälle eine lebenslange Freiheitsstrafe und damit die Höchststrafe im deutschen Strafrecht.

Das Max-Planck-Institut für ausländisches und internationales Strafrecht weist in seiner »Ehrenmord«-Studie darauf hin, dass die Täter überwiegend aus bildungsfernen und niedrig qualifizierten Schichten der Migranten kommen: »Auch wenn Ehrenmorde also kulturelle Wurzeln haben, darf nicht übersehen werden, dass – wie bei fast allen Gewaltphänomenen – soziale Benachteiligungen und mangelnde Bildung eine bedeutende Ursache sind. Es gibt keine Hinweise auf eine starke Beteiligung von Migranten der zweiten oder dritten Generation [...] Diese Ergebnisse lassen hoffen, dass sich Ehrenmorde nicht dauerhaft als Gewaltphänomen in Deutschland etablieren werden.« Voraussetzung ist allerdings, ich sagte es schon, dass sich keine Parallelgesellschaften herausbilden, in deren Schutz archaische Traditionen weiterexistieren.

Die ehrenwerten Gesellschaften

Andere Einwanderer sind uns auf den ersten Blick viel vertrauter als die abgeschirmte Gemeinschaft der kurdischen Jesiden, sie sind katholische Christen, gut integriert und jedermanns Freund – die Italiener. Ihre Heimat ist ein beliebtes Urlaubsland, und was wäre Deutschland ohne die italienische Küche? Viele der Geschäftsleute aus dem Süden müssen sich, auch wenn sie selbst völlig unbescholten sind, dem ungeschriebenen Gesetz der Mafia fügen und zum Beispiel Schutzgeld zahlen.

Vor allem aber nutzt die italienische Mafia Deutschland für die Geldwäsche. Denn das Geld aus dem Geschäft mit der Prostitution sowie dem Drogen- und Waffenhandel – seit Neuestem auch aus dem »Flüchtlingsgeschäft« – muss investiert werden, und dafür bieten sich zum Beispiel in Italien zu wenige Möglichkeiten. Deutschland sei in dieser Hinsicht »Gangsters' Paradise«, schreibt das *Handelsblatt*. Die wesentlichen Operationsgebiete sind Baden-Württemberg, Bayern, Hessen und Nordrhein-Westfalen. Das Geschäft läuft leise – nur selten kommt es zu spektakulären Gewalttaten wie dem Streit zwischen zwei konkurrierenden Mafiaclans in Duisburg im Jahr 2007, der sechs Tote forderte. Die Mafia arbeitet unauffällig, die deutsche Bevölkerung interessiert sich deshalb auch mehr für die Pizza als für den Hintergrund der geschätzten 350 Pizzerien, die von der Mafia kontrolliert werden.

Zur kalabrischen 'Ndrangheta, der neapolitanischen Camorra oder der sizilianischen Cosa Nostra zählen nicht nur »kleine Fische«, sondern auch erfolgreiche Unternehmer. Sie haben beste

Verbindungen in höchste Kreise der Gesellschaft und sind tief verflochten mit der Bauindustrie, dem Lebensmittel-Großhandel und der Gastronomie in Deutschland. Am einflussreichsten scheint die international operierende 'Ndrangheta zu sein. Ungefähr 50 Milliarden Euro setzen die Kalabrier weltweit pro Jahr mit Drogen um. Die 'Ndrangheta soll rund 1000 Mitglieder in Deutschland haben, nur ein Drittel davon ist namentlich bekannt.

Die Journalistin Petra Reski, die ein Buch über die Mafia geschrieben hat, kritisiert, dass in Deutschland die Aktivitäten der Mafia verdrängt würden. Die Bundesrepublik sei nicht nur »Rückzugsgebiet«, wie es oft heiße, sondern auch Operationsgebiet. Zwar gibt es eine deutsch-italienische Taskforce, doch aus Sicht italienischer Fahnder sind die Gesetze in Deutschland für wirkliche Erfolge nicht ausreichend. Auch hier muss also konstatiert werden, dass sich der Rechtsstaat zurückzieht. Sandro Mattioli vom Verein mafianeindanke sagte der *Berliner Zeitung,* dass die Mafia in der Hauptstadt vor allem ihr Geld wäscht, etwa in der Immobilienbranche. Beim Berliner Landeskriminalamt jedoch sei niemand speziell für das Thema italienische organisierte Kriminalität zuständig.

Diebe im Gesetz

Nicht nur in Deutschland, auch in vielen anderen EU-Ländern entstehen unter den besonderen Bedingungen ethnischer Einwanderergruppen kriminelle Netzwerke. Zum Zentrum der osteuropäischen und asiatischen Kriminalität ist Berlin geworden. Tschetschenen, Litauer, Ukrainer, Georgier und Armenier sowie Russlanddeutsche standen dort bereits im Mittelpunkt umfangreicher Ermittlungsverfahren. Aber auch über die Hauptstadt hinaus arbeiten diese Banden in einer Art Städteverbund: Selbst wenn einzelne Mitglieder gefasst werden, gelingt es häufig nicht, die »Bildung einer kriminellen Vereinigung« nachzuweisen. »Diebe im Gesetz« nennen sich die Anführer der russischen Clans, die sich nicht wie die Araber und viele Italiener über Familienzugehörigkeit definieren, sondern über einen ganz speziellen Ehrenkodex. Er stammt noch aus der Zeit der Straflager in der ehemaligen UdSSR und fordert zum Beispiel ein absolutes Aussageverbot gegenüber staatlichen Organen.

Die »Diebe im Gesetz« haben auch eine eigene Gerichtsbarkeit außerhalb Deutschlands – in der Russischen Föderation, wo Mitglieder Streitigkeiten klären. Eine Gemeinschaftskasse (*Abschtschjak*) wird unter anderem dafür verwendet, Anwaltshonorare zu bezahlen oder Familien zu unterstützen, deren Oberhaupt gerade einsitzt. Gemäß dem Bundeskriminalamt sollen in Deutschland bereits etwa 10 000 dieser »Diebe« in rund 50 Banden operieren. Zur besseren Aufklärung müssten die russischen Behörden mit Deutschland kooperieren, doch eine Zusammenarbeit fehlt.

In Berlin sind die Banden nach einem Bericht der *Berliner Zeitung* in unterschiedlichen »Geschäftsfeldern« aktiv. Gruppen aus Armenien, Aserbaidschan, Weißrussland, dem Kosovo, Litauen, Polen und Serbien begehen vor allem Eigentumsdelikte. Schmuggel und Handel mit Rauschgift ist Sache von Deutschen, Libanesen, Mazedoniern, Serben, Türken und Russen. Gewaltbereit scheinen dabei vor allem Tschetschenen.

Die Polizei unterscheidet in diesem Zusammenhang zwischen Clan- und organisierter Kriminalität. Die organisierte Kriminalität wird von der Polizei so charakterisiert, dass hier Arbeitsteilung, planmäßige Begehung und gewerbliche Strukturen vorliegen. Widerstände werden mit Gewalt und Einschüchterung beseitigt, aber auch durch Einflussnahme auf Politik, Medien, Verwaltung, Justiz oder Wirtschaft. Ermittlungsverfahren gegen Gruppierungen der ostasiatischen organisierten Kriminalität, beispielsweise der Triaden, gibt es nach diesem Bericht überhaupt nicht.

Hin und wieder gelingt dem Staat ein Durchgriff, wie einige erfolgreiche Großrazzien in ganz Europa zeigten. Doch die organisierte Kriminalität ist eine Hydra: Schlägt man einen Kopf ab, wachsen sofort drei neue nach. Der Staat setzt sein Gewaltmonopol nicht um – und er setzt sich nicht durch. Der breiten Bevölkerung ist die Brisanz der Lage nicht bewusst; für viele junge Leute sind – vermittelt über Rap-Musik und Filme – Clans sogar Kult.

Kinder als Räuber

Die Einbruchskriminalität ist ein weiteres Kapitel, das auf die Kapitulation des Rechtsstaats verweist, denn alle vier Minuten wird in Deutschland, statistisch gesehen, in eine Wohnung oder in ein Haus eingedrungen. Die Zahlen sind zwar leicht sinkend, aber die begangenen Straftaten werden nur selten gesühnt: Die meisten der Täter entkommen unerkannt. Jeder zweite Einbrecher ist nach einer Studie des Kriminologischen Forschungsinstituts Niedersachsen (KFN) ein »Reisender oder Zugereister« und schnell wieder verschwunden. Viele der Diebe arbeiten – wie auch die Taschendiebe – in unterschiedlichen Teams: Eine Truppe späht Objekte aus, eine andere bricht ein, eine dritte holt vielleicht später noch größere Wertsachen wie Bilder oder Hightech aus den Wohnungen, die zuvor nicht mitgenommen werden konnten.

Einer dieser Räuber-Trupps, der aufflog, war der Cucina-Clan, deren Chefs in Kroatien saßen. Knapp 500 Mitglieder haben über viele Jahre in Deutschland, aber auch in anderen europäischen Ländern, Wohnungen aufgebrochen und vor allem kleine wertvolle Dinge gestohlen – meistens Schmuck und Geld. Häufig waren es Kinder oder junge Frauen, die wie zu Zeiten von Charles Dickens systematisch zu Dieben ausgebildet wurden. Die Kinder des Cucina-Clans konnten meist nicht lesen und schreiben, hatten keine Kontakte außerhalb der Familie und kein eigenes Geld. Sie waren Gefangene des Clans.

Solche Gruppen widersetzen sich seit Jahrhunderten der Assimilation. Sie leben in streng hierarchisch gegliederten Gesellschaften, und jeder, der »aussteigt«, muss den Kontakt zu seiner Familie abbrechen und wird ausgestoßen. Gleichzeitig begegnet man ihm oder ihr dann in der Gesellschaft mit vielen Vorbehalten. Deshalb haben auch Reformprogramme so wenig Erfolg.

Nimmt man die jungen Einbrecher auf Verdacht fest, dann stellt sich heraus, dass sie keine Ausweispapiere bei sich tragen, sondern ein unverbindliches Papier, auf dem steht, dass sie noch keine 14 Jahre alt sind – also nicht bestraft werden können. Ihre Ausrüstung ist ebenso schlicht wie unverfänglich – ein Strumpf als Handschuh-Ersatz und ein Stück hartes Plastik, aus einer Shampoo-Flasche ausgeschnitten, zum Öffnen des Schlossriegels, wie ein in den Haaren versteckter Schraubenzieher, mit dem sie die Tür aus den Angeln heben. Für eine Untersuchungshaft reicht das meist nicht.

Die Münchener Polizei nimmt an, der Cucina-Clan könnte in einem bestimmten Zeitraum für ein Fünftel aller deutschen Einbrüche verantwortlich gewesen sein. Einige der zum Clan zählenden Mädchen sollen bis zu 3000 solcher Straftaten begangen haben. Diese Zahlen sind allerdings spekulativ und lassen sich nur schwer belegen. Andere Experten halten es für wahrscheinlicher, dass mehr als die Hälfte der Einbrüche in Deutschland von Drogenabhängigen verübt werden und nur maximal ein Fünftel von durchreisenden Ausländern. Volksgruppen als Täter zu verdächtigen verbietet sich, insbesondere wenn einzelnen davon, die während des NS-Regimes verfolgt und zum Teil auch vernichtet wurden, mit vielen Vorurteilen begegnet wird. Man kann und darf sie nicht pauschal kriminalisieren, genauso wie man ihnen generell nicht einen Hang zum Rechtsungehorsam unterstellen kann.

Fest steht nur, dass viele Haftbefehle bei Einbrechern nicht vollstreckt werden können, weil die Betroffenen dann schon wieder verschwunden sind. Die Quote der Verurteilungen ist mit rund drei Prozent sehr gering, und viele der Täter entziehen sich spätestens danach ihrer Strafe. Ganz generell wird kaum ein Verbrechen seltener aufgeklärt als ein Einbruch. Bei Mord liegt die Aufklärungsquote bei rund 95 Prozent, bei Einbruch nur bei 17,8 Prozent.

Wegsehen ist ein Rechtsbruch

Theoretisch darf es in einem Rechtsstaat keine »rechtsfreien Räume« geben, doch in der Praxis existieren sie. So hat ein Berliner Bezirksangestellter im Görlitzer Park eigenmächtig pinkfarbene Flächen am Wegesrand ausgewiesen, wo Drogen konsumiert und gehandelt werden – unter den Augen der Polizeistreifen. Es war ein Akt der Verzweiflung und ein Versuch der pragmatischen Selbsthilfe – denn spielende Kinder und Sonnenhungrige sollten nicht überall im Park mit der Sucht konfrontiert werden. Die frühere Null-Toleranz-Politik im Stadtteil Kreuzberg hatte wenig gebracht. »Sie war«, erklärte ein Sprecher des Justizsenators, »kontraproduktiv und eine unnötige Belastung für die Polizei und Justiz.«

Strafverfolgung als unnötige Belastung? Richtig ist, dass Festnahmen keine Süchtigen kurieren und den Drogenhandel meistens nur in andere Räume verschieben, anstatt ihn zu beenden. Aber das Signal, das dieser pragmatische Ansatz im Görlitzer Park setzt, ist dennoch verheerend: Die Hilflosigkeit von Polizei und Staat wird hier demonstriert. Dieses Vorgehen ist außerdem ein

Rechtsbruch – denn das Legalitätsprinzip der Strafprozessordnung sagt aus, dass Polizei und Justiz verpflichtet sind, Straftaten zu verfolgen. Es liegt also gar nicht in ihrem Ermessen wegzusehen, Selbstjustiz auf passive Art zu vollziehen.

Eine ganz andere Frage ist, ob man bei Drogendelikten mit strengen Strafen etwas erreicht. Hardliner kritisierten, die deutschen Strafrichter seien zu »weich«, verhängten »zu milde« Strafen oder setzten sie gleich wieder zur Bewährung aus. Was zählt, ist aber nicht das Ausmaß der Strafe, sondern der Umstand, dass sie überhaupt erfolgt, zeitnah verhängt und auch tatsächlich vollstreckt wird. Und: Was soll das heißen, wenn angeblich »zu milde« Urteile gefällt werden? Die Rechtsprechung kann sich nicht von den Emotionen der Öffentlichkeit oder bestimmter Interessenvertreter beeinflussen lassen. Die Angemessenheit einer Strafe zu bestimmen ist allein Aufgabe des in voller persönlicher und sachlicher Unabhängigkeit entscheidenden Richters. Auch das gehört zum Wesenskern des Rechtsstaats.

Deshalb ist auch vehement zu widersprechen, wenn der nordrhein-westfälische Innenminister Herbert Reul (CDU) den Volkswillen zur Richtschnur der Rechtsprechung machen will: »Richter sollten immer auch im Blick haben, dass ihre Entscheidungen dem Rechtsempfinden der Bevölkerung entsprechen«, sagte er 2018 anlässlich eines Urteils des Oberverwaltungsgerichts von Nordrhein-Westfalen, demzufolge der Gefährder Sami A. widerrechtlich nach Tunesien abgeschoben worden war. Solche respektlosen Äußerungen wie auch andere Beschwerden von Politikern – ihr politischer Geltungsspielraum würde beschnitten (Volker Kauder), das Bundesverfassungsgericht fiele dem Gesetzgeber ständig in den Arm (Thomas de Maizière), es herrsche »Willkür an deutschen Gerichten« (Norbert Blüm) – schwächen den Rechtsstaat. Sie schüren zudem die Wahrnehmung in der Gesellschaft, Rechtsprechung sei nicht nur Sache der Gerichte – auch wenn sie nicht so weit gingen wie der AfD-Abgeordnete Markus Frohnmaier, der per Twitter zur Selbstjustiz aufrief, um die »todbringende Messermigration zu stoppen«.

Ziviler Ungehorsam

»We can no longer save the world by playing by the rules. It's time to rebel to save the future.« (Frei übersetzt: Wir können die Welt nicht retten, indem wir den Gesetzen folgen. Wir müssen rebellieren, um die Zukunft zu retten.) Mit diesen Worten hat die jugendliche schwedische Klimaaktivistin Greta Thunberg auf der ganzen Welt Schüler und Jugendliche dazu motiviert, freitags nicht zur Schule zu gehen oder die Lehrstelle zu verlassen, um für eine effektivere Klimapolitik zu demonstrieren. »Playing by the rules« – das meint nicht nur, demokratisch legitimiertes politisches Handeln zu akzeptieren, das meint auch, die Schulpflicht ernst zu nehmen. Natürlich haben auch diese jungen Menschen ein Demonstrationsrecht (Art 8 Absatz 1 GG), aber zumindest die Schüler unter ihnen haben kein Streikrecht wie ein Arbeiter. Es gilt die Schulpflicht, abgeleitet aus Art. 7 des Grundgesetzes. Demonstrieren können sie auch am Nachmittag.

Der zivile Ungehorsam hat viele berühmte Vorbilder – angefangen von den biblischen Hebammen, die sich geweigert haben sollen, die neugeborenen hebräischen Säuglinge zu töten, über Gandhi, der symbolisch das Salzmonopol der britischen Kolonialherren verletzte, bis hin zu Rosa Parks, der schwarzen Bürgerrechtlerin, die ihren Platz im Bus nicht, wie gefordert, den weißen Amerikanern frei machte und so zum Vorbild einer Boykottbewegung gegen die Rassentrennung wurde.

In der Rechtsphilosophie und den politischen Wissenschaften wird ziviler Ungehorsam als eine kalkulierte Form des symbolischen Widerstands diskutiert, gewaltfrei und auf das öffentliche Wohl ausgerichtet – als Konflikt zwischen dem positiven Recht und dem Ziel, Gerechtigkeit durchzusetzen. Ich finde diese Debatte in einem demokratischen Rechtsstaat problematisch. Natürlich bekommen diejenigen, die nach den Regeln spielen, weniger Aufmerksamkeit als jene, die gezielt das Recht brechen. Ich habe auch Sympathie für das Engagement der Jugendlichen für die Umwelt und den Klimaschutz, aber halte es für eine sehr bedenkliche Entwicklung, wenn ein solcher Regelverstoß als Druckmittel gegenüber der Politik verwendet wird und auch noch Unterstützung in der Öffentlichkeit findet. Letztlich handelt es sich dabei nämlich um Selbstjustiz, und wo würde das hinführen, wenn künftig jeder, der glaubt, es besser zu wissen als das Gesetz, seine eigenen Regeln aufstellen würde. Im Rechtsstaat ist das Demonstrationsrecht ein Grundrecht, dem nur weite Grenzen gesetzt sind, weil es für Demokratie und Rechtsstaat schlechthin konstituierend ist. Es ist sehr bedenklich, wenn viele meinen, dieses für Demokratie und Rechtsstaat besonders wichtige Grundrecht unbedingt mit einem gezielten Rechtsbruch kombinieren zu müssen. Es ist aber ein berechtigtes Anliegen, Nachhaltigkeit und Generationengerechtigkeit auch im Recht zu verankern (siehe Seite 233ff.)

Moral ist vergänglich

Das bringt uns zu einem Thema, das ich schon mehrfach angesprochen habe: die Moralisierung des Rechtsempfindens. Darunter verstehe ich die Aufgabe von allgemein verbindlichen Rechtsprinzipien zugunsten einer Haltung, die für sich eigenes, subjektives Recht beansprucht, das aus moralischen Argumenten abgeleitet wird.

In der öffentlichen Meinung werden Gesetze zusehends zur Verfügungsmasse, angeheizt besonders durch Social Media wie

Facebook oder Twitter, die richterliche Entscheidungen oder rechtsstaatliche Argumente nach Gutdünken rauf- und run- ter-»hypen« – mit dem Like-Button. Ob nun ein Justizbeamter il- legal einen Haftbefehl veröffentlicht, die deutsche Kapitänin Ca- rola Rackete unerlaubt in den Hafen von Lampedusa einfährt oder ob die Gerichtsreporterin Gisela Friedrichsen den Regisseur Die- ter Wedel gegen öffentliche Vorverurteilung verteidigt – im Netz entscheidet das Bauchgefühl, wer recht hat, und die Moral haben diejenigen gepachtet, die die meisten Likes unter ihrer Meinung vereinen. Moral und das subjektive Gerechtigkeitsempfinden sind jedoch vergänglich, das Recht und die Werte der Verfassung hin- gegen sind ein unantastbarer Rahmen unserer Gesellschaft.

Keine Öko-Diktatur

Gerade in Zeiten aufgewühlter politischer Diskussionen über die Notwendigkeit drastischer Klimaschutzmaßnahmen muss ich auch betonen, dass selbst ein effektives Vorgehen gegen die Erderwärmung nur in den Formen und mit den Mitteln des Rechtsstaats und der repräsentativen Demokratie möglich ist – auch wenn dies manchem als zu schwerfällig, langsam und »kom- promissanfällig« erscheint. Anders wird sich die Welt nicht retten lassen.

Das gilt zum Beispiel für den Widerstand gegen die Rodung im Hambacher Forst zwischen Köln und Aachen, dem größten noch existenten Wald Nordrhein-Westfalens. Stück für Stück ver- schwindet er für den Braunkohle-Tagebau von RWE. Widerrecht- lich haben dort Demonstranten seit 2015 Teile des Geländes besetzt und Baumhäuser errichtet; es kam immer wieder zu Aus- einandersetzungen mit der Polizei, die zum Teil gewaltsam ver- liefen. Im Streit um die Frage, ob es sich bei dem Gelände der sogenannten Bürge um ein Naturschutzgebiet handelt, hat das Oberverwaltungsgericht Münster 2018 auf Antrag des Bundes für Umwelt und Naturschutz Deutschland (BUND) einen vorläufigen Rodungsstopp verhängt. Im März 2019 wies das Verwaltungsgericht Köln eine Klage der Naturschutzorganisation gegen den Weiterbetrieb des Tagebaus ab.

Auch hier wird gezielt dazu aufgefordert, Recht zu brechen. Im Landtag Nordrhein-Westfalen appellierte die Vorsitzende der Grünen Monika Düker im November 2018 an die Landesregierung, sich auf die Seite des Natur- und Artenschutzes zu stellen, auch wenn die Abholzung rechtens sei: »Es geht um die Lösung eines gesellschaftlichen Konfliktes, nicht nur bezogen auf die Durchsetzung von Recht und Gesetz.« Die CDU-Abgeordnete Romina Plonsker widersprach dem: »Es geht vor allen Dingen um Recht und um Rechtsstaatlichkeit.« Die im Hambacher Forst beheimateten Tierarten würden in anderen europäischen Schutzgebieten überleben.

Kann ein Richterspruch auch irren? Es ist nicht die Aufgabe eines Gerichts zu entscheiden, ob die Bechsteinfledermaus in diesem Wald leben kann oder nicht. Es kann nur klären, ob die rechtlichen Voraussetzungen für die Abholzung bzw. die Ausweisung eines Naturschutzgebietes gegeben sind. Denn was würde passieren, wenn Rechtsbrecher, in diesem Fall die Waldbesetzer, ihre eigenen Vorstellungen auch in anderen Bereichen mit Gewalt durchsetzen würden? Abtreibungsgegner könnten Arztpraxen lahmlegen, Flughafengegner Startbahnen besetzen und Tierschützer würden Rinder und Schweine »befreien« – alles im Namen einer angeblich gerechten Sache.

All das ist auch schon passiert, aber wenn solche Selbstjustiz Schule macht, dann besteht die Gefahr, dass wir einen Zustand erreichen, in dem immer mehr Gruppen meinen, sie könnten ihre jeweiligen ethisch-moralischen Vorstellungen eigenmächtig durchsetzen – gegen das im demokratisch-rechtsstaatlichen Verfahren gesetzte Recht. Eine solche Haltung ist zudem von einem hohen Maß an Arroganz und Selbstüberschätzung gekennzeichnet; Menschen verkennen schnell, dass ihre eigenen subjektiven Moralvorstellungen kein Allgemeingut sind. In der rechtsstaatlichen Demokratie ist es der durch Volkswahlen legitimierte Gesetzgeber, der den Auftrag zur Bestimmung und zur Konkretisierung dessen hat, was das Wohl des Gemeinwesens ist und was der Allgemeinheit am meisten nützt. Der damit verbundene Interessenausgleich führt zwangsläufig dazu, dass Gesetz und Recht nicht jedem und nicht jedem Einzelanliegen »gerecht« werden können.

Die beste aller Welten?

Die mit Gewalt durchgesetzte Herrschaft von Familienclans, die »Ehrenmorde« im Rahmen archaischer Familientraditionen oder auch der Schweigekodex krimineller Vereinigungen sind drastische Fälle von Selbstjustiz, mitten in Deutschland. Viel zu lange ist diese Missachtung des Rechts, dieses gezielte Unterlaufen des Rechtsstaats ignoriert worden, wobei Unkenntnis der kulturellen und sozialen Hintergründe eine Rolle gespielt haben mag. Aber auch jenseits der Migrationsfolgen verliert das Recht an Boden, wie die Kapitulation vor dem Drogenhandel oder die Idealisierung des zivilen Ungehorsams zeigen.

Recht ist keine unumstößliche Wahrheit, sondern ein Regelmechanismus. Es gibt schlicht keine Alternative dazu, das im demokratischen Willensbildungsverfahren gebildete Recht einzuhalten und durchzusetzen. Das muss für jeden Bürger in gleichem Maße gelten. Niemand hat das Recht, unter Berufung auf bestimmte Werte oder Moral, sich gegen dieses Prinzip zu stellen. Ich finde es mehr als bedenklich, wenn das gesellschaftlich nicht mehr durchgehend akzeptiert ist. Es darf nicht dazu kommen, dass das Recht nur noch mit staatlichem Zwang durchgesetzt werden kann, weil die Bürgerinnen und Bürger sich ihm nicht mehr freiwillig fügen – sei es aus Gründen einer »höheren Moral«, sei es aus schrankenloser Disziplinlosigkeit, egoistischer Selbstverwirklichung und Bedürfnisbefriedigung. Wenn dann auch noch der Staat darauf verzichtet, das Recht durchzusetzen, dann wird die Grundidee des demokratischen Rechtsstaats vollends ausgehebelt.

In einer pluralistischen Gesellschaft, die nicht mehr durch Homogenität der Traditionen, der Religion, der Wertevorstellungen und der Kultur zusammengehalten wird, können es nur Verfassung und Gesetz sein, die für die notwendige Integration und den gesellschaftlichen Zusammenhalt sorgen. Nur ein Verfassungspatriotismus und die Achtung des Rechts können als staatsbürgerliches Konzept eine funktionierende Alternative zu einer ethnisch definierten Nation darstellen. Der Zusammenhalt einer modernen Gesellschaft in einer pluralen rechtsstaatlichen Demokratie beruht auf Akzeptanz und freiwilliger Unterwerfung unter die verfassungsgemäße (Werte-)Ordnung und das auf ihrer Grundlage ergangene Recht. Die rechtsstaatliche Demokratie ist auf Dauer nur dann existenz- und funktionsfähig, wenn geltendes Recht für und gegen jedermann Geltung hat und durchgesetzt wird. Nur so kann das große Versprechen des Verfassungsstaats, Freiheit und Gleichheit seiner Bürgerinnen und Bürger zu gewährleisten, erfüllt werden.

Damit möchte ich nicht einem übersteigerten Formalismus und einer Praxis der »Paragrafenreiterei« das Wort reden. Denn im Rechtsstaat des Grundgesetzes sind Gesetz und Recht immer verfassungskonform zu erlassen und auszulegen. Die in den Grundrechten niedergelegten Werte prägen und begrenzen sie – unsere Rechtsordnung ist gewissermaßen »konstitutionalisiert«. Zugleich ist unser Rechtsstaat aber auch ein »Jurisdiktionsstaat«. Das heißt, dass über die Frage, ob die jeweilige Gesetzesnorm und ihre Auslegung den Anforderungen der Verfassung, ihren Grundrechten und Wertentscheidungen entsprechen, nicht jeder Einzelne nach Belieben entscheiden kann, sondern dass darüber unabhängige Gerichte, gegebenenfalls das Bundesverfassungsgericht, letztverbindlich befinden.

Immer wieder wird argumentiert, dass in der Geschichte wichtige soziale und gesellschaftliche Fortschritte von Personen angestoßen wurden, die Formen des sogenannten zivilen Ungehorsams praktizierten. Doch der Vergleich hinkt, denn diese historisch bedeutsamen »Errungenschaften« wie etwa Gandhis Widerstand gegen die Rassengesetze in Südafrika oder die britische Kolonialherrschaft in Indien wurden gegen Rechtsordnungen erwirkt, die eben nicht von einer freiheitlichen Verfassungsordnung geprägt waren. Art. 20 Abs. 4 unseres Grundgesetzes konstatiert, dass es ein individuelles »Widerstandsrecht« gegen die verfassungsmäßige Ordnung nur gibt, »wenn anders Abhilfe nicht besteht«. Verteidigt wird also der Rechtsstaat grundsätzlich allein mit den Mitteln und auf den Wegen, die der Rechtsstaat zur Verfügung stellt, nicht aber nach den Regeln der »Selbsthilfe« oder des »Faustrechts« – auch wenn es um einen »guten Zweck« geht.

5

Die globale Digitalisierung: grenzenlose Herausforderung

Die Digitalisierung hat zur Disruption geführt, da sämtliche Bereiche der Wirtschaft – vom Rohstofffluss über die Produktion bis hin zum Vertrieb – nun zunehmend von Datenströmen bestimmt werden. Dieser Prozess beschleunigt die Dynamik von Veränderung in fast allen gesellschaftlichen Bereichen und treibt auch die Globalisierung voran. In ihrem Umfeld sind riesige und weltbeherrschende internationale Technologiekonzerne entstanden: Facebook, Apple, Amazon, Microsoft und Google haben zusammen eine Marktkapitalisierung, die, ich erwähnte es schon, größer ist als das deutsche Bruttoinlandsprodukt. Nicht nur der Technologiesprung, sondern auch die damit verbundenen grenzüberschreitenden Einflüsse auf Wirtschaft und Gesellschaft stellen unser Rechtssystem vor völlig neue Herausforderungen.

Von der Volkszählung zur Datenwirtschaft

Das Volkszählungsurteil war ein Meilenstein in der Geschichte des Bundesverfassungsgerichts, weil es aus dem allgemeinen Persönlichkeitsrecht des Grundgesetzes das Recht auf informationelle Selbstbestimmung entwickelte (siehe Seite 40f.) und somit bewies, dass unsere Verfassung genügend Raum und Stabilität bot,

111

um auch veränderten Rahmenbedingungen gerecht zu werden. 35 Jahre später haben sich die technologischen Rahmenbedingungen erneut dramatisch geändert. Wir sind auf dem Weg in die Datenwirtschaft – immer mehr Produktionsschritte werden digitalisiert und mehr und mehr auch virtualisiert. Aus der Industriegesellschaft wird eine Plattform-Ökonomie, in der die Verfügungsgewalt über Daten wirtschaftliche Macht und technologischen Fortschritt sichert.

Digitale Daten sind ubiquitär – und die immer schneller werdende Verarbeitung macht es möglich, dass Informationen vervielfältigt und beliebig zusammengefügt werden können, ohne dass die Richtigkeit und Verwendung noch kontrollierbar sind oder der Einzelne noch wirklich darüber bestimmen kann. Zugleich sind wir in zunehmendem Maß auf die Nutzung informationstechnischer Systeme angewiesen, um am gesellschaftlichen Geschehen Anteil nehmen zu können, beruflich wie privat. Ein Großteil unserer Lebensführung und der Ausprägung unserer Persönlichkeit hängt von der Nutzung dieser neuen Technologien ab. Die Datenspuren, die wir dabei hinterlassen, erlauben Rückschlüsse auf unser Privatleben bis hin zur Erstellung eines detaillierten Persönlichkeits- und Bewegungsprofils. Solche Daten sind viel Geld wert – sei es für zielgruppenorientierte Werbung, politische Propaganda und Fake News oder als Trainingsmaterial für Systeme der künstlichen Intelligenz. Sie werden deshalb auch global gehandelt. Die Kontrolle der Datenströme und die Verhinderung von Missbrauch sind wichtige Ziele, für die die bestehenden Gesetze häufig nicht mehr ausreichen, weil sich ganz neue Fragestellungen ergeben, für die neues und international wirksames Recht geschaffen werden muss. Außerdem kollidieren Ansprüche auf effektiven Datenschutz mit dem Wunsch von Politik und Wirtschaft nach Erhöhung der zugänglichen Datenmengen, damit die deutsche Industrie im internationalen Wettbewerb mit Ländern wie China mithalten kann, die so gut wie gar keinen Datenschutz kennen. Der Rechtsstaat ist hier also in besonderer Weise gefordert, die Grundrechte zu verteidigen, und muss das mehr denn je in internationaler Abstimmung tun. Denn das Internet hat keine physischen Grenzen.

Europäisches Hickhack um Vorratsdaten

Im Jahr 2008 trat, wie bereits angesprochen (siehe Seite 39), das Gesetz zur »Neuregelung der Telekommunikationsüberwachung und anderer verdeckter Ermittlungsmaßnahmen« in Kraft, das eine zwei Jahre zuvor verabschiedete EU-Richtlinie umsetzte. Sie schrieb vor, dass Telefonanbieter mehr Daten als bisher speichern sollten, nämlich über die reinen Informationen zur Abrechnung hinaus auch noch eingehende Verbindungen, Handystandort, IP-Adressen sowie E-Mail-Verbindungsdaten. Sechs Monate lang sollten diese Informationen insbesondere für potenzielle Ermittlungen in Strafsachen zur Verfügung stehen. Ähnliche Maßnahmen, stellte sich später heraus, waren auch für Chats und Postings in sozialen Netzwerken geplant.

Im Vorfeld der Verabschiedung war das Gesetz zwei Jahre lang in der Regierung, im Bundestag und im Bundesrat sowie in den Parteien kritisch diskutiert worden. Eine Kleine Anfrage von FDP-Abgeordneten warnte vor »rechtsstaatlichen Problemen« bei der Überwachung der Telekommunikation über das Internet, und die Bevölkerung wehrte sich mit Massenklagen und Demonstrationen gegen das Gesetz. Erstmals in der Geschichte der Bundesrepublik beauftragten 34 939 Beschwerdeführer einen Rechtsanwalt mit der Erhebung einer Verfassungsbeschwerde. Auch Politiker der FDP und von Bündnis 90/Die Grünen sowie die Gewerkschaft ver.di riefen das Bundesverfassungsgericht an.

Die sogenannte Vorratsdatenspeicherung wurde dann im Jahr 2010 für verfassungswidrig erklärt, da sie eine flächendeckende, vorsorgliche und verdachtslose Erhebung und Speicherung privater Informationen darstellen würde. Das Bundesverfassungsgericht ordnete deshalb 2010 die sofortige Löschung der gespeicherten Daten an. In seinem Urteil erklärt es sogar, dass dieses Verbot zur »verfassungsrechtlichen Identität der Bundesrepublik« gehöre: Es binde nicht nur die staatlichen Organe der Bundesrepublik, sondern Deutschland müsse sich für seine Einhaltung auch in europäischen und internationalen Zusammenhängen einsetzen.

Die EU-Kommission begann, die deutsche Regierung unter Druck zu setzen, weil sie die EU-Richtlinie nicht wie gefordert umsetzte. Ende Mai 2012 reichte sie sogar Klage vor dem Europäischen Gerichtshof ein und argumentierte, das deutsche Ausscheren habe negative Folgen für den EU-Binnenmarkt und erschwere die Ermittlungen der Polizei bei schweren Verbrechen. Hohe Zwangsgelder drohten. Doch im Jahr 2014 erklärte dann auch der Europäische Gerichtshof die der Vorratsdatenspeicherung zugrunde liegende EU-Richtlinie für ungültig, da sie mit der Charta der Grundrechte der Europäischen Union nicht vereinbar sei – nicht mit der Achtung des Privatlebens (Art. 7) und nicht mit dem Recht auf Schutz personenbezogener Daten (Art. 8).

Interessant ist, dass der Europäische Gerichtshof in mehreren Entscheidungen sogar höhere Anforderungen an die Rechtmäßigkeit der Eingriffe geknüpft hat als das Bundesverfassungsgericht – vor allem, was den Schutz des Telekommunikationsgeheimnisses angeht (Art. 10 GG) und den Grundsatz der Verhältnismäßigkeit. Während das Bundesverfassungsgericht als Voraussetzung einer staatlichen Abfrage einen begründeten Verdacht für eine schwere Straftat fordert, verlangt der Europäische Gerichtshof sogar einen objektiv darstellbaren Zusammenhang zwischen den Daten und einer Bedrohung der öffentlichen Sicherheit. Die Verhältnismäßigkeit des Eingriffs in die Grundrechte ist nach Auffassung des Europäischen Gerichtshofs außerdem nur dann gewahrt, wenn die Speicherung von Daten in jedem Fall begrenzt bleibt – etwa auf eine Stadt, einzelne Telekommunikationsmittel oder bestimmte Personen. Eine pauschale Speicherung von Daten sämtlicher Nutzer erklärte der Europäische Gerichtshof für unvereinbar mit den europarechtlichen Grundrechten.

Der Richterspruch des Europäischen Gerichtshofs betraf die schwedische und englische Umsetzung der europäischen Richtlinie. Die Neufassung des deutschen Gesetzes, die 2015 mit veränderten Fristen verabschiedet wurde, ist davon zunächst noch nicht berührt. Doch auch hierzu wurden erneut einige Verfassungsbeschwerden vor dem Bundesverfassungsgericht eingelegt. Nach deutschem Recht hätten die Telekommunikationsunternehmen die Novelle spätestens bis zum 1.7.2017 umsetzen müssen. Das Oberverwaltungsgericht Münster hat aber kurz zuvor – unter Bezugnahme auf das Urteil des Europäischen Gerichtshofs aus dem Jahr 2016 – entschieden, dass die Provider dazu doch nicht verpflichtet sind. Bis zur endgültigen Klärung verzichtet die Bundesnetzagentur jedenfalls gegenüber allen Telekommunikationsunternehmen auf Sanktionen, wenn diese gegen die Speicherungspflicht verstoßen. Die Vorratsdatenspeicherung ist faktisch außer Kraft gesetzt. Eine Entscheidung des Bundesverfassungsgerichts steht bei Erscheinen dieses Buches noch aus.

»Alexa – hör weg!«

Das deutsche Grundgesetz hat, wie gesagt, bezüglich seines Freiheitsgehalts zwei Dimensionen. Die eine richtet sich gegen den Staat; individuelle Abwehr- und Freiheitsrechte gegenüber diesem sind unmittelbar bindend und gerichtlich einklagbar. Die andere drückt eine Wertentscheidung aus, die nur mittelbar auf die Rechtsordnung abstrahlt; sie muss vom Gesetzgeber erst ausgestaltet werden. Wie das im Einzelnen aussieht, entscheiden die staatlichen Organe zunächst in eigener Verantwortung. Der Staat muss jedoch, so die Rechtsprechung des Bundesverfassungsgerichts, seinen Bürgern in jedem Fall ein Mindestmaß an Schutz gegenüber Verletzungen der Grundrechte durch Dritte gewähren. Wenn solche Schutzvorkehrungen nicht getroffen wurden oder ungeeignet und unzulänglich sind, kann eine Beschwerde vor dem Bundesverfassungsgericht Erfolg haben.

Was passiert also, wenn Grundrechte nicht vom Staat, sondern von Dritten verletzt oder gefährdet werden, zum Beispiel von Unternehmen? Genau dies geschieht nämlich in zunehmendem Maße, vor allem im Zuge der rasant fortschreitenden globalen Digitalisierung. Wie die politische Debatte um die Wahlbeeinflussung durch Algorithmen, Bots und Fake News zeigt, greifen offenbar auch fremde Staaten und deren Nachrichtendienste immer häufiger in unsere Grund- und Freiheitsrechte ein. Gleichzeitig werden über das Internet persönliche Daten in einer bislang ungeahnten Größenordnung erhoben, gespeichert und ausgewertet – und in einer für den Einzelnen nicht mehr erkennbaren Weise verwendet, ausgetauscht, verknüpft und vermarktet.

Ein kleines Beispiel: Amazon trainiert seinen sprachgesteuerten persönlichen Assistenten Alexa durch das Mithören, Transkribieren und Analysieren von Tausenden von Gesprächen. Wer kann kontrollieren, was mit diesen Informationen, die angeblich anonym erhoben werden, geschieht? Amazon hat bestätigt, dass Beschäftigte des Konzerns einen Teil der aufgezeichneten Befehle abhören und in Schriftform bringen, angeblich um die Spracherkennung zu verbessern. In Boston, Costa Rica, Indien und Rumänien analysieren dem Wirtschaftsdienst Bloomberg zufolge spezialisierte Teams die Funktionalität der Software und die Präzision der Spracherkennung. Demnach werden die anonymisierten Befehle der Nutzerinnen und Nutzer an die Software verschlagwortet, wobei die Nutzungsbedingungen keinen Hinweis auf dieses Prozedere enthalten. Manchmal – in immerhin zehn Prozent der Fälle – werden zudem Inhalte aufgezeichnet, die gar nicht für Alexa bestimmt waren, weil einzelne, vom Gerät registrierte Worte dem Kommando für den Sprachassistenten ähneln. Alexa und Amazon hören also gelegentlich »mit«.

Auch Apple speichert die Anfragen an seinen Sprachassistenten Siri in seiner Datenfarm für maximal zwei Jahre, berichtet das Internet-Magazin *Wired*. Nach sechs Monaten würden dann gemäß Apple-Sprecherin Trudy Muller die Nummern von den Inhalten getrennt. Die Daten werden nicht nur dazu verwendet, die Technik zu optimieren, sondern bilden auch die Basis für das Werbungsgeschäft von Apple: Sie ermöglichen, dass einzelne Nutzergruppen gezielt mit auf sie persönlich abgestimmter Werbung angesprochen werden können. Auf Druck der Datenschützer und Konsumenten hat Apple im August 2019 angekündigt, die Auswertung von Siri vorläufig zu stoppen und sie bei einem der zukünftigen Software-Updates wieder einzuführen, dann nur mit ausdrücklicher Genehmigung der User.

Der »kleine« Lauschangriff

Unbestätigt ist bislang der Verdacht vieler Smartphone-Nutzer, dass ihr Telefon auch ohne Mitwirkung des Sprachassistenten »mithört« und entsprechende Werbung in die verwendeten Apps einspielt. Zwar häufen sich die Beschwerden, wie zum Beispiel der Hamburger Beauftragte für Datenschutz und Informationsfreiheit im Herbst 2018 meldete, doch nachgewiesen worden sei das noch nicht. Technisch ist es jedoch jederzeit möglich, betonen Informatikexperten, wenn die Besitzer des Handys einer App den Zugriff auf das Mikrofon gestatten. Wer also nur eine Erinnerung an zu Erledigendes aufspricht, kann schon nicht mehr sicher sein, dass diese Information privat bleibt. Ein weiteres Indiz ist auch, dass Facebook im Juni 2018 ein Patent für eine Technik angemeldet hat, die es dem Unternehmen ermöglichen soll, mit dem Smartphone der Nutzer Umgebungsgeräusche auszuwerten. Manche Experten erklären die maßgeschneiderte Werbung mit intelligenten Algorithmen, die Daten über den jeweiligen Standort nutzen und die Informationen, die sich daraus ergeben.

Die Praxis der privaten Unternehmen weckt Begehrlichkeiten auch beim Staat. Schon hat das Bundesinnenministerium im Sommer 2019 auf eine Kleine Anfrage der FDP-Fraktion erklärt, dass ein Zugriff auf vernetzte Smarthome-Geräte, also neben Amazons Alexa auch Luftsensoren, Bewegungsmelder oder Überwachungskameras, nicht den strengen Regeln des Großen Lauschangriffs genügen müsse (siehe Seite 34f.), sondern nur denen der Online-Überwachung (siehe Seite 37f.). Das hieße in der Praxis, dass das Auswerten der »intelligenten« Geräte zwar eine richterliche Anordnung erfordern würde, aber auch schon möglich wäre, ohne dass präzisere Anhaltspunkte für die Relevanz der Inhalte zur Strafermittlung vorliegen müssten. Der Bundesbeauftragte für den Datenschutz Ulrich Kelber warnte vor einer »verfassungsrechtlich bedenklichen Kompetenzerweiterung«.

Digitalen Spuren komme »eine immer größere Bedeutung« bei der Aufklärung von Kapitalverbrechen und terroristischen Bedrohungslagen zu, begründet der schleswig-holsteinische Innenminister Hans-Joachim Grote (CDU) die entsprechende Beschlussvorlage der Innenminister. Gemeint sind alle Daten von mit dem Internet verbundenen Geräten wie etwa Fernseher, Kühlschrank oder Sprachassistent. Gleichzeitig hat Innenminister Horst Seehofer (CSU) vorgeschlagen, Messenger-Dienste wie WhatsApp, die in der Regel eine nicht knackbare Ende-zu-Ende-Verschlüsselung einsetzen, zu zwingen, diesen Schutz ihrer User aufzugeben, andernfalls würde ihnen die Lizenz entzogen.

Facebook und kein Ende

In der digitalen Welt, und das ist neu, geht es beim Datenschutz nicht nur um die Informationen, die von Strafverfolgungs- bzw. Sicherheitsbehörden oder Geheimdiensten gegen den Willen des Einzelnen erhoben werden, sondern es geht auch um eine noch viel größere Menge an Daten, die größtenteils freiwillig oder unbeabsichtigt von den Nutzern eingespeist werden. In der Anonymität des World Wide Web entwickeln sie dann ein Eigenleben, das vom Urheber nicht mehr kontrollierbar ist.

Zum Beispiel Facebook. Die beliebte soziale Plattform zählt weltweit monatlich 2,38 Milliarden Nutzer (1. Quartal 2019) und erreicht mit den Messenger-Diensten WhatsApp und Instagram sogar 2,7 Milliarden Menschen, also jeden Dritten der Weltbevölkerung. Die Zahl ihrer User ist auch nicht gesunken, seit die von Mark Zuckerberg gegründete soziale Plattform große Imageverluste hinnehmen musste. Seit 2016 nämlich, soweit bekannt ist, hat die inzwischen aufgelöste britische Firma Cambridge Analytica unterschiedlichen Politikern zu Millionen von Daten aus Facebook verholfen. Mit deren Hilfe ließen sich Personengruppen gezielt durch Wahlpropaganda oder Fake News ansprechen (*political targeting*). Bis heute ist nicht klar, wie weit Cambridge Analytica mit solchen Methoden wichtige Wahlen wie die Abstimmung zum Brexit oder die US-Präsidentschaftswahl im Jahr 2016 beeinflusst hat. Die Welt hat sich dadurch zwar geändert, schrieb die britische Tageszeitung *The Guardian* im Frühjahr 2019, »aber Facebook ist gleich geblieben«. Der Profit käme immer noch vor dem Datenschutz.

Wer nur an den Verkauf von Daten denke, habe das Phänomen Facebook und sozialer Netze allerdings noch nicht begriffen, argumentiert hingegen Sascha Lobo, Internetexperte und Kolumnist bei Spiegel online. Es gehe vielmehr um »die Auswertungsmacht persönlicher Daten«, deren Potenzial noch längst nicht verstanden sei. Im digitalen 21. Jahrhundert definierten nämlich Menschen selbst ihre Privatsphäre und damit ihren Datenschutz – eine Entwicklung, die sich nur schwer auf konventionelle Weise regulieren lasse und die in mindestens zwei nachgewiesenen Fällen in Burma und Sri Lanka sogar zum Hassmord an Menschen geführt habe. Lobo weist darauf hin, dass Facebook für viele Menschen die wichtigste, wenn nicht sogar die einzige Informationsquelle sei und zusätzlich auch noch mit seinen Algorithmen »nach den Kriterien der Maximierung von Interaktion und Umsatz« darüber bestimme, welche Informationen wo verbreitet würden. Das heißt: Nicht alle Menschen auf der Welt, die Facebook nutzen, sehen dieselben Inhalte – mal abgesehen vom persönlichen »Freundes«-Kreis. Wer Facebook in den Griff bekommen wolle, könne nicht nur eine »Lex Facebook« schaffen, sondern müsse sämtliche Grundrechte überarbeiten, die sich mit Kommunikation befassen, wo es um Zensur, Meinungsfreiheit und Datenschutz geht.

Ich meine allerdings, dass es hier nicht um eine »Überarbeitung« der Grundrechte geht, sondern darum, sie zeitgemäß und angepasst an die sich wandelnden Verhältnisse fortzuentwickeln. Das geschieht juristisch durch eine aktualisierte Interpretation und gehört zu den legitimen Aufgaben der Rechtsprechung. Diese ist schon immer für die Norminterpretation und gegebenenfalls auch für die Rechtsfortbildung, also die Schaffung neuen Rechts, zuständig gewesen – im Rahmen der von der Verfassung gesetzten Grenzen. Eine Änderung oder Ergänzung des Grundgesetzes ist dafür nicht unbedingt nötig.

Das Grundgesetz in der digitalen Ära

Die Digitalisierung berührt, da hat Lobo recht, über das Internet mehrere Grundrechte gleichzeitig – vor allem das so wesentliche Grundrecht auf Schutz der Persönlichkeit (Art. 2 Abs. 1 in Verbindung mit Art. 1 Abs. 1 GG) mit seinem Recht auf informationelle Selbstbestimmung sowie auf Vertraulichkeit und Integrität informationstechnischer Systeme. Fraglich ist überdies, ob das Grundrecht auf Schutz des Telekommunikationsgeheimnisses (nach Art. 10 GG) noch ausreichend gewahrt ist. Auch andere Grundrechte wie die beschriebene Unverletzlichkeit der Wohnung (nach Art. 13 GG) können ausgehöhlt werden. Und selbstverständlich spielen im Zeitalter der sozialen Netzwerke mit zunehmender Streuung von Fake News auch die Meinungs- und Pressefreiheit (nach Art. 5 Abs. 1 GG) eine besondere Rolle – ein Grundrecht, das, wie das Bundesverfassungsgericht immer wieder betont hat, für eine rechtsstaatliche Demokratie schlechthin konstitutiv ist.

Lassen Sie uns das etwas aufschlüsseln. Der Rechtsstaat verträgt keine rechtsfreien Räume – auch nicht im World Wide Web. Im Internet müssen Schutzmechanismen bereitstehen, um Rechtsverletzungen zu sanktionieren. Der Gesetzgeber hat zum Beispiel dafür Sorge zu tragen, dass Menschen vor rechtswidrigen und strafbaren Inhalten in den sozialen Netzwerken hinreichend geschützt werden. Wie aber kann das funktionieren in einer virtuellen Welt, die keine physischen Grenzen hat und deren Nutzer, wie Lobo sagt, ihre Privatsphäre am liebsten selbst definieren?

Ein möglicher Ansatzpunkt sind die Anbieter der digitalen Dienste. Das deutsche Netzwerkdurchsetzungsgesetz gegen Hass und Hetze im Netz aus dem Jahr 2017 verpflichtet sie, neben den Urhebern ebenfalls Verantwortung für die von ihnen verbreiteten Inhalte zu übernehmen. Bei Beschwerden haben sie 24 Stunden Zeit, um »offensichtlich rechtswidrige Inhalte« zu löschen.

Andere beanstandete rechtswidrige Inhalte können sieben Tage lang überprüft werden, bevor sie aus dem Netz genommen werden. Hohe Geldbußen drohen, wenn diese Pflichten verletzt werden.

Die Sanktionen bei Nichterfüllung sind äußerst scharf, die zur Verfügung stehende Zeit, die den Anbietern für ihre Entscheidung, zu löschen oder nicht zu löschen, verbleibt, ist kurz. Es ist deshalb zu vermuten, dass Anbieter sich bei Beschwerden eher für eine Löschung entscheiden – aus Vorsicht. Damit werden dann auch solche Informationen »zensiert«, die bei objektiver Betrachtung vielleicht gar nicht rechtswidrig sind. Eine Analyse der Beschwerdestelle zur Durchsetzung des Netzwerkdurchsetzungsgesetzes scheint diese Prognose zu bestätigen: Im Jahr 2018 wurden 8617 Fälle gemeldet, aber nur knapp 3000 waren nach genauerer Prüfung relevant. Thematisch betrafen drei Viertel potenzielle Missbrauchsdarstellungen von Kindern und Jugendlichen. Mit den Inhalten, für die das Gesetz gemacht wurde, »Hass und Hetze«, beschäftigten sich nur zwei Prozent.

Auch wenn das Ziel des Gesetzgebers begrüßenswert ist, Menschen vor illegal kommunizierten Inhalten zu schützen, besteht die Gefahr, dass das Netzwerkdurchsetzungsgesetz gleichzeitig auch die Kommunikationsgrundrechte (Art. 5 Abs. 1 GG) einschränkt, indem es die Meinungsäußerungs- und Informationsfreiheit der Nutzer solcher sozialen Netzwerke tangiert. Zwei FDP-Abgeordnete, die beim Verwaltungsgericht Köln deshalb eine Feststellungsklage einreichten, begründeten das gegenüber der Presse mit dem Argument, es fordere die »Selbstzensur im Kopf und die Fremdzensur durch private Unternehmen«.

Beschneidung der Meinungsfreiheit

Wenn sich das Netzwerkdurchsetzungsgesetz zu einem Zensur-instrument in privater Hand wandeln würde, wäre das fatal. Das Bundesverfassungsgericht betont seit Langem die überragende Bedeutung der Meinungsäußerungsfreiheit für Demokratie und Rechtsstaatlichkeit. Sie wird sogar als konstitutiv für die demokratische und rechtsstaatliche Verfassungsordnung bezeichnet. Grenzen sind ihr erst gesetzt, wenn eine Einzelfallprüfung ergibt, dass in Abwägung der Grundrechte andere Belange und Interessen höher gewichtet werden, zum Beispiel der Jugendschutz oder der Schutz der menschlichen Würde.

Ob der Gesetzgeber dieser Wertentscheidung des Grundgesetzes im Art. 5 Abs. 1 in hinreichendem Maße Rechnung trägt, ist beim Netzwerkdurchsetzungsgesetz durchaus fraglich. Denn hier stehen zwei Grundrechte miteinander im Konflikt – der Schutz der Persönlichkeit (Art. 2 Abs. 1 in Verbindung mit Art. 1 Abs. 1 GG) und die Meinungsfreiheit. Der Gesetzgeber muss einerseits dafür sorgen, dass Dritte die Grundrechte nicht ignorieren; dieser Schutz muss hinreichend sein und auf jeden Fall greifen. Verfassungsrechtlich nennen wir das ein »Untermaßverbot«. Andererseits darf er dabei die widerstreitenden Grundrechte auch wieder nicht im Übermaß beschränken, er ist also auch an das rechtsstaatliche »Übermaßverbot« gebunden. Es geht also wieder einmal um eine sensible Balance.

Die Sanktionen des Netzwerkdurchsetzungsgesetzes scheinen mir rigide zu sein und zulasten derjenigen zu gehen, die sich in den sozialen Netzwerken auf Meinungs- und Informationsfreiheit berufen. Mit der Verfassung vereinbar sind derartige Beschränkungen der Kommunikationsgrundrechte meiner Meinung nach nicht. 2018 wurde auch eine Beschwerde beim Bundesverfassungsgericht eingelegt.

Ein weiterer Kritikpunkt ist, dass die Kontrolle über die Einhaltung der Gesetze den privaten Netzwerkbetreibern überlassen bleibt. Diese entscheiden nicht nach staatlich gesetzten oder genehmigten Standards, sondern nach sich selbst gegebenen »Community Standards«. Auch das zeigte die Bilanz der Beschwerdestelle von 2018. Der Journalist Georg Mascolo kommentierte das kritisch: »Diese Privatpolizei wacht nun ausgerechnet über eines der kostbarsten Güter der Menschheit, die Rede- und Meinungsfreiheit.« Facebook zum Beispiel ist vom Bundesamt für Justiz im Sommer 2019 mit einem Bußgeld von zwei Millionen Euro belegt worden, weil der Bericht des Unternehmens über eingegangene Beschwerden unvollständig gewesen sei und das Meldeformular zu rechtswidrigen Inhalten »zu versteckt«. Facebook hat Widerspruch eingelegt.

Im Rechtsstaat ist die verbindliche Entscheidung darüber, was im Einzelfall rechtens ist, immer noch den staatlichen Gerichten vorbehalten; schließlich haben sie das Rechtsprechungsmonopol. Faktisch läuft das Netzwerkdurchsetzungsgesetz aber auf einen Eingriff in für die Demokratie besonders zentrale Grundrechte hinaus – und zwar von privater Seite und selbst dann, wenn nach den Maßstäben des Verfassungsrechts die konkrete Meinungsäußerung gar nicht rechtswidrig, sondern schützenswert ist. Natürlich können Betroffene gegen den Netzwerkbetreiber vor einem Zivilgericht klagen. Das ist aber ein reichlich später und zudem teurer Weg, um verfassungsgemäße Zustände nachträglich wiederherzustellen. Eine wirkliche »Waffengleichheit« der Beteiligten ist so nicht zu erreichen. Die Meinungsfreiheit und ihre Grundrechtsträger sind faktisch immer im Hintertreffen. Ich stelle mir deshalb die Frage, ob der Gesetzgeber die verfassungsrechtlich zulässige Begrenzung der Meinungsfreiheit nach Art. 5 Abs. 2 GG nicht deutlich überschreitet.

Der Gesetzgeber darf die Kommunikationsfreiheiten nicht unverhältnismäßig stark zurücksetzen. Die Grenzen der Meinungsfreiheit sind von ihm zu konkretisieren und nicht allein von privaten Anbietern oder Betreibern. Zum Beispiel könnte er Verhaltensregeln fördern, die von den Unternehmen oder Verbänden entwickelt, dann aber vom Staat genehmigt und publiziert werden. Eine solche Regelung würde sich an den Art. 40 der Datenschutz-Grundverordnung (siehe Seite 132ff.) der Europäischen Union anlehnen, der zur transparenten Mitgestaltung auffordert. Man spricht hier von gesetzlich geregelter Selbstregulierung. In jedem Fall müsste der Zugang zu staatlichem Rechtsschutz verbessert werden, was die sozialen Netzwerke angeht.

Urheberrecht im Internet

Ähnlich umstritten wie das Netzwerkdurchsetzungsgesetz ist die kürzlich beschlossene Reform des EU-Urheberrechts durch die Richtlinie 2019/790, die noch in nationales Recht umgesetzt werden muss. Auch hier geht es nicht nur um politische, sondern sehr wohl auch um verfassungsrechtliche Fragen. Werden die Grundrechte von Nutzern des Internets angemessen beachtet? Stein des Anstoßes ist vor allem der Art. 17 der Richtlinie. Danach dürfen urheberrechtlich geschützte Werke, etwa Songtexte oder Filmausschnitte, auf einer Plattform nicht erscheinen, wenn der Betreiber der Plattform über keine Lizenz für diese Beiträge verfügt. Das Urheberrecht ist zwar immer schon geschützt gewesen, das Internet ist also in dieser Hinsicht nie ein »rechtsfreier Raum« gewesen. Aber bisher war allein der Nutzer dafür verantwortlich, dass Urheberrechte nicht verletzt werden (zum Beispiel durch Raubkopien oder illegale Downloads). Nach dem neuen, von der Europäischen Union vorgegebenen Recht liegt diese Verantwortung nunmehr auch bei den Betreibern der Plattformen, auf denen diese Beiträge hochgeladen werden. Das wird dazu führen, dass die Betreiber der Portale alle Posts auf mögliche Urheber-rechtsverletzungen prüfen müssen, bevor sie diese erscheinen lassen. In der Richtlinie der EU nicht verlangt, aber nach Auffassung vieler ganz unvermeidbar ist damit der Einsatz technischer Verfahren oder technischer Hilfsmittel, der sogenannten Uploadfilter.

Dies hat, wie Sie sich erinnern werden, im Frühjahr 2019 Hunderttausende protestierend auf die Straße getrieben, weil sie ganz zu Recht fürchten, dass bei einem Einsatz technischer Verfahren Beiträge der Nutzer vielfach unnötigerweise von vornherein nicht online gehen werden. Das wäre ein verfassungsrechtlich problematischer – weil unverhältnismäßiger – Eingriff in ihre Freiheitsrechte, vornehmlich in die Grundrechte der Meinungs- und Informationsfreiheit. Die Wochenzeitung *Die Zeit* sprach von einem »Aufbruch ins unfreie Internet«.

Bei der Ausgestaltung des Urheberrechtsschutzes im Internet steht der Gesetzgeber vor der schwierigen Aufgabe, zwischen widerstreitenden Grundrechtspositionen einen angemessenen und verfassungsrechtlich zulässigen Ausgleich herzustellen: Das ist der Eigentumsschutz für Urheber auf der einen Seite, und das sind die Freiheitsrechte wie insbesondere die Kommunikationsfreiheiten der Nutzer auf der anderen Seite.

Mit anderen Worten: Es ist die Aufgabe des Gesetzgebers, eine Konkordanz zwischen den vielfältigen Grundrechtspositionen herzustellen, und zwar in einer Weise, dass dies nicht zu einer unzumutbaren Vernachlässigung oder Zurückstellung einzelner wichtiger Grundrechte führt. Zwar ist es völlig legitim, wenn der Gesetzgeber sich anschickt, das Eigentumsrecht der Urheber auch im Internet effektiv zu schützen. Dies darf aber nicht dazu führen, dass dieses Schutzsystem ungerechtfertigt und unverhältnismäßig die Grundrechte der Nutzer und Nutzerinnen beschneidet. Das aber ist der Fall, wenn die zur Verfügung stehende Software dazu führt, dass Zugangssperren für Beiträge nicht halbwegs zielgenau möglich sind. Dann nämlich ist zu erwarten, dass diese vielfach vorsorglich und unnötigerweise greifen.

Wie beim Netzwerkdurchsetzungsgesetz gilt meines Erachtens auch hier: Den erforderlichen Ausgleich zwischen kollidierenden Grundrechtspositionen muss in einem demokratischen Rechtsstaat der Staat durch seine Gesetzgebung beziehungsweise durch seine Gerichte vornehmen; er darf dies nicht »privatisieren« und ausschließlich technisieren, also faktisch einer mehr oder weniger zuverlässigen Software überantworten.

Keine »Vermummung« im Netz!

Natürlich muss der Gesetzgeber dafür sorgen, dass das Internet nicht zu einem rechtsfreien Raum wird, in dem ungestraft und ohne rechtliche Sanktionen Menschen beleidigt, verleumdet oder sonst wie in ihren Rechten verletzt und geschädigt werden können. Eine Möglichkeit, diesem Ziel zumindest näherzukommen, wäre das Verbot der Anonymität im Netz. Ihr Wert ist politisch sehr umstritten. Während einige die Anonymität als eine der größten Errungenschaften der »Netzfreiheit« erachten, sehen andere darin einen der wesentlichen Gründe für Rechtsfreiheit und Rechtlosigkeit im Internet. Mir geht es hier nicht darum, in diesem politischen Streit Partei zu ergreifen; ich möchte aber betonen, dass ein gesetzliches Verbot des anonymen Auftretens im Internet ein verfassungsrechtlich zulässiges Mittel wäre.

Es gibt jedenfalls kein »Grundrecht auf Anonymität« – die Meinungs- und Informationsfreiheit aus Art. 5 Abs. 1 GG gewährleistet nicht das Recht, eine Meinung zu verbreiten, ohne seinen Namen zu nennen. Von jedem, der seine Meinung öffentlich äußert, darf von Verfassung wegen verlangt werden, dass er oder sie sich dazu auch bekennt. So wird in Zeitungen – zu Recht – kein Leserbrief veröffentlicht, dessen Absender anonym bleibt. Ein anderes Beispiel ist das Versammlungsrecht, das zu den Kommunikationsfreiheiten gehört. Hier gibt es das sogenannte Vermummungsverbot. Wer an einer Versammlung teilnimmt, wird von Gesetzes wegen angehalten, dazu auch öffentlich zu stehen, um gegebenenfalls für strafbares Verhalten zur Rechenschaft gezogen zu werden. Ein solches Vermummungsverbot könnte im übertragenen Sinne auch im Netz gelten.

In der Einführung einer sogenannten Klarnamenpflicht – das heißt, die Identität im Internet darf nicht mehr hinter einem Pseudonym verschleiert werden – sehe ich keinen »datenschutzrechtlichen Albtraum«, wie der auf Justiz spezialisierte Journalist Constantin van Lijnden in der *Frankfurter Allgemeinen Zeitung* meinte. Allerdings dürfte es schwierig sein, eine solche Verpflichtung in sämtlichen Kommunikationsdiensten wirklich durchzusetzen. Als Alternative wird eine »weiche« Form der Klarnamenpflicht diskutiert. Nach dieser Idee sollen Netzwerke angehalten werden, ihren Nutzern die Möglichkeit zu eröffnen, sich freiwillig zu authentifizieren, etwa durch eingescannte Identifizierungsdokumente. Gleichzeitig könnten Nutzer den Wunsch äußern, nur Beiträge anderer authentifizierter Nutzer sehen zu wollen. Auf diese Weise könnten sich die Diskurse allmählich auf Nutzer verlagern, die nicht mehr aus dem Schutz der Anonymität heraus andere schmähen oder auf andere Weise Meinung machen. Die Kommunikationskultur könnte sich in Richtung größerer persönlicher Verantwortung entwickeln.

Meinungsfreiheit neu denken?

Die Digitalisierung hat es ermöglicht, dass jeder, der Nachrichten empfängt, auch selbst welche verbreiten kann. Was zunächst nach mehr Gerechtigkeit klingt, hat in der Praxis dazu geführt, dass Hassreden, Shitstorms und Fake News dazu beitragen, die Öffentlichkeit zu manipulieren, und manche Menschen nur noch innerhalb ihrer sozialen Netzwerke, in sogenannten Silos, kommunizieren. Dennoch: Müssen die Meinungsfreiheit und das Grundrecht des Art. 5 Abs. 1 GG deshalb wirklich »neu gedacht« werden, wie jetzt immer häufiger gefordert wird? Digitalisierung und Internet hätten die Bedeutung der klassischen Medien als Gatekeeper der öffentlichen Meinung verändert, heißt es da. Ihre Filter- und Distributionsfunktion hätten sich ebenso wie die Fähigkeit, die öffentliche Diskussion zu prägen und damit eine informative und rationalisierende Integrationsleistung zu erbringen, verflüchtigt. Die Gefahr einer Fehlsteuerung der öffentlichen Meinungsbildung wird heraufbeschworen.

Stehen wir aber wirklich vor der Notwendigkeit, die Meinungsfreiheit und ihre verfassungsrechtlich gezogenen Grenzen neu zu definieren? Ist die Meinungsfreiheit wirklich nur dann schützenswert, wenn sie ihre konstitutive Bedeutung für die freiheitlich-demokratische Staatsordnung erfüllt? Bei einer solchen Betrachtung ist man dann schnell bei der Forderung, die Verbreitung von sogenannten Hassreden und Fake News vom Grundrechtsschutz auszunehmen und die großen Informationsintermediäre, also die Betreiber und Anbieter von Suchmaschinen, App-Portalen und sozialen Netzwerken, einer stärkeren rechtlichen Bindung und Verantwortung zu unterwerfen. So wird beispielsweise auch daran gedacht, die professionellen Betreiber von Internetplattformen stärker zu Diversität und Pluralität sowie zum Aufbau eigener Governance-Strukturen zu verpflichten. Erste Ansätze für die

Durchsetzung solcher Überlegungen finden sich in dem bereits erwähnten Netzwerkdurchsetzungsgesetz (siehe Seite 121ff.).

Die Befürworter einer solchen Politik vertreten die Auffassung, dass für das Internet dasselbe gelten müsse, was für den klassischen Rundfunk vom Bundesverfassungsgericht aus dem Grundrecht des Art. 5 Abs. 1 Satz 2 GG abgeleitet wurde. Gefordert wird eine positive Ordnung, die sicherzustellen hat, dass auch das Netz und seine Akteure nicht dem Staat, einzelnen gesellschaftlichen Gruppen oder anderen einzelnen Personen ausgeliefert sind. Stattdessen sollen sie die Vielfalt der Themen und Meinungen aufnehmen und wiedergeben, die in der Gesellschaft insgesamt eine Rolle spielt. Es müssten, so die Forderung, materielle, organisatorische und prozedurale Regelungen geschaffen werden, um die Funktion des Internets für den Prozess der öffentlichen Meinungsbildung und damit für die demokratische Ordnung insgesamt zu erhalten beziehungsweise zu stärken.

Ein Rundfunkgesetz fürs Internet?

Kann man für das Internet dieselbe Diversität fordern wie für den klassischen Rundfunk? Könnte das Netz so verfasst werden, dass es in gleicher Weise die Meinungsvielfalt und -pluralität sichert? Dann müssten auch die Anbieter verpflichtet werden, für geeignete Strukturen und Formate Sorge zu tragen. Auf diese Weise würde die demokratische Fundierung der Mediengrundrechte den Veränderungen durch Digitalisierung und Internet Rechnung tragen.

Wie auch Radio und Fernsehen verbreitet das Internet (im Gegensatz zu Printmedien) Informationen auf »unkörperliche« Weise – aber das ist nur ein definitorisches Merkmal. Denn in der Praxis erweist es sich als äußerst schwierig, die objektiv-rechtliche

Funktion der Rundfunkfreiheit auf die neuen Medien übertragen zu wollen, so sympathisch eine solche Konstellation sein mag. Denn es stellen sich viele Fragen: Welche Informationsintermediäre sollten dieser objektiv-rechtlichen Schutzfunktion unterstellt werden? Ginge es hierbei nur um professionelle Betreiber von Internetplattformen wie etwa Facebook? Oder sollten darunter auch Privatpersonen fallen, die zum Beispiel ein Internetforum mit einseitiger politischer Ausrichtung betreiben – man könnte auch sagen, ein »Meinungsforum«? Oder auf dem andere Nutzer zu entsprechenden politischen Äußerungen aufgefordert werden?

Schließlich kommt eine weitere, meines Erachtens unüberwindliche Schwierigkeit hinzu: Das Internet ist global, und gerade die größten und einflussreichsten Betreiber von Plattformen, also Google, Amazon, ebay oder Facebook, haben ihren Sitz im Ausland. Weder der deutsche Staat noch die Europäische Union haben darauf Einfluss. Zumindest können sie keine spezifischen organisatorischen, prozeduralen oder andere Regelungen zwingend vorschreiben. Wie soll der Gesetzgeber in Deutschland oder in der Europäischen Union hier Leitgrundsätze verpflichtend machen, die ein Mindestmaß von inhaltlicher Ausgewogenheit, Sachlichkeit und gegenseitiger Achtung gewährleisten? Wenn andere Staaten auch noch divergierende Vorstellungen von Meinungsfreiheit, Pluralität und demokratiestaatlicher Funktion der Medien haben, zum Beispiel China, können nicht einmal völkerrechtlich verbindliche Verabredungen helfen.

Also frage ich mich, ob in Zeiten des Internets und der Digitalisierung die Meinungsfreiheit wirklich neu gedacht werden muss. Natürlich ist das Internet kein rechtsfreier Raum, die Vorschriften zum Schutz öffentlicher oder privater Rechtsgüter gelten selbstverständlich uneingeschränkt auch bei der Nutzung des Internets. Notwendig wäre es aber, dieses Recht – zum Beispiel den Schutz vor Verleumdung oder das Recht auf den Schutz der

Privatsphäre – auch effizient umzusetzen. Hier muss der Gesetzgeber dafür Sorge tragen, dass unter den veränderten technologischen Bedingungen Recht bleibt, was Recht ist – dazu zählt auch die Justizgewährung, also die Möglichkeit, individuelle Rechte auf dem Klageweg durchzusetzen. Internationale Internetunternehmen müssen auch in Deutschland gerichtlich belangt werden können, und zwar in einfacher, bezahlbarer und effektiver Weise.

»Die Demokratie ist«, um einen Ausspruch des Bochumer Rechtswissenschaftlers Stefan Magen zu zitieren, »sicher eine inhärent riskante Ordnung.« Das bedeutet auch, dass Herausforderungen durch Populismus und Propaganda schon immer zu den Risiken gehören, mit denen sich Demokratien um der Freiheit willen immer wieder auseinandersetzen müssen. Der Staat hat sicherlich die freiheitliche demokratische Ordnung zu sichern, aber nur mit den Mitteln des Rechtsstaats. Dazu zählen die Freiheitsrechte, vornehmlich auch das Grundrecht der Meinungsfreiheit. Es darf nur zum Schutz höherer – oder zumindest gleichrangiger – Rechtsgüter, nicht aber zur Durchsetzung einer »besseren Moral«, also zum Beispiel eines gesellschaftlich erwünschten Pluralitätsgebots, eingeschränkt werden. Ich erinnere in diesem Zusammenhang an den Satz des bekannten Bonner Staatsrechtslehrers Josef Isensee: »Die Sonne der Freiheit scheint über Weizen und Unkraut. Wer alles Unkraut, was in der Demokratie wächst, vernichten will, wird am Ende auch dem Weizen schaden.«

Die Datenschutz-Grundverordnung der EU

1995 hatte die EU eine Datenschutz-Richtlinie verabschiedet, die jedoch durch die dynamische technologische, aber auch wirtschaftliche und soziale Entwicklung der digitalen Gesellschaft schon bald wieder überholt war. Deshalb wurden 2016 mit einer

Grundverordnung neue Regeln beschlossen, die innerhalb von zwei Jahren in der gesamten EU umgesetzt werden mussten – in Deutschland gelten sie seit dem 25. Mai 2018. Im Vorfeld zeichnete sich bereits die für die Datenwirtschaft typische Polarisierung ab: Der Kommission ging es vor allem darum, den freien Datenverkehr innerhalb des Binnenmarkts und damit auch die internationale Wettbewerbsfähigkeit sicherzustellen. Das EU-Parlament rang vor allem um den Schutz personenbezogener Daten, insbesondere sensibler Informationen wie Namen oder biometrischer Daten, aber auch solcher zur politischen Meinung oder zur ethnischen Herkunft.

Die meisten von uns sind von dieser Verordnung in der einen oder anderen Weise betroffen. Wir alle müssen seither der Verarbeitung von personenbezogenen Daten durch Dritte immer wieder neu zustimmen. Das gilt für jeden Vorgang im Zusammenhang mit personenbezogenen Daten – also das Erheben, Erfassen, Organisieren und Ordnen, die Speicherung, Anpassung oder Veränderung, das Auslesen oder Abfragen, die Verwendung, Offenlegung durch Übermittlung, Verbreitung oder eine andere Form der Bereitstellung, den Abgleich oder die Verknüpfung, die Einschränkung und natürlich das Löschen oder die Vernichtung von Daten. Im Kern legt sie Grundsätze für die Datenverarbeitung fest, Bedingungen für die Einwilligung der Betroffenen, Regeln für die Weitergabe und Vorgaben für bestimmte Personengruppen. Das ist ein umfassender Katalog. Aber reicht diese Regelung aus, um die Grundrechte hinreichend zu schützen?

Eindeutig positiv ist, dass die Datenschutz-Grundverordnung der Europäischen Union ihre Anforderungen auf sämtliche Unternehmen erstreckt, die in der Union Waren oder Dienstleistungen anbieten, selbst wenn sie ihren Sitz oder ihre Niederlassung außerhalb des Binnenmarktes haben (Art. 3 DS-GVO). Dies ist ein großer und beachtlicher Fortschritt. Was den enormen Einfluss vor allem der großen globalen Internet-Riesen betrifft, zweifle ich aber daran, dass die europäische Verordnung wirklich ausreicht, um die europäischen und deutschen Grundrechte zu sichern.

Die Beziehung zwischen Datenerzeugern und Datennutzern ist durch ein deutliches Ungleichgewicht geprägt: Dem einzelnen Verbraucher stehen übermächtige, weltweit operierende Konzerne gegenüber. Wer am sozialen Leben teilnehmen möchte (Grundrecht auf individuelle Persönlichkeitsentwicklung), ist immer mehr auf die Dienste dieser Unternehmen angewiesen. Je mehr Daten diese sammeln und weiterverarbeiten, desto mehr Informationsgewinn erzielen sie; das verstärkt das Ungleichgewicht weiter. Von einer Vertragsparität im Verhältnis von Nutzern und Anbietern kann angesichts der übermächtigen Stellung der Anbieter also keine Rede sein, wenn man das Ausmaß denkbarer Datenverarbeitungen und -nutzungen bedenkt. Der Verbraucher muss zwar nach der Datenschutz-Grundverordnung seine Einwilligung dazu geben; häufig wird er jedoch das Gefühl haben, er könne gar nicht anders.

Ist der Zug abgefahren?

Für einen angemessenen Grundrechtsschutz in Zeiten des Internets wäre es meines Erachtens nach notwendig gewesen, von Anfang an das gesamte Geschäftsmodell der weltweit operierenden Großkonzerne, die digitale Dienste anbieten, auf den Prüfstand zu stellen. Dieses Geschäftsmodell besteht in erster Linie darin, durch kostenlose Erlangung persönlicher Daten und deren Verwendung und Vermarktung unternehmerische Gewinne zu erzielen. Hier hat der Rechtsstaat leichtfertig und fahrlässig eine Entwicklung geschehen lassen, die sich nur sehr schwer rückgängig machen oder korrigieren ließe, wenn man nachträglich Verbesserungsmaßnahmen zum Schutz der Privatsphäre ergreifen wollte. Noch fehlt offenbar der Mut zur wirklichen Gegensteuerung. Trotz Datenschutz-Grundverordnung werden die Freiheitsrechte der Bürgerinnen und Bürger jeden Tag aufs Neue in dieser Hinsicht weitgehend entwertet.

Eine Alternative wäre gewesen, die Diensteanbieter zu verpflichten, den Nutzern von vornherein und ausdrücklich zwei Optionen zu eröffnen: entweder die Dienste unentgeltlich, aber unter »Freigabe« der eigenen Daten in Anspruch zu nehmen oder ein Nutzungsentgelt zu zahlen und damit die Verwendung der Daten auszuschließen.

Auch der Sicherheit der Daten ist nach der europäischen Regelung nicht hinreichend Rechnung getragen worden. Nach der Rechtsprechung des Bundesverfassungsgerichts erfordert der Umgang privater Unternehmen mit Daten ein »besonders hohes Maß an Sicherheit«. Gemäß der Datenschutz-Grundverordnung der Europäischen Union ist indes nur ein »dem Risiko angemessenes Schutzniveau« (Art. 32 Abs. 1) zu gewährleisten. Das lässt die Gefahren eines Datenmissbrauchs ganz erheblich steigen.

Die Gesetzgebung auf nationaler wie auf europäischer Ebene muss daher dem Gedanken der Datensicherheit gerade auch unter grundrechtlichen Aspekten eine höhere Bedeutung zumessen. Im speziellen Fall ist der europäische Gesetzgeber gefordert, da im Anwendungsbereich dieser EU-Verordnung weitergehendes nationales Recht keine Rolle spielt.

Im Ausland rechtlos?

Schließlich müssen wir, wenn von den Grundrechten im grenzenlosen Internet die Rede ist, auch die Frage stellen, wie weit sie überhaupt gelten: auch über das Hoheitsgebiet der Bundesrepublik oder, im Falle der EU-Grundrechte, der Europäischen Union hinaus? Hier müssen wir unterscheiden zwischen Bürgerrechten, die nur uns Deutschen beziehungsweise den Bürgern der Europäischen Union zustehen, und zum anderen den Menschenrechten, die nicht auf eine Staatszugehörigkeit oder ein Territorium begrenzt sind.

Viele der Grundrechte unserer Verfassung sind keine Bürger-, sondern Menschenrechte. Sie stehen also allen Menschen zu, auch wenn diese nicht Deutsche oder Bürger der Europäischen Union sind. Das gilt für die Grundrechte der individuellen Persönlichkeitsentfaltung einschließlich des Rechts auf informationelle Selbstbestimmung, den Schutz der Vertraulichkeit und der Integrität informationstechnischer Systeme sowie das Grundrecht auf Schutz des Telekommunikationsgeheimnisses. Für diese Grundrechte kann es auch keine territoriale Beschränkung geben.

Wenn also der deutsche Bundesnachrichtendienst Ausländer im Ausland abhört, so ist auch das ein Eingriff in die geschützten Freiheitsrechte – das Telekommunikationsgeheimnis. So zumindest sehen das die meisten Verfassungsrechtler. Der räumliche Schutzbereich des Telekommunikationsgeheimnisses ist nicht auf das Inland begrenzt. Der Schutz muss auch mit der technisch ermöglichten Ausdehnung der Telekommunikationsüberwachung Schritt halten.

Bekannt wurde zum Beispiel im Sommer 2018, dass der BND in breitem Umfang das Nachbarland Österreich ausspionierte. Neben Vereinen, Universitäten, Religionsgemeinschaften und Nichtregierungsorganisationen wurden auch alle wichtigen Ministerien abgehört, das österreichische Kanzleramt und das Bundeskriminalamt der Alpenrepublik. Dabei hatte das Bundesverfassungsgericht bereits 1999 ausdrücklich festgestellt, dass das Telekommunikationsgeheimnis verletzt wird, wenn »eine im Ausland stattfindende Telekommunikation durch Erfassung und Auswertung im Inland hinreichend mit inländischem staatlichem Handeln verknüpft ist«. Dieser Grundrechtsschutz ist auch nicht davon abhängig, welche Staatsangehörigkeit diejenigen besitzen, die von den Eingriffen in das Telekommunikationsgeheimnis betroffen sind. Eine solche Differenzierung lässt sich der Verfassung nicht entnehmen – auch nicht, wie manche Befürworter der Überwachung behaupteten, dass der Datenverkehr im Weltall »vogelfrei« sei.

In der Novelle des BND-Gesetzes, die 2016 verabschiedet wurde, wird ein solcher Unterschied aber gemacht. Dem Bundesnachrichtendienst werden lediglich dann gesetzliche Beschränkungen bei der Überwachung im Ausland auferlegt, wenn dort Deutsche betroffen sind. Sonst ist der BND laut diesem Gesetz im Wesentlichen von der Grundrechtsbindung »freigestellt«; er kann Bürger im Ausland auch ohne Verdacht überwachen.

Ich finde das nicht überzeugend. Eine solche Trennung nach Staatsbürgerschaften ist außerdem häufig auch gar nicht machbar. Zum Beispiel wenn auf der Suche nach Whistleblowern und Informanten internationale Recherche-Teams aktiv werden, wie beispielsweise jene Journalisten, die 2016 die Panamapapers aufdeckten und die Offshore-Geschäfte einiger prominenter Politiker aus verschiedenen Staaten öffentlich machten. Wer hier ausländische Reporter abhört, späht automatisch auch deren deutsche Kontakte aus.

Kritiker führen außerdem an, dass das BND-Gesetz für »strategische« Überwachungen, bei denen automatisiert nach Suchbegriffen in der Kommunikation gefahndet wird, keinen konkreten Verdacht vorschreibt. Mehrere große deutsche Journalistenverbände, drei ausländische Reporter und die Bürgerrechtsorganisation »Gesellschaft für Freiheitsrechte« haben deshalb das Bundesverfassungsgericht angerufen.

Die Bundesregierung hatte sich zu Recht darüber empört, dass die US-amerikanische National Security Agency (NSA) das

Internet, soweit bekannt ist, seit 2004 global überwachte und auch Einrichtungen der Europäischen Union, der Bundesregierung sowie die Bundeskanzlerin persönlich abgehört haben soll. Sie gesteht ihrem Auslandsgeheimdienst BND aber offenbar eine vergleichbare Freiheit von jeder Grundrechtsbindung zu. Dies ist nicht nur unvereinbar mit dem Grundgesetz, sondern auch in höchstem Maße politisch widersprüchlich.

Sollbruchstelle Datenschutz

Schließlich hängt die Sicherheit persönlicher Daten auch in hohem Maße davon ab, welche Sicherheitsstandards nicht nur jeder Einzelne, sondern auch die Unternehmen (und Behörden) gewährleisten. Neben dem Facebook/Cambridge-Analytica-Skandal haben auch andere spektakuläre Datenleaks, etwa bei dem Internet-Dienstleister Yahoo oder der Hotelkette Marriott gezeigt, wie gefährdet digitale Informationen sind, die zu Millionen in unkontrollierte Hände gelangen. »Doxing« heißt der neue Begriff für das Sammeln, Kompilieren und Auswerten von Informationen im Internet, mit deren Hilfe dann Personen erpresst oder bloßgestellt werden können. Zuletzt veröffentlichte ein 20-jähriger Schüler solche Daten von Politikern und zeigte der gesamten Öffentlichkeit, wie lasch die Sicherheitsbestimmungen selbst im Bundestag sind.

Das IT-Sicherheitsgesetz, das 2015 in Kraft trat, verpflichtet insbesondere die Betreiber sogenannter kritischer Infrastrukturen wie die für Energie, Wasser, Gesundheit oder Telekommunikation, ihre Netze besser vor Hackerangriffen zu schützen. Sicherheitsvorfälle sollen gemeldet und branchenweit Mindeststandards für die IT-Sicherheit erarbeitet werden. Das Bundesamt für Sicherheit in der Informationstechnik (BSI) muss sie genehmigen. Eine im Juli 2016 in Kraft getretene EU-Richtlinie zur Netz- und

Informationssicherheit verlangt nicht nur den jeweils neuesten Stand der Technik, sondern auch nationale Strategien zur Cybersicherheit. Sie schließen zum Beispiel Teams ein, die bei Cyber-Kriminalität aktiv werden. Die Deutsche Bahn etwa hat ein Cyber Security Incident Response Team (CSIRT) zusammengestellt, das ihr Netz vor Manipulationen und Angriffen schützen soll. Um den Erfordernissen der EU-Richtlinie Rechnung zu tragen, wird nun eine Novelle des deutschen IT-Sicherheitsgesetzes diskutiert.

Der Gesetzentwurf enthält, so Kritiker, viele Begehrlichkeiten der Behörden: In Zukunft soll das Bundesamt für Sicherheit in der Informationstechnik nicht mehr nur defensiv schützen und beraten, sondern offensiv in IT-Systeme eindringen dürfen – zum Beispiel im Internet der Dinge nach unsicheren Geräten suchen, also solchen, die mit dem Internet kommunizieren, aber schlecht geschützt und einfach zu hacken sind. Das BSI soll nicht nur die Bestandsdaten zu den Eigentümern erhalten, sondern auch Schadsoftware über das Netz löschen können. Hintergrund sind Vorkommnisse wie im Jahr 2016, als schädliche Botnetze Hunderttausende Telekom-Router zum Absturz brachten. Eine nicht geschützte Fernwartungsstelle war damals der Angriffspunkt, der von den Hackern benutzt wurde.

Inwieweit so ein »Hack-Back« eine Verletzung der Grundrechte darstellt, muss noch geklärt werden. Denn solche Befugnisse tendieren dazu, ausgeweitet zu werden. So ist der künftige 5G-Mobilfunkstandard, der eine Ende-zu-Ende-Verschlüsselung ermöglicht und dadurch das Abhören unmöglich macht, den Justizministern ein Dorn im Auge. Die Minister haben gefordert, eine Sicherheitslücke bewusst offen zu halten, um der Strafermittlung eine Chance zu geben.

Ich halte ein solches staatliches Verlangen gegenüber Privaten, bewusst auf Maßnahmen der »Eigensicherung« zu verzichten, was gleichzeitig staatliche Eingriffe und Überwachungen ermöglicht oder erleichtert, für verfassungsrechtlich äußerst bedenklich.

Aufhorchen lassen auch Aussagen von Politikern wie dem ehemaligen CSU-Abgeordneten Hans-Peter Uhl, der das informationelle Selbstbestimmungsrecht als eine »Idylle aus vergangenen Zeiten« einstufte. Dieser These muss ich nachdrücklich widersprechen. Sind Rechtsgarantien gefährdet und bedroht, dann erklärt man sie nicht für überholt und geltungslos, sondern man sucht nach Mitteln und Wegen, diese Garantien effizienter durchzusetzen. So gilt nach wie vor die vom Bundesverfassungsgericht in mehreren Entscheidungen hervorgehobene Feststellung: Wenn jemand nicht mehr überschauen kann, wer in einer Gesellschaft was, wann und bei welcher Gelegenheit über einen weiß, wird er in seiner Persönlichkeit und seiner Ausübung von Freiheitsrechten gefährdet. Der effektive Schutz der individuellen Persönlichkeit und der personenbezogenen Daten ist essenziell sowohl für die Freiheitlichkeit des modernen Verfassungsstaats als auch für seine demokratische Verfasstheit.

Die Gefahr der Überwachungsgesellschaft

Angesichts der bekannt gewordenen weltweiten Abhöraktionen und Spähprogramme ausländischer Geheimdienste, aber auch der geschilderten Bedrohung, die von Privaten, allen voran von global und digital operierenden Unternehmen ausgeht, drängt sich die Frage auf: Was sind unsere verfassungsrechtlichen Freiheitsrechte eigentlich noch wert? Sind wir schon auf dem Weg in einen Überwachungsstaat, wie ihn George Orwell mit seherischer Gabe vor rund 70 Jahren in seinem Roman 1984 schilderte? Unser Grundgesetz enthält prinzipiell viele Garantien für die Grundrechte und auch Grenzen für die Sicherheitspolitik des Staats. Die meisten von uns waren immer der Ansicht, dass unsere Gesellschaft über ausreichende rechtsstaatliche und demokratische Kontrollmechanismen verfügt, um den Aufbau eines Überwachungsstaats zu verhindern. Allerdings ist der Strukturwandel durch die technische Revolution so grundlegend, dass wir uns mittlerweile sehr wohl darum sorgen müssen, dass wir uns zu einer Überwachungsgesellschaft internationalen Ausmaßes entwickeln, gegen die uns die deutschen und europäischen Grundrechte nur noch in beschränktem Maße schützen können. Die Persönlichkeitsprofile, die im Volkszählungsurteil noch als »Super-Gau des Datenschutzes« bezeichnet wurden, sind in vielen Bereichen bereits Realität – zum Beispiel, wenn der IT-Chef von Amazon schon vor Jahren stolz verkündet hat: »Wir sagen Ihnen heute, was Sie morgen kaufen wollen!«

Besonders gefährdet sind unsere Grundrechte durch den Einfluss ausländischer Mächte oder international operierender Organisationen und Unternehmen. Hier muss sich der Staat, der sich sonst eigentlich weitgehend der Einflussnahme enthält, schützend vor die Grundrechte seiner Bürger stellen. Er sollte sich auch auf internationaler Ebene dafür einsetzen. So hat die Bundeskanzlerin betont, dass es in Deutschland nicht um das Recht des Stärkeren gehe, sondern um die Stärke des Rechts. Weil aber fremde Staaten immer stärker in der Lage seien, in die Freiheitsrechte der Bürger anderer Staaten einzugreifen, müsse man ein globales Datenschutzabkommen schließen. Es müsse, sagte sie, verhindert werden, dass nationale grundrechtliche Verbürgungen ins Leere liefen. Diese Worte verdienen uneingeschränkt Billigung, aber es müssten auch Taten folgen.

6

Politik und Verfassung: Auf Kollisionskurs

Unbequeme Hüter

Politiker wechseln – die Verfassung bleibt. Herrschaft und Unverbrüchlichkeit des Rechts sind konstitutive Elemente der Rechtsstaatlichkeit. Sie stehen damit über dem politischen Tagesgeschäft. Alle Staatsorgane, also Parlament, Regierung, Verwaltung und die Gerichte, sind zuallererst der Verfassung verpflichtet. Das war durchaus nicht immer so, sondern ist erst der Erfahrung des nationalsozialistischen Unrechtsstaats geschuldet. In der Weimarer Republik war das Verständnis von Demokratie noch so, dass jede mehrheitsfähige politische Auffassung die Führung im Staat übernehmen konnte. Ein eindeutiges Kriterium für die Grenzen politischer Anschauungen gab es nicht.

Demgegenüber legte der 1948/49 tagende Parlamentarische Rat das im Auftrag der westlichen Alliierten verabschiedete Grundgesetz auf zentrale Werte wie Freiheit, Toleranz oder Würde fest – Werte, die unumstößlich sind. Ein Novum war auch die Entscheidung für eine eigenständige Verfassungsgerichtsbarkeit, die man längst nicht in allen Demokratien vorfindet. Für die politische und gesellschaftliche Praxis bedeutete dies: Die verfassungsmäßig verbürgten Grundrechte wurden zu unmittelbar geltendem, auch den Gesetzgeber bindendem Recht, statt wie früher auf bloße Programmatik reduziert zu werden.

Die Politik wird also von der Verfassung in ihre Schranken gewiesen – was ihre Akteure nicht unbedingt schätzen. Sie berufen sich zwar gerne auf das Recht, wenn es ihre Handlungen legitimiert, doch längst nicht immer orientieren sie sich in ihrem Tun an der Verfassung, und ihre Wertschätzung für die Unverbrüchlichkeit des Rechts hält sich in Grenzen. In einer lebendigen Demokratie geraten Politik und Rechtsstaat deshalb immer wieder auf Kollisionskurs. Denn längst nicht alles, was im Vier-Jahres-Rhythmus der Wahlen notwendig erscheint, um in der Bevölkerung Akzeptanz zu finden, entspricht den Kriterien einer langfristigen Balance zwischen unterschiedlichen Akteuren und Interessen. Das Bundesverfassungsgericht sowie die Verfassungsgerichte der Länder haben deshalb den Auftrag, als unabhängiger Hüter darüber zu wachen, dass die Rechtsstaatlichkeit als zentrale Basis der Demokratie unangefochten bestehen bleibt.

Vor dem Hintergrund unserer Verfassung muss Politik mehr leisten, als lediglich politischer, sozialer oder ökonomischer Zweckmäßigkeit zu entsprechen. Allein die Möglichkeit dieser Kontrolle schärft das politische Bewusstsein der Verfassungsorgane und muss das auch, da das Bundesverfassungsgericht allein den Rechtsstaat nicht garantieren kann. Er braucht das lebendige Zusammenspiel von Exekutive, Legislative, Gerichtsbarkeit und dem zivilgesellschaftlichen Diskurs, denn er ist keine tote Rechtsmaterie, sondern ein durchaus mit Fehlern behafteter Organismus, der ständig nach Verbesserung strebt. »Nicht gleich zu Anfang zeigten die Götter den Sterblichen alles«, hatte schon einer der herausragenden Denker der griechischen Antike, Xenophanes, gewusst. »Sondern sie finden das Bessere suchend im Laufe der Zeiten.«

Im Laufe seiner Geschichte hat das Bundesverfassungsgericht Tausende von Entscheidungen getroffen – Auseinandersetzungen zwischen staatlichen Organen wie Bundestag oder Bundesregierung verhandelt, im Bund-Länder-Streit entschieden oder

Normenkontrollen vorgenommen. Auch Wahlprüfungen oder Parteiverbotsverfahren sind Angelegenheiten des Bundesverfassungsgerichts. Am häufigsten sind jedoch Verfassungsbeschwerden zu der Frage, ob die Grundrechte von Bürgern verletzt wurden. Die meisten Menschen machen sich keine Vorstellungen, wie oft das Bundesverfassungsgericht auf diesem Wege angerufen wird, da nur die spektakulärsten eine breitere Öffentlichkeit erreichen: Es sind etwas weniger als 6000 im Jahr.

Allerdings erweisen sich – über die Jahrzehnte leicht schwankend – nicht einmal zwei Prozent aller eingereichten Verfassungsbeschwerden als erfolgreich. Gleichwohl ist die Verfassungsbeschwerde zum Bundesverfassungsgericht ein nach wie vor von den Bürgern dieses Landes hochgeschätztes Mittel, Grundrechte effektiv durchzusetzen. Sie hat viel dazu beigetragen, dass diese Institution in der deutschen Bevölkerung über große Akzeptanz und einen hohen Bekanntheitsgrad verfügt. Ungeachtet der statistisch kleinen »Erfolgsquote« hat das Gericht gerade in Verfassungsbeschwerdeverfahren bedeutende, über die jeweiligen Einzelfälle weit hinausreichende Entscheidungen getroffen – etwa zum Steuerrecht, vor allem aber zum Sicherheitsrecht und zum Verhältnis von Freiheit und Sicherheit (etwa Vorratsdatenspeicherung, Online-Durchsuchung etc.).

Rechtserkenntnis statt Politik

Staatliches Handeln, auch das gehört zum Rechtsstaat, muss berechenbar sein. Wer in die Grundrechte des Einzelnen eingreifen will, braucht dafür ein parlamentarisch verabschiedetes Gesetz und muss sich außerdem auf das Notwendigste beschränken – die Regelung muss angemessen und verhältnismäßig sein. Ob das tatsächlich der Fall ist, lässt sich nur in der Abwägung beurteilen –

zwischen den Einbußen an den garantierten Freiheitsrechten und dem Gewicht der Belange, für welche der Staat diese Abstriche verlangt.

So geht es auch bei der Gewaltenteilung weniger um eine scharfe Trennung, sondern um ein System der »Checks and Balances«, um gegenseitige Kontrolle, Hemmung und Mäßigung, aber auch um Optimierung und Effizienz. Überschneidungen, Verschränkungen, selbst Einflussnahmen einer Gewalt auf eine andere gehören dazu, solange sie nicht den jeweiligen Kernbereich antasten. Das gilt für das Verhältnis zwischen Legislative und Exekutive ebenso wie für das Verhältnis der Verfassungsgerichtsbarkeit zu diesen beiden Gewalten. Zwei Grenzen sind dabei wichtig: Das Verfassungsgericht kann nie von sich aus in politisch-gesellschaftlich kontroversen Fragen tätig werden. Als Organ der rechtsprechenden Gewalt darf es immer nur auf Antrag und in den vorgegebenen Verfahren und Formen entscheiden. Auch hier gilt also: »Wo kein (Verfassungs-)Kläger, da kein (Verfassungs-) Richter«. Darüber hinaus findet ein Verfassungsgericht den Maßstab seiner Beurteilung immer nur im geltenden Verfassungsrecht, nicht in politischen, sozialen oder ökonomischen Zweckmäßigkeitsvorstellungen. Dass mich dieser Grundsatz unverändert leitet, haben Sie beim Lesen vermutlich schon festgestellt, zum Beispiel, wenn ich immer wieder auf der Grenzziehung zwischen Moral und Recht beharre und mich einer politischen Bewertung entziehe. Verfassungsrechtliche Normen mögen häufig unbestimmt sein, große Auslegungsspielräume eröffnen und Unschärfen aufweisen; Verfassungsrechtsprechung ist jedoch – auch wenn sie sich mit den Folgen von Politik befasst – keine politische Gestaltung, sondern Rechtserkenntnis nach juristischen Methoden.

Kontrolle, nicht Gestaltung

Natürlich sind auch in Deutschland der verfassungsgerichtlichen Überprüfung der Politik Grenzen gesetzt. Der Gesetzgeber hat laut Verfassung weitgehende Beurteilungs- und Gestaltungsspielräume – besonders im Bereich der Außenpolitik. Das Bundesverfassungsgericht überprüft nur die Einhaltung der verfassungsrechtlichen Grenzen. Diese sind allerdings längst nicht immer ausdrücklich festgeschrieben, sondern müssen vom Verfassungsgericht entwickelt, interpretiert und begründet werden. Im Sinne einer sachgerechten Entscheidung sind weise Zurückhaltung und eine klare Grenzziehung zur Politik dabei hilfreich, wie das Bundesverfassungsgericht selbst erklärt hat: »Die Durchsetzung dieser Verfassungsordnung obliegt letztverbindlich dem Bundesverfassungsgericht. Der Grundsatz des *judicial self-restraint*, den sich das Bundesverfassungsgericht auferlegt, bedeutet nicht eine Verkürzung oder Abschwächung seiner eben dargelegten Kompetenz, sondern den Verzicht, ›Politik zu treiben‹, d.h. in den von der Verfassung geschaffenen und begrenzten Raum freier politischer Gestaltung einzugreifen. Er zielt also darauf ab, den von der Verfassung für die anderen Verfassungsorgane garantierten Raum freier politischer Gestaltung offenzuhalten.«

Rote Karte für die Politik

Die erste Nagelprobe für den noch jungen Rechtsstaat fand 1952 statt, als Konrad Adenauer internationale Verträge zur Westintegration und eine Europäische Verteidigungsgemeinschaft verhandelte. Die SPD fürchtete negative Folgen für die Wiedervereinigung und war gegen eine Wiederbewaffnung. Der SPD-Vorsitzende Kurt Schumacher entschloss sich deshalb, wie *Der Spiegel* damals schrieb,

»Konrad Adenauer mit dem Grundgesetz zu schlagen«. Eine Normenkontrolle durch das Bundesverfassungsgericht sollte feststellen, dass ein deutscher Wehrbeitrag und das neue Wehrpflichtgesetz mit dem Grundgesetz nicht vereinbar seien. Als die Regierung erkannte, dass es tatsächlich Probleme mit der Verfassungsmäßigkeit der Verträge geben könnte, wandte sich auch Bundespräsident Theodor Heuss an das Bundesverfassungsgericht – mit der Bitte um ein Rechtsgutachten. Dieselbe Rechtssache war damit plötzlich vor zwei unterschiedlichen Gremien des Bundesverfassungsgerichts, einem Senat und dem Plenum, anhängig. Das erhöhte, gemessen an der vermuteten politischen Präferenz der Richter, rein rechnerisch die Chance, dass die Regierung recht bekam.

Heute liest sich dieser historische Versuch der politischen Parteien, das Bundesverfassungsgericht für ihre jeweiligen Zwecke zu instrumentalisieren, wie ein Kriminalroman – auch wenn die Details der Kontroverse keine Rolle mehr spielen. Jedenfalls ließen sich die Verfassungsrichter, obwohl sie in der Sache durchaus unterschiedlicher Meinung waren, nicht auseinanderdividieren. In einem Beschluss des Plenums wiesen die Verfassungsrichter die Politik in ihre Schranken: Sie betonten, schrieb *Der Spiegel* damals, »dass sie noch keine Voraussagen über den Inhalt der künftigen Entscheidung machen könnten und dass Vermutungen über politische Einflüsse auf die rechtlichen Entscheidungen der Richter haltlos, ungerechtfertigt und ein bedauerliches Zeichen für die mangelnde Achtung vor dem Eigenwert des Rechtes seien«. Justizminister Thomas Dehler beklagte sich daraufhin in einem Telegramm an andere Juristen: »Das Bundesverfassungsgericht ist in einer erschütternden Weise von dem Wege des Rechts abgewichen ...« Die EVG-Verträge scheiterten schließlich trotzdem nicht am Bundesverfassungsgericht, sondern am Widerstand Frankreichs. 1955 trat die Bundesrepublik Deutschland dann in die NATO ein.

Im Jahr 1961 erlitt die von Adenauer geführte Bundesregierung dann die nächste Schlappe bei dem Versuch, ein Regierungsfernsehen einzuführen. Der Rundfunk sei nicht nur ein Medium, sondern auch ein wichtiger Faktor der Meinungsbildung und außerdem Sache der Länder, befand das Bundesverfassungsgericht. Dieses Urteil sei »falsch«, das habe das Kabinett einstimmig beschlossen, erklärte der Kanzler störrisch – doch das Recht hielt.

In den Siebzigerjahren stoppte das Bundesverfassungsgericht gleich mehrere Gesetzesvorhaben der sozialliberalen Bundestagsmehrheit. Da war zum Beispiel die Wehrdienstnovelle: Die Anhörungen zum Gewissensentscheid der Kriegsdienstverweigerer sollten abgeschafft und durch eine schriftliche Erklärung – ohne Angabe der Beweggründe – ersetzt werden. Die Richter entschieden jedoch 1978, dass das Grundgesetz keine Wahlmöglichkeit zwischen Wehr- und Zivildienst vorsehe. Wehrdienstverweigerern bleibe also nur, den Dienst an der Waffe als Gewissensentscheidung abzulehnen (Art. 4 Abs. 3 GG), das aber müsse begründet werden. Die Ausschüsse blieben und wurden später durch die Einreichung einer schriftlichen Begründung ersetzt.

Der Streit ums ungeborene Leben

»Wir haben abgetrieben!« – 1971 veröffentlichte das Magazin *stern* mit seiner Titelgeschichte das Bekenntnis von 374 Frauen, darunter vielen Prominenten, widerrechtlich abgetrieben zu haben. Das war der Höhepunkt einer politisch und gesellschaftlich besonders umstrittenen Debatte um die Reform des Paragrafen 218 im Strafgesetzbuch. Nachdem sich für eine komplette Streichung keine politische Mehrheit fand, sollte ein Fristenmodell eingeführt werden, aber der unionsdominierte Bundesrat kündigte Einspruch an. Das von der CDU regierte Land Baden-Württemberg erwirkte beim Bundesverfassungsgericht eine Entscheidung, in der die Fristenregelung 1975 für verfassungswidrig erklärt wurde. Sie sei der Verpflichtung aus Artikel 2 GG, das werdende Leben auch gegenüber der Mutter wirksam zu schützen, »nicht in dem gebotenen Umfang gerecht geworden«. Der Paragraf wurde geändert – die Frist von drei Monaten durch vier Indikationen ersetzt. Sie sollten eine »besondere Bedrängnis« abbilden, die eine – im Prinzip strafbare Abtreibung – als Abwägung zwischen der Mutter und ihrer Leibesfrucht möglich machte.

Seit einer weiteren Reform 1994, nach der Wiedervereinigung, ist die Abtreibung zwar im Prinzip immer noch rechtswidrig, wird aber nicht strafrechtlich geahndet, wenn sie innerhalb der ersten drei Monate der Schwangerschaft und nach einer Konfliktberatung erfolgt. Das Bundesverfassungsgericht hat dieses Schutzkonzept ausdrücklich gebilligt. Aktuell wird darüber gestritten, ob Ärzte darüber informieren dürfen, dass sie Abbrüche vornehmen (§ 219 a), und es ist zu erwarten, dass auch diese Frage vom Bundesverfassungsgericht geklärt werden muss.

Auftrag zur Wiedervereinigung

Einer der spektakulärsten Fälle, mit denen das Bundesverfassungsgericht befasst war, war 1972 der Grundlagenvertrag zwischen den beiden deutschen Staaten. Die Ostpolitik der sozialliberalen Koalition, die auf eine schrittweise Anerkennung der Oder-Neiße-Grenze abzielte, wollte mit der Vereinbarung eine Annäherung zwischen der Bundesrepublik und der DDR erreichen. Das war aber von der CDU/CSU-Fraktion im Deutschen Bundestag mit großer Mehrheit abgelehnt worden, weil wichtige Fragen, wie zum Beispiel das Recht auf Selbstbestimmung der Ostdeutschen, darin nicht geklärt waren. Der Freistaat Bayern beantragte 1973 ein Normenkontrollverfahren beim Bundesverfassungsgericht – der Vertrag, so wurde argumentiert, widerspreche dem Wiedervereinigungsgebot des Grundgesetzes, der geforderten »Wahrung der staatlichen Einheit des deutschen Volkes«.

Das Bundesverfassungsgericht erklärte zwar 1973 den Grundlagenvertrag als grundgesetzkonform, bestätigte aber, dass die deutsch-deutsche Grenze, die »Mauer« also, dem Wiedervereinigungsgebot widerspreche. Es sei Aufgabe der deutschen Regierung, auf eine Änderung dieser Situation hinzuwirken. Beide Seiten – Regierung wie Opposition – begrüßten deshalb dieses salomonische Urteil. Der bayerische Ministerpräsident Franz Josef Strauß (CSU) bezeichnete es damals als »Einschnitt in der deutschen Nachkriegsgeschichte und in der deutschen Wiedervereinigungspolitik«.

Zurechtgerückt

Das waren drei historisch bedeutsame Beispiele für die Kontrollfunktion des Bundesverfassungsgerichts als Hüter der Verfassung. Mich interessieren aber weniger Fälle wie diese, bei denen vom Parlament beschlossene Gesetze vom Bundesverfassungsgericht wegen Unvereinbarkeit mit dem Grundgesetz beanstandet oder eingeschränkt worden sind; hier hat das rechtsstaatliche Schutz- und Kontrollinstrumentarium ja funktioniert, die Störung der Rechtsstaatlichkeit wurde beseitigt. Vielmehr geht es mir um Vorfälle und Entwicklungen, in deren Rahmen geltendes Verfassungsrecht von der Politik ignoriert oder mehr oder weniger unbeachtet »zurechtgerückt« wird, ohne dass jemand dagegen Einspruch erhebt.

Das ist zum Beispiel der Fall bei den Auslandseinsätzen der Bundeswehr. 35 Jahre lang bildeten deutsche Soldaten eine Armee, deren wichtigste Aufgabe der Heimatschutz war. Unsere Streitkräfte dienen gemäß dem Grundgesetz (Art. 87a Abs. 1 S. 1 GG) »zur Verteidigung«. Nach dem Abs. 2 dieses Artikels dürfen sie über diesen Zweck hinaus nur eingesetzt werden, soweit das Grundgesetz dies ausdrücklich zulässt.

Mit der Wiedervereinigung und dem Ende des Kalten Krieges wurde die Rolle der Bundeswehr als reine Verteidigungsarmee neu diskutiert. Deutschland müsse mehr Verantwortung in den Krisenherden der Welt übernehmen, forderten die Wehrexperten der Vereinten Nationen, der EU und der NATO. Die Armee müsse sich zur Eingreiftruppe wandeln und auch außerhalb der NATO-Grenzen agieren dürfen.

Deutschland im Krieg

Die Gelegenheit dafür kam schnell. Bereits 1990, als der Irak für mehrere Monate das Emirat Kuwait besetzte, wurde im Bundestag heftig diskutiert, ob sich Deutschland militärisch »out of area«, also an einem UN-Mandat außerhalb des NATO-Territoriums engagieren solle – und ob es das überhaupt dürfe. Zwar beteiligte sich Deutschland – trotz heftiger Kritik des Bündnispartners USA – nicht unmittelbar an den Angriffen, doch deutsche Marineschiffe kreuzten als Teil der NATO-Flotte im Mittelmeer, und die Luftwaffe half mit Abwehrraketen, einen wichtigen Stützpunkt in der Türkei zu sichern. Das Territorium der Bundesrepublik wurde außerdem zur wichtigsten logistischen Drehscheibe des Golfkriegs – mit Überflugrechten, Nutzung der Militärbasen und anderer Infrastruktur. Nach Kriegsende räumten deutsche Spezialschiffe auch die Minen im Persischen Golf. Außerdem hatte Deutschland den fehlenden Kampfeinsatz mit einem finanziellen Beitrag von 10 Milliarden Dollar kompensiert.

Die damalige Regierungskoalition aus CDU, CSU und FDP hielt »Out of area«-Einsätze grundsätzlich für möglich, wenn diese auf einem UN-Mandat beruhten. Die Opposition, Die Grünen und die SPD, waren dagegen. 1992 richtete die SPD unter ihrem Vorsitzenden Björn Engholm dann aber unter dem Eindruck des Balkankrieges ihre außenpolitische Positionierung neu aus und änderte ihren Kurs (»Petersberger Wende«). Weiterhin blieb jedoch unklar, ob militärische Einsätze unter UN-Mandat genauso zulässig waren wie im Rahmen der NATO. Durfte Deutschland aktiv mit Truppen ein UN-Waffenembargo gegen das damalige Serbien-Montenegro unterstützen? War es ein Verstoß gegen das Grundgesetz, dass deutsche Soldaten an NATO-Überwachungsflügen über Bosnien-Herzegowina teilnahmen? Auch ein Blauhelm-Einsatz in Somalia war politischer Streitgegenstand.

Die Fraktionen von FDP und SPD wandten sich 1994 an das Bundesverfassungsgericht. Ein Organstreitverfahren sollte die unterschiedlichen Sichtweisen von Regierung und Parlament klären. Die klagenden Fraktionen sahen unter anderem das parlamentarische Mitwirkungsrecht verletzt.

Systeme kollektiver Sicherheit

Was steht im Grundgesetz? Der Bund darf Streitkräfte zur Verteidigung aufstellen und kann sich »zur Wahrung des Friedens einem System gegenseitiger kollektiver Sicherheit einordnen« (Art. 24 Abs. 2 GG). Das Bundesverfassungsgericht kam deshalb zu dem Urteil, dass die Mitwirkung an einem Auslandseinsatz im Rahmen eines Militärbündnisses zulässig sei, wenn der Bundestag dem zuvor zugestimmt habe (»Parlamentsvorbehalt«). Diese Bedingung hob den besonderen Charakter der Bundeswehr als Parlamentsarmee hervor. Die gesetzliche Grundlage dafür wurde allerdings erst 2005 mit dem Parlamentsbeteiligungsgesetz geschaffen.

1999 kam es zum Bombardement der Republik Jugoslawien im Rahmen der »Operation Allied Forces« der NATO. Zeitweilig waren über tausend Flugzeuge im Einsatz, darunter auch welche der deutschen Luftwaffe. Ziel war es, die serbischen Truppen zum Rückzug aus dem Kosovo zu zwingen, wo es zu Massakern an albanischen Bevölkerungsgruppen gekommen war. Zur Begründung hieß es, man müsse »Verantwortung zum Schutz« der Kosovo-Albaner übernehmen. Bis heute wird kontrovers diskutiert, ob das der wirkliche Grund für die militärische Intervention war und wie groß der Wahrheitsgehalt der einzelnen Vorwürfe gegen die Serben war. Denn die Militäraktion missachtete die staatliche Souveränität Jugoslawiens.

Für diesen Einsatz unter Führung der USA gab es kein UN-Mandat. Auch deshalb war das Vorgehen in Deutschland heftig umstritten. Joschka Fischer, damals Außenminister, zog alle Register mit seinem Vergleich des Schicksals der Kosovo-Albaner und dem der Juden in der NS-Zeit. Er plädierte vehement für eine »humanitäre Intervention«.

Out of area

Nach den Angriffen auf das World Trade Center in New York am 11. September 2001 rief die NATO erstmalig in ihrer Geschichte den Bündnisfall aus. Dieser verpflichtete ihre Mitglieder zum gemeinsamen Einsatz in Afghanistan. Bundeskanzler Gerhard Schröder sicherte die »uneingeschränkte Solidarität« Deutschlands zu, und der Bundestag genehmigte im Dezember 2001 die Beteiligung deutscher Truppen. Die Begründung: Das von den Taliban beherrschte Land sollte Terroristen nicht länger als Rückzugsort und

Ausbildungsstätte dienen. Damit könnten letztlich auch Anschläge in Deutschland verhindert werden. Deutschlands Sicherheit, sagte der damalige Verteidigungsminister Peter Struck (SPD) dramatisch, werde »auch am Hindukusch verteidigt«.

Nach über 22 Jahren Bürgerkrieg in Afghanistan wurde noch im selben Jahr das Taliban-Regime in Kabul gestürzt. Die Abordnungen der größten ethnischen Gruppen Afghanistans einigten sich auf provisorische Regelungen in Afghanistan bis zum Wiederaufbau dauerhafter Regierungsinstitutionen. Im Rahmen des Anti-Terror-Einsatzes »Operation Enduring Freedom« wurden auch Fuchs-Spürpanzer nach Kuwait geschickt, und ein Einsatzkontingent der Deutschen Marine sicherte vor Ostafrika die internationale Seeschifffahrt. Ab 2007 kam es im Norden von Afghanistan, wo Bundeswehreinheiten stationiert waren, vermehrt zu Kämpfen mit Taliban-Rebellen. Heute bildet die Bundeswehr afghanische Soldaten in Masar-e Scharif aus, übernimmt nachrichtliche Erkundungen und beteiligt sich an humanitären Aktionen. Deutsche Soldaten helfen außerdem beim Wiederaufbau von Schulen, Krankenhäusern und Straßen, aber auch bei der Ausbildung von Militär und Polizei. Bis 2018 hatte das Engagement in Afghanistan das Leben von 58 Soldatinnen und Soldaten gekostet, die in Kampfhandlungen, durch Anschläge, Unfälle oder Suizid starben.

Umgehung des Bundestags

2003 bombardierten die USA, Großbritannien und eine »Koalition der Willigen« Bagdad, was zur Eroberung der Hauptstadt und zum Sturz Saddam Husseins führte. Bundeskanzler Gerhard Schröder (SPD) hatte hier eine aktive Beteiligung Deutschlands ausgeschlossen, Deutschland unterstützte den Angriff jedoch durch Überflugrechte, Transporte und den personalintensiven Schutz von US-Militärbasen auf deutschem Gebiet. Deutsche Soldaten beteiligten sich auch an den AWACS-Aufklärungsflügen der NATO über der Türkei.

Das Parlament wurde hierzu nicht befragt. Was genau ein »bewaffneter Einsatz« ist, der laut Parlamentsermächtigungsgesetz der Zustimmung des Bundestags bedarf (§1 Abs.2), wurde von der rot-grünen Bundesregierung im Irakkrieg sehr eigenmächtig interpretiert: Die eingesetzten Flugzeuge seien schließlich unbewaffnet gewesen, hieß es vonseiten der Regierung. Die FDP-Fraktion klagte erfolgreich gegen dieses strategische Ausweichmanöver: Das Bundesverfassungsgericht befand 2008, allein schon die Möglichkeit, dass es zu Kampfhandlungen kommen könne, setze eine parlamentarische Zustimmung zu dem Einsatz voraus. Die Regierung hatte also mit ihrer Beteiligung am Irakkrieg den Bundestag in seinem Recht verletzt.

Verletzungen des Grundgesetzes sind auch alle Bundeswehreinsätze im Ausland, die nicht auf dem geforderten Beschluss kollektiver »Systeme« wie den Vereinten Nationen, der NATO und der Europäischen Union beruhen, sondern auf nationalen oder bilateralen Entscheidungen. Das Bundesverteidigungsministerium scheint das ignorieren zu wollen. Zumindest soll nach einem Bericht der Tageszeitung *Bild* im September 2018 mit amerikanischen Gesandten eine deutsche Beteiligung an weiteren Vergeltungsangriffen gegen das Assad-Regime in Syrien diskutiert worden sein, für den Fall, dass dieses erneut Chemiewaffen einsetzen würde.

Bündnispartner allein reichen nicht

Den ersten Angriff hatten bereits im Frühjahr 2018 amerikanische, britische und französische Luftverbände geflogen; diese drei Nationen stellen aber noch kein System kollektiver Sicherheit dar. Trotzdem hatte es damals aus dem Bundesverteidigungsministerium geheißen, Deutschland sei zwar nicht um ein Mitwirken gebeten worden, hätte sich aber sehr wohl an diesem Luftschlag beteiligen können. Dem kann ich nur widersprechen – selbst wenn der Bundestag zugestimmt hätte, wäre das eine Verletzung des Grundgesetzes gewesen.

Das gilt zum Beispiel auch für die Beteiligung der Bundeswehr an der Mission gegen den Islamischen Staat (IS) in Syrien und im Irak. Nach den Terroranschlägen in Paris rund um den Konzertsaal Bataclan am 13. November 2015 hatte der Deutsche Bundestag beschlossen, Frankreich und die internationale Koalition gegen die Terrormiliz auch militärisch zu unterstützen. Eine Resolution des UN-Sicherheitsrats, die zur Anwendung von Gewalt ermächtigt hätte, lag nicht vor. Die von der Regierung angeführten Rechtfertigungsgründe – der Einsatz von Streitkräften erfolge im Rahmen und nach den Regeln eines Systems gegenseitiger kollektiver Sicherheit – erfüllen, anders als behauptet, nicht die Vorgaben des Art. 24 Abs. 2 GG. Umstritten ist unter anderem auch, ob das Recht auf Selbstverteidigung militärische Einsätze gegen grenzüberschreitend agierende terroristische Organisationen wie al-Qaida oder den IS auf dem Territorium dritter Staaten abdeckt. Dabei ist nicht entscheidend, ob das Parlament dieser Grundgesetzverletzung zustimmt oder nicht.

Auslandseinsätze bleiben beschränkt

Zusammenfassend lässt sich sagen: Die Zulässigkeit von Auslandseinsätzen bewaffneter Streitkräfte – außerhalb des »klassischen«
Verteidigungsfalls – war im Grundgesetz nicht klar geregelt worden, weil die neuen internationalen Aufgaben der Bundeswehr
bei der Einfügung der Wehrverfassung in den Jahren 1956 und
1968 noch nicht vorhersehbar waren. Während die Politik in der
»Out of area«-Frage einer klaren Antwort aus dem Weg ging, kam
dem Bundesverfassungsgericht die Aufgabe zu, den vorhandenen
lückenhaften Normenbestand der Verfassung in der Zusammen-
schau zu interpretieren. Daraus folgte das Urteil, dass derartige
Einsätze grundsätzlich die vorherige Zustimmung des Bundestags
benötigen. Außerdem muss der Einsatz auf einem Beschluss kollektiver Sicherheitssysteme (Art. 24 Abs. 2 GG) beruhen. Eine
Streitfrage von außerordentlicher politischer Bedeutung für die
innen- und außenpolitische Handlungsfähigkeit der Bundesrepublik Deutschland wurde auf diese Weise letztlich nicht von den
politischen Organen, sondern verfassungsgerichtlich entschieden. Das Bundesverfassungsgericht war damals nicht nur von der
oppositionellen SPD-Fraktion angerufen worden, sondern auch
von der Fraktion der FDP, die als Koalitionspartner den Beschluss
der Bundesregierung zum Einsatz der AWACS-Flugzeuge über
Bosnien-Herzegowina mitgetragen hatte. Das illustriert, dass das
Bundesverfassungsgericht, ohne sich danach gedrängt zu haben,
gezielt als politische Schlichtungs- oder Gutachterinstanz eingesetzt wird, wenn die maßgeblichen politischen Kräfte sich nicht
verständigen können. Dabei hat das Bundesverfassungsgericht es
in dem Urteil dem Gesetzgeber überlassen, Form und Ausmaß der
parlamentarischen Mitwirkung bei Entscheidungen über den Einsatz bewaffneter Streitkräfte durch ein Gesetz im Einzelnen auszugestalten.

Es kann sein, dass es gute Gründe dafür gibt, dass Deutschland sich stärker militärisch in der Welt positioniert. Dann aber muss man auch die verfassungsrechtlichen Diskussionen über eine Änderung des Grundgesetzes eröffnen und führen. Schlichtes Ignorieren oder Hinwegsetzen über geltendes Verfassungsrecht kann nicht toleriert werden – auch dann nicht, wenn die politischen Mehrheiten im Deutschen Bundestag dazu bereit sind, ein solches Vorgehen abzusegnen. Denn die Zustimmung des Parlaments ist nicht die einzige verfassungsrechtliche Anforderung. Die Abgeordneten und die Regierung müssen in jedem Fall die vom Grundgesetz vorgesehenen Beschränkungen bei einer Zustimmung zum Auslandseinsatz berücksichtigen.

Es gibt Juristen, die das Grundgesetz und seine zitierten Artikel 87a GG und 24 Abs. 2, die Festlegungen also, wann die Bundeswehr aktiv werden kann, äußerst großzügig interpretieren. Am liebsten würden sie unter »Verteidigung« die Abwehr eines jeden Angriffs auf dieser Welt verstehen. Dies halte ich juristisch für äußerst problematisch, weil damit der Geist des Grundgesetzes, der eine strikte Begrenzung des militärischen Einsatzes vorsieht, aufgegeben würde. Ich verstehe das Grundgesetz so, dass es dort um die Landesverteidigung geht. Wer also für ein stärkeres, auch militärisches Engagement Deutschlands in der Welt plädiert, der sollte sich auch offen zeigen für eine Änderung der grundgesetzlichen Wehrverfassung. Ich will allerdings nicht verhehlen, dass ich nichts von einer Erweiterung des verfassungsrechtlichen Rahmens für den Einsatz der Bundeswehr halte. Abgesehen davon drängt sich angesichts der berichteten Mängel bei der Ausstattung der Bundeswehr ohnehin die Frage auf, ob die Truppe derzeit überhaupt ihre Kernaufgabe der Landesverteidigung wird erfüllen können.

Die Ehe im Zeitgeist

Themenwechsel, aber nur scheinbar. Denn auch bei der »Ehe für alle« befand sich die Politik ganz klar auf Kollisionskurs mit der Verfassung. Seit dem 1. Oktober 2017 dürfen gleichgeschlechtliche Paare vor den Standesbeamten treten. 94 000 Paare lebten damals in einer Lebensgemeinschaft, viele von ihnen werden diese eingetragene Partnerschaft nun gegen einen Trauschein tauschen. Ich hatte, ich mache daraus keinen Hehl, als Richter am Bundesverfassungsgericht im Jahr 2002 in einem Sondervotum gegen die Gleichstellung von Lebenspartnerschaft und Ehe gestimmt und halte auch die »Ehe für alle« für grundgesetzwidrig.

Selbstverständlich steht es jedem Menschen frei, seine sexuelle Orientierung ohne Diskriminierung zu leben. Auch der Europäische Gerichtshof betont, dass Menschen nicht nach Geschlecht oder sexueller Orientierung unterschieden werden dürfen. Dies ist auch Teil der Europäischen Grundrechtecharta, die in diesem Punkt, gerade wenn man in den Osten der EU blickt, zu wenig Beachtung findet.

Diese Garantien dürfen aber nicht mit dem Recht verwechselt werden, ebenso wie heterosexuelle Paare eine Ehe einzugehen. Das Bundesverfassungsgericht hat nämlich bis zuletzt in seinen Entscheidungen betont, dass eine Ehe im Sinne des Grundgesetzes nur die »Vereinigung eines Mannes mit einer Frau zu einer auf Dauer angelegten Lebensgemeinschaft ist«. Der gewandelte Zeitgeist ändert dieses Verfassungsverständnis nicht. Wer die völlige Gleichstellung auch in dieser Hinsicht möchte, muss Artikel 6 des Grundgesetzes – »Ehe und Familie stehen unter dem besonderen Schutze der staatlichen Ordnung« – ändern. Das hatte Mitte 2015 auch der damalige Justizminister Heiko Maas (SPD) auf eine Kleine Anfrage der Grünen gesagt. Inzwischen hat er seine Meinung geändert.

Mir geht es hier nicht darum, einen alten verfassungsrechtlichen Streit wieder »aufzuwärmen« und die Entscheidung der damaligen politischen und parlamentarischen Mehrheit für eine »Ehe für alle« wieder mit verfassungsrechtlichen Argumenten rückgängig zu machen. Viel wichtiger ist für mich die allgemeine und grundsätzliche Frage, inwieweit politische Mehrheiten und der politische Zeitgeist objektiv-rechtliche Wertentscheidungen der Verfassung ignorieren können. Dann nämlich liegt praktisch eine Verfassungsänderung vor, aber ohne die dafür vorgesehenen Mehrheiten und Verfahren, schlicht durch Uminterpretation der Politik und unter Berufung auf einen angeblichen »Wandel«.

Auch wenn die Verfassung im Art. 6 Abs. 1 GG keine eigene Definition der Ehe enthält, so kann doch ohne Weiteres davon ausgegangen werden, dass dies vor allem deswegen erfolgte, weil es für den Grundgesetzgeber im Jahre 1949 völlig außerhalb jeder Vorstellung lag, dass eine Ehe auch zwischen gleichgeschlechtlichen Partnern geschlossen werden könnte. Überdies muss man sich doch die Frage stellen, warum laut Verfassung die Ehe zwischen Mann und Frau besonders geschützt und zu fördern ist. Die Ratio liegt in dem besonderen öffentlichen Interesse an Ehe und Familie als »elementaren Sozialstrukturen, auf deren regenerative, soziale und kulturelle Leistungen für den Staat und Gesellschaft«. So hatte dann auch der Vorläufer des Art. 6 Abs. 1 des Grundgesetzes, der Art. 119 der Weimarer Reichsverfassung von 1919, noch etwas pathetisch formuliert: »Die Ehe steht als Grundlage des Familienlebens und der Erhaltung und Vermehrung der Nation unter dem besonderen Schutz der Verfassung«. Es geht also nicht nur um eine tradierte Familienkultur (Regeneration), sondern auch um die zu schützende Fortpflanzung.

Dass der Grundgesetzgeber auf solche pathetischen Floskeln im Art. 6 Abs. 1 GG verzichtete, entspricht der Tendenz des Grundgesetzgebers, sich auf nüchterne und pragmatische Formulierungen zu beschränken. An der Logik des besonderen Schutzes der Ehe ändert das aber nichts. Wenn man die für alle, gleichen oder verschiedenen Geschlechts, eröffnet, wird der Schutz durch die Verfassung ziemlich sinnlos. Er büßt seine Ratio ein und verliert jede Bedeutung.

Aus Gründen der Achtung vor der Verfassung und der Verfassungsgerichtsbarkeit hätte ich es deshalb für ratsam empfunden, den von der parlamentarischen Mehrheit getragenen Entschluss, die Ehe für alle zu eröffnen, mit einer ausdrücklichen Grundgesetzänderung zu untermauern. Davor scheute man in der Politik aber offenbar zurück. Vielmehr begnügte man sich mit einem einfachen Gesetzesbeschluss, unter Hinweis darauf, dass sich angeblich in der Gesellschaft ein Wertewandel vollzogen habe. Mir geht es nicht um eine Revision dieses Tatbestandes, sondern ich möchte ihn zum Anlass nehmen, erneut davor zu warnen, dass auch künftig objektiv-rechtliche Verfassungsentscheidungen, insbesondere auch im Grundrechtsteil, uminterpretiert oder ignoriert werden: nach Maßgabe des jeweiligen Zeitgeists und politischer Erwägungen.

»Soli« ohne Rechtsgrundlage

Der »Soli« ist ein kontroverses Thema nicht nur an den Stammtischen, sondern auch unter Juristen. Rekapitulieren wir: 1991 hatte die von Bundeskanzler Helmut Kohl (CDU) geführte Koalitionsregierung mit der FDP eine auf ein Jahr befristete Ergänzungsabgabe zur Einkommen- und Körperschaftsteuer beschlossen, die der Finanzierung verschiedener »Mehrbelastungen« aus dem Golfkrieg, der Unterstützung der Mittelmeerstaaten und natürlich zur Kompensation der »Kosten der deutschen Einheit« dienen sollte. Wir finden den Solidaritätszuschlag aber heute, mehr als 25 Jahre später, immer noch auf unseren Steuerbescheiden.

Schon wird darüber diskutiert, den »Soli« in veränderter Form weiter beizubehalten. Angela Merkel (CDU) sprach sich bereits 2014 dafür aus. Der damalige Bundesfinanzminister Wolfgang Schäuble (CDU) schlug 2016 vor, den »Solidaritätszuschlag verfassungsgemäß nach 2019 auslaufen« zu lassen, in elf gleichmäßigen Raten und bis zum Jahr 2030. Im Koalitionsvertrag von 2018 zwischen CDU/CSU und SPD wurde entsprechend vereinbart, dass den Zuschlag nur noch zehn Prozent der Steuerzahler, nämlich die einkommensstärksten, leisten sollen. Das Bundeskabinett hat kürzlich einen entsprechenden Gesetzentwurf beschlossen, der allerdings eine etwas weitergehende Abschmelzung vorsieht. Verfassungsrechtlich ist das alles äußerst bedenklich. Warum?

Nach Ablauf des ersten Jahres hatte es tatsächlich eine Pause gegeben mit der verordneten Solidarität. Zwei Jahre lang kam die Politik ohne den »Soli« aus, dann aber verkündete Bundeskanzler Kohl, die Wiedervereinigung werde nicht ohne zusätzliche Steuern bezahlbar sein. Er führte die Abgabe zur Finanzierung des Solidarpakts zwischen Bund und Ländern wieder ein. Seit dem 1. Januar 1998 beträgt der Solidaritätszuschlag maximal 5,5 Prozent der Einkommen- bzw. Körperschaftsteuer. Das Geld (zum Beispiel 18,93 Milliarden Euro im Jahr 2018) wurde den neuen Bundesländern bis 2019 zugesagt.

Die Grundlage, das Solidaritätszuschlaggesetz (SolZG), wurde mehrfach verändert, was die finanziellen Regelungen angeht, aber wichtig ist hier vor allem, dass es sich dabei um eine Steuer des Bundes handelt. Laut Art. 105 Abs. 2 GG hat der Bund das Recht »zur konkurrierenden Gesetzgebung«. Das bedeutet, er hat legislativen Vorrang bei denjenigen Steuern, die ihm allein oder ihm und den Ländern gemeinsam zufließen. Welche das genau sind, das regelt Art. 106 GG, dort findet sich auch die Möglichkeit einer »Ergänzungsabgabe« zur Einkommen- und zur

Körperschaftsteuer. Das Aufkommen aus dieser Abgabe steht allein dem Bund zu. Es handelt sich beim Solidaritätszuschlag also definitiv nicht um eine Gemeinschaftssteuer. Seine erhobenen Finanzmittel müssen nicht mit den Ländern geteilt werden.

Eine Ergänzungsabgabe im Sinne des Verfassungsrechts wird im Grundgesetz zwar nicht definiert, der Bund kann aber sicher nicht jede zusätzliche Besteuerung des Einkommens als »Ergänzungsabgabe« rechtfertigen. Dann könnte er nämlich die im Grundgesetz festgelegte Teilung der Steuererträge von Einkommen- und Körperschaftsteuer zwischen Bund und Ländern umgehen – und ein beachtliches Aufkommen nach eigenem Gutdünken allein für sich generieren.

Kein Dauerzustand

Die Erhebung einer Ergänzungsabgabe muss also durch besondere Gründe gerechtfertigt sein, die über Sinn und Zweck von Einkommen- und Körperschaftsteuer hinausgehen. Es muss auch sachgerecht argumentiert werden, warum dieses Einkommen nur dem Bund zukommen soll, entgegen den verfassungsrechtlichen Verteilungsregeln bei der Gemeinschaftssteuer – der Steuerverteilung im Föderalismus und dem Finanzausgleich zwischen Bund und Ländern. Der einzige Grund, der hier legitim sein kann, ist ein zusätzlicher Mittelbedarf – allein auf Seite des Bundes, also eine vorübergehende »Bedarfsspitze« des Bundeshaushalts.

Dieser zusätzliche Finanzbedarf ist vielleicht nicht von vornherein zeitlich begrenzt, muss aber doch eine Ausnahmesituation darstellen und kann deshalb auch nur vorübergehend bestehen. Geht der Bund davon aus, dass er dauerhaft mehr Geld braucht, ist der Solidaritätszuschlag als »Ergänzungsabgabe« nicht das richtige Mittel. Dann muss das notwendige Budget entweder über eine entsprechende Anpassung der Einkommensteuer oder über eine Neuverteilung der Umsatzsteuer geschaffen werden.

Aus all dem folgt, dass eine legitime »Ergänzungsabgabe« auch nur einen eher geringen Prozentsatz der Einkommen- und Körperschaftsteuer ausmachen darf. Außerdem muss sie, wie geschildert, für einen real bestehenden und nachweisbaren zusätzlichen Finanzbedarf des Bundes verwendet werden. Im Fall der deutschen Wiedervereinigung war das so: Rund 95 Milliarden Euro flossen in den ersten Solidarpakt (1995 bis 2004), den sogenannten Aufbau Ost; weitere 150 Milliarden folgten im Rahmen des Solidarpakts II (2005 bis Ende 2019). Mit dem Ende dieses Solidarpaktes II tritt aber wieder eine »Normallage« ein, was die Finanzverfassung angeht.

»Reichensteuer« ist keine legitime Lösung

Viele Staatsrechtler sind deshalb wie ich der Ansicht, dass es nicht legitim wäre, den Solidaritätszuschlag auf weitere Zeiträume auszudehnen – auch nicht im Rahmen einer Übergangsregelung, die den Solidaritätszuschlag nun für die Bezieher kleinerer und mittlerer Einkommen streichen will. So ist im aktuellen Koalitionsvertrag von Union und SPD vorgesehen, dass 90 Prozent derjenigen, die derzeit den »Soli« entrichten, den Zuschlag ab 2021 nicht mehr abführen müssen. Nur noch die einkommensstärksten Steuerzahler sollen zahlen. Im Rahmen des Solidarpakts II tragen sie bereits jetzt die Hälfte der »Soli«-Einnahmen. Auf rund zehn Milliarden Euro müsste dann der Bund verzichten. Der kürzlich vorgelegte Gesetzesentwurf der Bundesregierung geht im Hinblick auf die »Abschmelzung« des Solidaritätsbeitrags sogar noch einen kleinen Schritt weiter.

Gemäß dem Verfassungsrecht können Steuern und Ergänzungsabgaben zwar grundsätzlich nicht nur aus fiskalischen, sondern beispielsweise auch aus sozialpolitischen Gründen heraus Staffelungen erfahren. Mit einer Belastung nur der höheren Einkommen würde aber deutlich, dass es dem Bundesgesetzgeber gar nicht mehr um die Erfüllung des ursprünglichen Erhebungszwecks geht, sondern um eine sozialpolitische Korrektur der Einkommensbesteuerung. Die Einführung einer solchen »Reichensteuer« darf jedoch höchstens über eine Änderung des Einkommensteuerrechts erfolgen. Das wäre grundsätzlich verfassungsgemäß. Es würde dann auch die Zustimmung des Bundesrates erfordern und die im Grundgesetz verbürgten Rechte der Länder wahren, an dem zusätzlichen Steueraufkommen zur Hälfte beteiligt zu werden.

Die FDP-Bundestagsfraktion, in deren Auftrag ich ein Gutachten über die Rechtmäßigkeit des »Soli« erstellt habe, kündigte einen Normenkontrollantrag in Karlsruhe an, wenn der Solidaritätszuschlag, in welcher Form auch immer, über den 1. Januar 2020 hinaus beibehalten würde. Dafür wären allerdings 25 Prozent der Abgeordneten nötig. Doch zum Bundesverfassungsgericht muss man zunächst gar nicht gehen. Viele Steuerzahler, die den Solidaritätszuschlag für unberechtigt halten, können Einspruch gegen ihren Steuerbescheid und Klage vor den Finanzgerichten erheben. Halten diese ebenfalls den »Soli« – jedenfalls ab 2020 – für verfassungswidrig, werden sie ihn aussetzen und ein Verfahren der Normenkontrolle beim Bundesverfassungsgericht einleiten. Das Risiko für den Bundeshaushalt, dass die Beiträge dann zurückgezahlt werden müssen, ist in jedem Fall sehr groß. Im Übrigen ist schon seit 2014 beim Verfassungsgericht ein Verfahren anhängig, das vom Niedersächsischen Finanzgericht angestrengt wurde, um zu klären, ob der »Soli« mit dem Grundgesetz vereinbar ist.

Bereits 2017 waren gemäß einer repräsentativen Umfrage von Infratest dimap für den ARD-Deutschlandtrend nur 18 Prozent der Deutschen dafür, den Solidaritätszuschlag beizubehalten. Die Mehrheit der Bürger hat den Eindruck, die Politik mache, was sie wolle; sie halte sich nicht an frühere Versprechen und betrüge den Steuerzahler. Wird das zu einem weiteren Vertrauensverlust in den Rechts- und Verfassungsstaat führen?

Gerecht ist anders

Wer sich wünscht, dass sich die Bürger mit ihrem Staat identifizieren und deshalb auch gerne ihren Teil dazu beitragen, dass er seinen Aufgaben nachkommen kann – zum Beispiel ehrlich ihre Steuern deklarieren –, der muss auch für Gerechtigkeit sorgen.

Nicht zuletzt haben die Panama Papers wieder einmal klargemacht, dass sich nicht wenige aus dem Kreis der internationalen Wirtschafts- und Politikeliten der Steuerpflicht entziehen – mit Briefkastenfirmen in Übersee. Der bisher größte bekannte Datenleak machte das deutlich. Die *Süddeutsche Zeitung* war Teil einer internationalen Recherchekooperation mit 400 Journalisten von mehr als 100 Medienorganisationen in rund 80 Ländern, die sich um Aufklärung bemühte. Die Tageszeitung beschrieb, wie in den Panama Papers nicht nur die organisierte Kriminalität als Nutznießer auftauchte, sondern richtete den Fokus auch auf zwölf aktuelle und ehemalige Staats- und Regierungschefs und deckte Spuren zu Dutzenden weiteren Spitzenpolitikern, ihren Familien, engsten Beratern und Freunden auf. Daneben finden sich fast 130 weitere Politiker aus der ganzen Welt unter den Kunden der panamaischen Kanzlei, darunter viele Minister. Die Commerzbank, die HSH Nordbank sowie die HypoVereinsbank waren wegen der Geschäfte zu Strafzahlungen in Millionenhöhe bereit. Zu den Klienten der Kanzlei Mossack Fonseca, die die Deals vermittelt hatte, gehörten mehrere Tausend Deutsche, die von mindestens 28 deutschen Banken dorthin vermittelt wurden.

Die Zeit wird zeigen, ob solchen Geschäften künftig ein Riegel vorgeschoben wird. Bis zum Sommer 2019 wurden jedenfalls bundesweit in rund 150 Fällen Steuerstrafverfahren eingeleitet oder bereits laufende Verfahren intensiviert. Dem Staat bescherte das nach Recherchen von NDR, WDR und *Süddeutscher Zeitung* Mehreinnahmen von rund 150 Millionen Euro, darunter gemäß der ARD-Tagesschau Steuermehreinnahmen von rund 4,2 Millionen Euro.

Der ehemalige SPD-Bundesfinanzminister Peer Steinbrück äußerte die Hoffnung, dass durch die Veröffentlichung der Panama Papers der Druck auf die Politik wachsen würde, gegen Steuerbetrug vorzugehen, denn neun von zehn Briefkastenfirmen würden nur zu diesem Zweck gegründet. Der Schaden durch Steuerausfälle belaufe sich in den betrogenen Bundesländern auf annähernd 200 Milliarden Dollar pro Jahr. Steinbrück plädierte für eine Umkehr der Beweislast bei anonymen Briefkastenfirmen. Für deutsche Banken schlug er eine Meldepflicht für solche Geschäfte vor. Gregor Gysi von den Linken forderte ein Verbot und die Knüpfung der Steuerpflicht an die Staatsbürgerschaft. Politiker der FDP wiederum verteidigten die Möglichkeit, anonym zu bleiben.

Strukturelle Vollzugsdefizite

Die Möglichkeit, über Briefkastenfirmen solche Geschäfte zu machen, sind strukturell bedingte Vollzugsdefizite in unserem Steuersystem. Sie verstoßen damit gegen den allgemeinen Gleichheitsgrundsatz (Art. 3 Abs. 1). Er verpflichtet die öffentliche Gewalt, vergleichbare Fälle auch gleich zu behandeln. Daraus leitet sich unter anderem das Gebot der Steuergerechtigkeit ab. Zwar enthält das Grundgesetz keine unmittelbaren Vorgaben zur

Besteuerung, aus dem Gleichheitsgebot, dem geforderten Schutz von Ehe und Familie (Art. 6 Abs. 1) sowie dem Sozialstaatsprinzip (Art. 20 Abs. 1) ergibt sich jedoch ein Werterahmen, der die Vektoren der Besteuerung festlegt, beispielsweise auch, dass die Steuer abhängig vom Einkommen ist (Besteuerung nach Leistungsfähigkeit) oder die Möglichkeit des Ehegattensplittings besteht – seit 60 Jahren umstritten, aber immer noch gültig.

Auf den Gleichheitsgrundsatz berief sich im Jahr 2003 ein Kläger, der sich an das Bundesverfassungsgericht wandte, weil er seine Gewinne aus Zerobonds nicht versteuert hatte und deshalb die Aufforderung zu einer hohen Strafzahlung erhielt. Der Kläger führte ein Urteil des Bundesverfassungsgerichts 1991 ins Feld, das die damals gültige Zinssteuerregelung als mangelhaft ablehnte. Die Richter hatten argumentiert, eine Steuer müsse für alle Betroffenen gleichermaßen gelten. Hänge es letztlich nur von der Ehrlichkeit des Bürgers ab, ob er zahlen müsse, sei die Steuer verfassungswidrig.

Die Dummensteuer

Jener Kläger führte aus, dass dies im Prinzip immer noch gelte, denn trotz des Abschlags von 30 Prozent, den die Banken einbehielten, würden erhebliche Summen am Finanzamt vorbei in Auslandsgeschäften angelegt. Nach Zahlen des Bundesfinanzministeriums waren das zu dieser Zeit 960 Milliarden Euro, doch nur rund 8,5 Milliarden Euro gingen als Kapitalertragsteuer an den Fiskus. Eine reine »Dummensteuer«, schrieb das Magazin Focus-MONEY damals. Der Kläger musste die Strafe nicht bezahlen. 2009 trat die pauschale Abgeltungssteuer für Kapitaleinkünfte in Kraft, die als Quellensteuer nun direkt von der Bank einbehalten und abgeführt wird.

Zur Steuergleichheit gehört also eine auch in der Realität gleichmäßige Belastung der Steuerbürger. Allerdings bezweifle ich, dass bei einem Steuervergehen die Möglichkeit der Selbstanzeige zu mehr Gerechtigkeit führt. Es ist ein Unikum des Steuerstrafrechts, dass man von Strafe befreit werden kann, obwohl man sich strafbar gemacht hat. Das ist eine politische Entscheidung, ob man lieber die Steuern kassiert, als eine Strafe zu verhängen – verfassungsrechtlich ist dagegen nichts zu sagen. Doch das Instrument der Selbstanzeige ist zumindest reformbedürftig. Bei internationalen Vorgängen sind zwischenstaatliche Vereinbarungen wie ein Steuerabkommen mit der Schweiz grundsätzlich unerlässlich. Nur sie können ein strukturelles Vollzugsdefizit ausschließen.

Die Weitergabe von Steuerdaten durch Dritte, die zum Beispiel Bankdaten kopieren und CDs erstellen, ist jedoch illegal und ein erheblicher Grundrechtseingriff, zum Beispiel im Fall des Präsidenten des FC Bayern München Uli Hoeneß, der Publizistin Alice Schwarzer oder des ehemaligen Bundespost-Geschäftsführers Klaus Zumwinkel. Der Bruch des Steuergeheimnisses ist rechtswidrig. Unsere Rechtsordnung sieht dafür scharfe Sanktionen vor. Das reicht von der Bestrafung bis hin zu einer Staatshaftung wegen Amtspflichtverletzung, wenn dem Betroffenen ein Schaden entstanden und ein schuldhaftes Fehlverhalten von Amtsträgern nachweisbar ist.

Seit 2017 gibt es nun ein globales Finanzinformationsaustauschsystem, den Automatischen Informationsaustausch (AIA). Er wurde von der OECD entwickelt und ist Bestandteil einer EU-Richtlinie (Richtlinie RL 2014/107 EU zur Änderung der Richtlinie 2011/16/EU), die seit dem 1. Januar 2017 in Kraft ist. Deutschland tauscht seine Daten mit 86 Staaten aus, darunter mit allen EU- und EFTA-Staaten, also auch der Schweiz, sowie allen G-20- und OECD-Staaten.

Cum-Ex: Das Darknet der Banken

Ein »Finanzaustauschsystem« ganz anderer Art waren die Cum-Ex-Geschäfte – Leerverkäufe von Aktien mit dem Ziel, sich illegal mehrfach die Kapitelertragsteuer erstatten zu lassen. Das funktionierte, weil die Papiere über Leerverkäufe mit (cum) Dividende vor dem Ausschüttungstag gekauft, aber erst nach dem Ausschüttungstag ohne (ex) Dividende geliefert wurden. Die beteiligten Banken sprachen sich bei den Geschäften ab und teilten den Gewinn. In elf europäischen Ländern entstand ein Schaden von mindestens 55,2 Milliarden Euro, davon allein über 31 Milliarden Euro in Deutschland. Das Bundesfinanzministerium hatte, wie sich herausstellte, seit mindestens 2002 von solchen Praktiken gewusst, es aber unterlassen, die europäischen Partnerländer zu warnen, vermutlich um Schwächen in der eigenen Steuerstruktur zu decken. Die Bundesanstalt für Finanzdienstleistungsaufsicht (BaFin) vermutet, dass etwa 40 deutsche Kreditinstitute beteiligt waren.

Auch die Cum-Ex-Affäre, der bisher größte bekannte internationale Steuerbetrug, ist ein eklatantes Beispiel für ein strukturelles Vollzugsdefizit, das über Jahre aufrechterhalten wurde. Aufgeklärt wurden die Praktiken erst durch mehrere Whistleblower und die Arbeit der Recherche-Kooperative Correctiv. Einer davon, der Stuttgarter Wirtschaftsanwalt Eckart Seith, ist im Frühjahr 2019 von einem Zürcher Gericht wegen Verletzung des Bankgeheimnisses zu einer Geldstrafe verurteilt worden. Im Frühjahr 2019 einigten sich das Europäische Parlament und der Rat auf eine Richtlinie für den einheitlichen straffreien Umgang mit Whistleblowern, die Verstöße gegen das EU-Recht öffentlich machen. Bis 2021 muss sie auch in Deutschland umgesetzt werden.

Eigentum für alle?

Manche Menschen glauben, wenn man Geld und Vermögen anders verteilte, führte das zu mehr Gerechtigkeit. So einfach ist das leider nicht. So gibt es in Berlin eine Liste, die über ein Volksbegehren »Deutsche Wohnung & Co. enteignen« großen Immobilienunternehmen ihr Eigentum wegzunehmen sucht, in dem Bestreben, die Mietpreisspirale zu bremsen. 77 001 Unterschriften wurden im Juni 2019 dem Senat übergeben. 20 000 reichen nach Prüfung aus, um ein Volksbegehren einzuleiten.

Allerdings wäre der Gegenstand dieses Volksbegehrens eindeutig unzulässig, wie ich bereits in mehreren Interviews festgestellt habe. Zwar steht in Art. 14 GG, dass Eigentum verpflichtet und sein Gebrauch dem Allgemeinwohl dienen sollte – aber nicht nur. Eine Enteignung sieht das Grundgesetz nur unter sehr eingeschränkten Bedingungen als zulässig an, die im Falle der Berliner Wohnungsunternehmen eindeutig nicht erfüllt wären. Entsprechendes gilt für die Eigentumsgarantie der Berliner Landesverfassung. Die Berliner Landesverfassung sieht im Übrigen eine Sozialisierungsermächtigung gar nicht vor; der durch sie gewährleistete Eigentumsschutz geht mithin über den des Grundgesetzes hinaus, was durchaus beachtlich ist. Der Art. 15 GG, der eine Vergesellschaftung von Grund und Boden, Naturschätzen und Produktionsmitteln gegen Entschädigung und mit dem Ziel der Gemeinwirtschaft vorsieht, ist nie angewendet worden. Er ist 1949 ins Grundgesetz aufgenommen worden, als man planwirtschaftliche Entwicklungen noch nicht ausschließen konnte. Schon im Parlamentarischen Rat hatte man sich aber gleichzeitig darauf verständigt, im Grundgesetz keine spezielle Wirtschaftsordnung festzuschreiben, sondern sie der Entwicklung der jungen Republik zu überlassen. So ist auch das Bundesverfassungsgericht stets dem Versuch entgegengetreten, aus der Verfassung ein bestimmtes ökonomisches Ordnungsmodell ableiten zu wollen. Doch auch wenn das Grundgesetz keine wirtschaftspolitische Programmatik enthält, macht die Bindung an die verschiedenen Grundrechte doch deutlich, dass zum Beispiel eine Zentralverwaltungs- oder Zentralplanwirtschaft nicht dem Geist unserer Verfassung entspricht. Im Prinzip kann im Rahmen des Grundgesetzes aber jedes Parlament die ihm sachdienlich erscheinende Wirtschaftspolitik verfolgen.

Der Grundrechtskatalog der Verfassung gewährt jedem Einzelnen einen Anteil an der Sozial- und Wirtschaftsgestaltung unseres Landes. Jeder Bürger soll eigenverantwortlich, autonom und durchaus auch mit privatnütziger Zielsetzung an der Wirtschafts- und Gesellschaftsordnung mitwirken. Die Eigentumsgarantie ist ein wichtiges Grundrecht dieses privaten Handelns. Sie schließt in jedem Fall eine Diktatur des politischen Systems über die Wirtschaft aus. Gleichzeitig beinhaltet sie das Recht, sich nicht nur im Sinne der Gesellschaft zu verhalten, sondern auch als Homo oeconomicus nach ganz eigenen Gesichtspunkten zu handeln.

Natürlich ist es im Sinne des Gemeinwohls, dass Wohnen auch für den Durchschnittsbürger bezahlbar sein sollte. Statt aber einen totalen Entzug des im Grundgesetz so geschützten Eigentums vorzunehmen, könnte man zu »weicheren« Mitteln greifen, etwa das Grundeigentum mit stärkerer Sozialbindung versehen, was weitgehend regulierende Eingriffe und Beschränkungen durch den Staat möglich macht. Oder aber auch die Förderung von Wohnungsbau. Die Berliner Initiative zielt außerdem nicht auf eine allgemeine Änderung der Eigentumsordnung von Grund und Boden (im Sinne von Artikel 15), sondern auf bestimmte Unternehmen, deren Besitz in eine Anstalt Öffentlichen Rechts überführt werden soll. Ein solches Verfahren geriete auch in Widerspruch zum grundgesetzlichen Gleichheitssatz.

Im Zusammenhang mit den Wohnungsmieten in Berlin zeichnet sich ein weiterer Verfassungsverstoß ab. Der vom Berliner Senat geplante »Mietendeckel« wäre eine Regelung, für die das Land Berlin nach dem Grundgesetz gar nicht zuständig ist. Das Recht der Wohnungsmiete, einschließlich des sogenannten sozialen Mietpreisrechts, ist eine Angelegenheit des Bundes und im Bürgerlichen Gesetzbuch (BGB) als Teil des »bürgerlichen Rechts« abschließend geregelt.

Guck-in-die-Luft

Sträflich ist es auch, wenn die Mitgliedstaaten europäisches Recht ignorieren. Diesen Vorwurf muss sich auch die Bundesrepublik immer wieder gefallen lassen. Ein besonders spektakulärer Fall ist die Luftverschmutzung durch den Autoverkehr. Die EU-Kommission hat beim Gerichtshof der Europäischen Union Klage gegen die Bundesrepublik Deutschland und andere eingereicht, weil die Grenzwerte für Stickstoffdioxid (NO_2) (Richtlinie 2008/50/EG b) nicht eingehalten werden. Allein 2017 starben nach Angaben der Europäischen Umweltagentur in Deutschland 10 000 Menschen an diesem Schadstoff. Dennoch haben die Verantwortlichen keine geeigneten Maßnahmen ergriffen, um die Zeiträume, in denen die Grenzwerte überschritten werden, so kurz wie möglich zu halten.

Stattdessen wurde nach für die Autolobby akzeptableren Lösungen gesucht. Das Bundesverwaltungsgericht in Leipzig hat 2018 in zwei Urteilen zu den Luftreinhalteplänen für Stuttgart und Düsseldorf Grundsätze für die Verhängung von Dieselfahrverboten aufgestellt. Es hat einerseits betont, dass Dieselfahrverbote verhängt werden müssten, wenn sich die Einhaltung der europarechtlich vorgegebenen Stickstoffdioxidgrenzwerte anders nicht erreichen ließe. Andererseits müssten solche Fahrverbote aber auch dem Grundsatz der Verhältnismäßigkeit entsprechen, was (befristete) Ausnahmeregelungen für bestimmte Personengruppen oder Fahrzeugklassen erforderlich machen könne. Kanzlerin Angela Merkel griff das auf und kündigte an, Fahrverbote bei geringfügigen Überschreitungen der EU-Grenzwerte als »unverhältnismäßig« abzuwehren.

Für die Stadt Frankfurt hat das Verwaltungsgericht Wiesbaden ebenfalls 2018 entschieden, dass ab 2020 in den Umweltzonen Fahrverbote für ältere Diesel und Benziner gelten. Richter Rolf Hartmann übte Kritik an der Politik. Die hessische Landesregierung trage wesentlich Verantwortung dafür, dass der seit 2010 geltende Grenzwert nicht eingehalten werde; außerdem habe sie über die Gesundheitsgefährdungen nicht aufgeklärt.

Das Umweltbundesamt hat für 2018 festgestellt, dass in 57 Städten, darunter Berlin, München, Hamburg und Köln, der NO_2-Grenzwert überschritten wurde. Und während die CSU dafür eine ungünstige Auswahl der Messstellen verantwortlich machte, verschärfte der Europäische Gerichtshof mit seinem Urteil vom Sommer 2019 die Regeln weiter: Es reichten schon die überhöhten Werte einzelner Messstationen, um eine Gesundheitsgefahr durch Feinstaub oder Stickstoffdioxid auszumachen. Durchschnittswerte für ein größeres Gebiet oder einen Ballungsraum wurden verworfen, denn die Messungen seien so einzurichten, dass sie Informationen über die am stärksten belasteten Orte lieferten. Die Gefahr unbemerkter Überschreitungen von Grenzwerten müsse minimiert werden. Wenn nicht nur die Gesundheitsgefahren für die Bürger, sondern auch die rechtliche Situation weiter ignoriert werden, kann das auch finanziell teuer werden, weil die EU dann zu Recht finanzielle Sanktionen verhängt.

Angesichts drohender Fahrverbote wird mit besonderem Nachdruck immer wieder darauf hingewiesen, dass diese Grenzwerte willkürlich oder politisch gewählt seien und nicht auf naturwissenschaftlich-medizinischer Grundlage beruhten. Dies erscheint mir eine ziemlich untaugliche Argumentation: Selbstverständlich basieren normativ festgelegte Grenzwerte immer auch auf politischen Abwägungen; sie sind selten ausschließlich das Ergebnis naturwissenschaftlich-technischer oder medizinischer Erkenntnisse. Und natürlich spielen auch politische und ökonomische Interessen eine Rolle. Wenn solche Grenzwerte dann aber vom – europäischen oder nationalen – Gesetzgeber festgelegt wurden, sind sie verbindliches Recht, sie sind zu beachten und umzusetzen. Dann macht es keinen Sinn mehr, rückwirkend an den Grundlagen schrauben zu wollen. Deutschland, das an der Festlegung der Grenzwerte selbst beteiligt war, kann später nicht die Position einnehmen, dass sie unnötig, unpraktisch, ökonomisch nicht zumutbar seien oder der faktischen Gesundheitsgefahr nicht entsprächen.

Solange die Grenzwerte nicht in einem gesetzgeberischen Verfahren geändert werden, sind sie zu beachten. Die Verwaltungsgerichte tun gut daran, geltendes Recht und seine unionsrechtlichen Vorgaben ungeachtet aller Proteste aus der Politik und den betroffenen Wirtschaftskreisen durchzusetzen – auch wenn das darauf hinausliefe, dass eine Vielzahl von Kraftfahrzeugbesitzern in Kürze von einschneidenden Fahrverboten in innerstädtischen Bereichen betroffen sein wird. Das wird den Druck auf die Politik erhöhen, endlich etwas für bessere Luft in unseren Städten zu tun. Im Übrigen gibt es weitere Beispiele dafür, dass Deutschland verbindliche Grenzwerte des EU-Rechts nicht einhält und damit gegen geltendes Recht verstößt. Ich nenne hier die Grenzwerte zum Schutz des Grundwassers vor allzu viel Nitrat.

Ein weiteres Beispiel für ein Vollzugsdefizit und die damit verbundene Erosion von Rechtsstaatlichkeit ist die sogenannte Dieselkrise. Volkswagen hatte im Herbst 2015 zugegeben, in mehrere

Millionen Diesel-Pkws eine Vorrichtung eingebaut zu haben, die bei Abgaskontrollen deutlich niedrigere Schadstoffwerte anzeigten, als tatsächlich auf der Straße ausgestoßen wurden. Inzwischen sind Abgasmanipulationen auch bei anderen Fahrzeugunternehmen bekannt geworden. Während die Hersteller sich auf »Fahrlässigkeit« und Missverständnisse im Rahmen einer »komplexen Gesetzgebung« herausreden, sind Ermittler in den USA und Europa der Ansicht, dass es sich um gezielte Manipulationen handelte, um Autos mit scheinbar »sauberer« Abgastechnologie zu verkaufen. Der Skandal hat zu einem erheblichen Verlust an Renommee bei Produkten »Made in Germany« geführt; nicht nur international ist das Vertrauen in die Qualität in Deutschland produzierter Technik geschrumpft, sondern auch beim deutschen Verbraucher, der vielleicht gerade ein Dieselfahrzeug gekauft hatte, um schadstoffärmer zu fahren, aber womöglich arglistig getäuscht wurde. Die Politik, müssen wir konstatieren, setzte zwar verbindliche Abgasgrenzwerte fest, war aber gar nicht willens oder in der Lage, für ihre Einhaltung zu sorgen.

Im Zweifel für die Autolobby?

Die Abgasmanipulationen sind tatsächlich ein Riesenskandal. »Das, was wir gemacht haben, war Betrug«, sagte VW-Chef Herbert Diess im Sommer 2019 in einer Talkshow, und sein Unternehmen hatte hinterher alle Mühe, die Folgen abzumildern, indem es erklärte, dieser Satz sei nicht rechtlich zu verstehen. Auch die Bundesregierung ist offenbar um Schadensbegrenzung bemüht, denn in ihrer Reaktion auf die Manipulationen hält sie sich auffällig zurück.

Das ist nicht nur skandalös an sich, sondern auch ein Verstoß gegen die Vorschriften zur Typengenehmigung in der Europäischen

Union. Sie fordern, dass die Mitgliedstaaten über wirksame, verhältnismäßige und abschreckende Sanktionssysteme verfügen, um Autohersteller davon abzuhalten, gegen geltendes Recht zu verstoßen. Abhilfemaßnahmen müssen angeordnet und Sanktionen verhängt werden. Die Kommission hat die Bundesrepublik aufgefordert, darüber Bericht zu erstatten, und sie hat weitere Schritte in ihren Vertragsverletzungsverfahren unternommen, welche die Missachtung der EU-Vorschriften für die Typengenehmigung von Fahrzeugen betreffen.

Bisher ohne Ergebnis bleibt die Diskussion über Bußgeldzahlungen in Milliardenhöhe, die der Staat gegen Volkswagen und andere Hersteller verhängen könnte. Der Verkehrsminister argumentiert, dass zum Beispiel VW und Audi bereits Bußgelder von 1,8 Milliarden Euro an den Staat gezahlt hätten. Die Höhe dieser Bußen könnte jedoch aus rechtlicher Sicht weit höher ausfallen. Die Nähe zwischen Autoindustrie und Politik hat bislang auch verhindert, dass ältere Fahrzeuge zurückgekauft wurden, wie es in einem Konzept des Kanzleramts zunächst vorgeschlagen worden war, oder dass die Autokäufer einen Ausgleich für den Wertverlust ihres Fahrzeugs erhalten.

Ich finde diese Entwicklung mehr als bedenklich. Wenn in der Bevölkerung der Eindruck entsteht, diejenigen, die Macht haben, könnten sich aus dem Recht ausklinken, ist das eine Gefahrenlage für die Rechtsstaatlichkeit in unserer Republik. Wie wollen wir erwarten, dass sich Verkehrsteilnehmer an die Vorschriften halten, wenn sie in einem Fahrzeug sitzen, das selbst einen massiven Regelverstoß repräsentiert? Welches Signal setzt es für die Verlässlichkeit unseres Rechtssystems, wenn gerade die einflussreichste deutsche Industrie anscheinend auf »Deals« mit der Politik setzt?

Gesetzgebung als (Symbol-)Politik

Fragt man in Berlin einen Taxifahrer auf dem Weg nach Tegel nach der Fertigstellung des neuen Flughafens Berlin-Brandenburg (BER), grinst der nur vergnügt. Seit acht Jahren sollte die Hauptstadt-Drehscheibe fertig sein, gerade wurde das Datum der Inbetriebnahme erneut verschoben. Vermutlich lohnt es sich gar nicht mehr, über weitere Zeitpunkte zu reden. »Wie kann das sein?«, fragt sich der durchschnittliche Bürger. Schlamperei? Missmanagement? Vielleicht, aber nicht nur. Die exzessive Normierung in Deutschland, sagen Experten, führt auf allen Großbaustellen zu Problemen. In Schönefeld zum Beispiel müssen über 800 technische Anlagen vom TÜV abgenommen werden.

So gesehen ist die Bundesrepublik Deutschland auch eine Art Großbaustelle, denn die ständig wachsende Regulierung durch Gesetze trägt nicht zu deren Fortkommen bei. In immer mehr gesellschaftliche oder auch persönliche Bereiche wird vom Staat reinregiert. Kaum tritt ein Problem auf, vielleicht auch nur vermeintlich, wird sofort die Gesetzesmaschine angeworfen. Da werden Normen produziert, ohne Rücksicht darauf, ob sie jemals vollzogen werden, weil das keine Bürokratie mehr zu finanziell tragbaren Bedingungen schafft. So ein Normenüberhang aber, der nur zu erheblichen Vollzugsdefiziten führt, schürt zwangsläufig die Politikverdrossenheit der Bevölkerung. Denn: Recht wird schon längst mit Überregulierung gleichgesetzt und dadurch im Kern verkannt.

Wie kommt es zu dieser »Verrechtlichung« im Übermaß? Meine Antwort darauf ist: Anstatt einen politischen Diskurs zu führen um den Ausgleich unterschiedlicher Interessen, wie es sich für eine lebendige Demokratie gehört, versuchen Politiker gerne, einen einmal erreichten Status festzuschreiben, quasi einzuzementieren. Gesetzgebung wird dann zum Politikersatz und zur

Symbolpolitik. Es wird auch immer gleich nach dem Staat und nach staatlicher Regulierung gerufen, wo zivilgesellschaftliche Selbstregulierung durchaus möglich und ausreichend wäre.

Keine rechtliche Rundumversorgung

Über Jahrhunderte entwickelte sich das Recht vor allem als Folge der unaufhaltsamen Säkularisierung der Gesellschaft. Staatliche Gesetze lösten religiöse oder traditionelle Ordnungsmodelle ab. Mit der Dynamik der Industrialisierung wurden die gesellschaftlichen Strukturen immer differenzierter und komplexer, sie erforderten immer mehr rechtliche Regulierung.

Interessant dabei ist, dass der Wandel vom liberalen zum sozialen Rechtsstaat (Art. 20 GG) sehr viel Anteil an der Verrechtlichung unseres Landes hat. Über 40 Prozent des Bundeshaushalts entfallen allein auf den Bereich Arbeit und Soziales. Um diesen riesigen Bereich auszugestalten, sind gesetzliche Grundlagen notwendig. Doch der Kern unserer Verfassung ist die Freiheit, das müssen wir uns immer wieder vergegenwärtigen. Das bedeutet auch, dass Gesetze nicht primär dafür da sind, uns irgendetwas zu garantieren, sondern prinzipiell dazu dienen sollten, ein selbstbestimmtes Leben in Freiheit und Sicherheit zu ermöglichen. Sie können dann zwar auch unsere Freiheitsrechte beschränken – aber das sollten sie nur dann tun, wenn das für unser Zusammenleben notwendig ist. Unsere Verfassung zielt vor allem auf die Sicherung von Selbstbestimmung und damit auch Selbstverantwortung. Diese freiheitsrechtliche Grundstruktur unserer Verfassung bedeutet, dass wir keinesfalls darauf setzen dürfen, dass der Staat uns eine Rundumversorgung gewährleistet. Wir leben nicht in einem Fürsorgestaat; wir haben ein Verfassungssystem, das von der Eigenverantwortung, von der Selbstbestimmung des Einzelnen ausgeht. Das sozialstaatliche Solidaritätsprinzip greift vor allen Dingen dann, wenn es um Risiken geht, um Lasten, die der Einzelne sinnvollerweise selbst nicht mehr schultern kann.

Wer aber gibt den Anstoß für die vielen Gesetze? Die Initiatoren der Gesetzgebung sind immer öfter auf der Seite der Exekutive zu finden: Bundes- und Landesministerien speisen ihre Verwaltungserfahrungen ein und münzen sie in zuweilen recht detailverliebte Normenwerke um. Und schließlich muss auch die Normsetzung der Europäischen Union in deutsche Gesetze umgesetzt oder eingearbeitet werden. Gerade hier treffen wir aber auch auf eine zunehmende Überregulierung. Die EU-Kommission scheint ihre Legitimation in einem permanenten Prozess der Normenproduktion zu suchen.

Mehltau im Gesetzesdickicht

Schaffen mehr Gesetze mehr Recht? Nicht unbedingt. Paradoxerweise trägt gerade das Übermaß an gesetzlichen Regelungen zur Erosion des Rechtsstaats bei, denn es behindert Anpassung und notwendige Veränderung. Das beklagt zum Beispiel die Wirtschaft im Hinblick auf die Globalisierung und den disruptiven Wandel industrieller Prozesse. Normendickicht und bürokratische Hürden überfordern oft auch den Durchschnittsbürger – das fängt bei der Abgabe der Steuererklärung an und endet noch lange nicht bei dem Versuch, sich mit einer selbstständigen Tätigkeit eine Existenz aufzubauen. Gemäß einer Studie der HHL Leipzig Graduate School of Management beträgt der bürokratische Aufwand für Gründungen von Start-up-Unternehmen in Kanada 1,5 Tage, in Deutschland 10,5 Tage. Es ist also kein Wunder, dass die Zahl solcher Unternehmensgründungen bei uns rückläufig ist. Nach Erhebungen der Förderbank KfW gab es 2018 noch 547 000 Gründer, das sind 10 000 weniger als im Vorjahr. Im Verhältnis zu 2016 ist die Zahl sogar um 100 000 zurückgegangen. Das beruht sicherlich nicht allein, aber doch zu einem großen Teil auf einer Rechtsordnung, die offenbar als »gründerfeindlich« zu bewerten ist.

Wie Mehltau hat sich in Deutschland eine Schicht von Überregulierung über das notwendige Maß an Regulierung gelegt. Der Staat »verzettelt« sich. Und dazu zähle ich auch diesen Hang zur Überreglementierung, die zunehmende Tendenz in der Politik, dass immer dann, wenn mögliche oder vermeintliche Probleme in der Gesellschaft auftreten, sofort die Gesetzesmaschine angeworfen wird und Normen produziert werden, ohne Rücksicht darauf, ob diese überhaupt jemals irgendjemand vollziehen kann.

Gesetzgebung wird so zur Symbolpolitik. Wir haben in Deutschland, jedenfalls aufs Ganze gesehen, wirklich kein Gesetzesdefizit, höchstens ein Vollzugsdefizit. Das liegt daran, dass unser Dickicht an Regulation und Normen von keiner Bürokratie mehr zu finanziell tragbaren Bedingungen zu durchdringen ist.

Das Vollzugsdefizit, das ist völlig verständlich, führt zur Politikverdrossenheit in der Bevölkerung. Wenn wir dem nicht entgegensteuern, könnte diese Entwicklung die gesamte Rechtsordnung infizieren und den Rechtsstaat massiv schwächen. Regierung und Parlament sind hier gefordert. Der Staat darf sich nicht »verzetteln«. Bevor man die Gesetzesmaschinerie neu anwirft, sollte man überdenken: Muss der Staat sich überhaupt dieses Feldes annehmen? Wo sind Gesetze notwendig, und wo sollte man eher darauf vertrauen, dass Selbstbestimmung, Selbstverantwortung und zivilgesellschaftliche Selbstregulierung zu einem Ausgleich führen? Mitunter bietet auch das allgemeine Zivil-, Straf- und Verwaltungsrecht hinreichenden Schutz, sodass man auf die Vorschriften von Spezialgesetzen verzichten kann.

Recht soll schützen, nicht maßregeln

Recht soll in erster Linie nichts eindämmen, sondern zur Entfaltung bringen – es soll vor allem Eigenverantwortung und Selbstbestimmung garantieren und schützen, ob es nun um die persönliche Entwicklung oder um soziale Beziehungen geht. Nicht zufällig steht das Bekenntnis zur Unantastbarkeit der Würde des Menschen an der Spitze der Verfassung, gefolgt vom Grundrechtskatalog mit seinen Menschen- und Bürgerrechten. Das Recht hat vor allem der Gewährleistung eines freiheitlichen Status des Menschen zu dienen, der Sicherung seiner eigenverantwortlichen, selbstbestimmten Lebensführung.

Selbstverständlich muss Recht auch, wenn und wo nötig, ordnend, gestaltend und lenkend eingreifen – vor allem aber mit dem Ziel, dass Eigenverantwortung und Selbstbestimmung für jeden Menschen Realität werden können. Die Freiheiten des Einzelnen müssen mit den Erfordernissen des Gemeinwohls und den Rechten anderer in Einklang stehen. Wer gleich nach dem Gesetzgeber ruft, wenn er vermeintliche Missstände ausmacht, sollte bedenken, dass jede staatliche Intervention zugleich einen Eingriff in individuelle Freiheit bedeutet. Sie verringert vielleicht Risiken, schränkt aber gleichzeitig auch Optionen und Chancen ein. Der Staat kann dem Einzelnen Verantwortung abnehmen, er beraubt ihn damit aber seiner Initiativkraft. Je intensiver Lebensbereiche oder gesellschaftliche Prozesse durchnormiert werden, desto mehr läuft die Rechtsordnung Gefahr, allmählich die Eigenverantwortung und Selbstbestimmung des Einzelnen, die sie ja eigentlich und vorrangig sichern sollte, zu ersticken.

Ist das Schicksal einklagbar?

Ein legendärer früherer Präsident des Bundesverwaltungsgerichts, Fritz Werner, hatte schon vor über 50 Jahren den entscheidenden Punkt getroffen: Der Einzelne, so Werner, neige immer mehr dazu, alle persönlichen und gesellschaftlichen Konflikte als Rechtskonflikte zu erleben und das Schicksal als einklagbaren Rechtsverlust zu sehen. Was würde Fritz Werner wohl erst zu den heutigen Zuständen sagen, wo alles und jedes zu einem juristischen Thema werden kann?

Das Recht kann keinen Lebensplan liefern und keine Vollversicherung bieten, weder für den Einzelnen noch für die Gesellschaft insgesamt, zumal in einer sich im Großen wie im Kleinen rasant verändernden Welt, auf die wir uns alle permanent einstellen müssen. Das Recht hat diese Prozesse der Anpassung zu unterstützen, es kann sie aber nicht für uns vollziehen und die Anpassung dem Menschen gleichsam abnehmen. Daher plädiere ich sehr entschieden dafür, dass die Rechtsordnung vermehrt wieder zu Eigenverantwortung und Eigeninitiative ermutigen und diese sichern sollte.

Der Filz des Steuerrechts

Das bedeutet nicht, einem unkontrollierten Manchester-Liberalismus oder einer Ellenbogengesellschaft das Wort zu reden. Aber bedenken Sie Folgendes: Je mehr das Recht, beispielsweise das Steuerrecht, zu Lenkungszwecken eingesetzt wird, desto größer wird die Dichte des normativen Regelungswerkes. Dies hat mehrere Folgen: Wenn das Recht zu komplex wird, droht es seinen eigentlichen Zweck zu verfehlen. Je detaillierter die Vorschriften, desto mehr Möglichkeiten bieten sie auch, sie legal wie illegal zu umgehen. Ein Übermaß an gesetzlicher Normierung führt außerdem zu Defiziten in der Rechtsdurchsetzung und im Gesetzesvollzug.

Ein anschauliches Beispiel dafür bietet das Steuerrecht. Immer wieder haben sich die politischen Parteien das Ziel einer großen Steuerreform auf die Fahne geschrieben. Das komplizierte Recht sollte vereinfacht, die Steuerlast geringer werden. Nichts davon ist passiert – im Gegenteil. Das Thema wurde nämlich immer wieder schnell aus der aktuellen politischen Tagesordnung gestrichen. Die Einnahmen werden schlicht gebraucht, um die über die Jahre stetig gewachsenen Staatsaufgaben – und damit auch Staatsausgaben – zu finanzieren. Denn eines ist ganz klar: Wirkliche Steuersenkungen und nicht bloße Umschichtungen der Abgabelasten sind nur möglich, wenn sich der Staat aus bestimmten Aufgaben zurückzieht.

Selbst das vergleichsweise bescheidene Ziel einer aufkommensneutralen Entschlackung und Vereinfachung des Steuerrechts wird behindert durch die vielfältigen Aufgaben, die der Staat sich gegeben hat. Denn es gibt ja nicht nur das »klassische« Steuerrecht – es wird überdeckt von einer Vielzahl von Gestaltungs- und Lenkungsmechanismen, Steuervergünstigungs- und Subventionstatbeständen, die alle einen Beitrag zu der Kompliziertheit und Intransparenz dieser Rechtsmaterie leisten. Es gibt praktisch heute keine irgendwie ins Gewicht fallende Steuer, die nicht in mehr oder minder großem Umfang auch wirtschafts- und sozialpolitischer Lenkung dient.

Staatsaufgaben führen zu Gesetzesflut

Mit anderen Worten: Gute Rechtspolitik und gute Gesetzgebung lassen sich von der staatlichen Aufgabenpolitik nicht trennen. Die kontinuierliche Ausdehnung der Staatsaufgaben über Jahrzehnte hinweg hatte nicht nur zur Folge, dass die Staatsquote, also die staatlichen Ausgaben im Verhältnis zum Bruttosozialprodukt, inzwischen etwa bei 43 bis 44 Prozent liegt. Gleichzeitig wurden immer mehr rechtliche Regelungen notwendig. Aufgabenexpansion und Gesetzesflut sind oft nur zwei Seiten ein und derselben Medaille. Deregulierung und bürgerfreundliche Vereinfachung des Rechts setzt also eine Verringerung der Staatsaufgaben voraus.

Was sollte also geschehen? Wie könnte man sich das praktisch vorstellen? Das deutsche Staats- und Verfassungsverständnis kennt keinen geschlossenen Kanon staatlicher Aufgaben. Prinzipiell kann der Staat in allen gesellschaftlichen Bereichen Gesetze erlassen oder exekutiv aktiv werden. Das gilt vor allem im Hinblick auf die verfassungsrechtliche Entscheidung zugunsten der Sozialstaatlichkeit. Dem Staat, zumal dem Sozialstaat, und seinen demokratisch legitimierten Organen ist es gestattet, flexibel und nach wechselnden politischen Opportunitäten die Gesellschaft zu gestalten.

In der Praxis hat das allerdings dazu geführt, dass der Staat sich immer mehr als ambitionierter Dienstleister versteht. Seine rechtsstaatlichen Kernaufgaben wie die Gewährleistung von Freiheit und Sicherheit im Innern und nach außen nimmt er immer weniger wahr. Diese Entwicklung bedarf dringend eines politischen Korrektivs. Sinnvoll wäre eine periodische Überprüfung der Staatsaufgaben, ob sie überhaupt noch angebracht sind und den aktuellen politischen Prioritäten noch entsprechen oder ob sie nicht vielleicht besser in privater Trägerschaft erfüllt werden könnten.

Sinnvoll wäre es auch, bestimmte Gesetze zeitlich zu befristen – vor allem solche, die auf neuartige und aktuelle Problemlagen reagieren. Nicht nur die einzelnen Staatsaufgaben sollten dabei kritisch überprüft werden, sondern das damit zusammenhängende Gesamtvolumen staatlicher Interventionen, Lenkungsmaßnahmen und Regulierungen. Denn ein Übermaß an übernommenen Staatsaufgaben wendet sich zwangsläufig gegen die Leistungsfähigkeit des Staats. Weniger ist in jedem Fall mehr.

Eine sinnvolle Deregulierung schmälert nicht die Rechtsordnung an sich, sondern befreit sie von Ballast. Es geht um den Abbau des Übermaßes. Übermaß trägt dazu bei, den Rechtsstaat zu zersetzen, denn es erstickt die freiheitssichernden Funktionen des Rechts. Es provoziert Vollzugsdefizite, vielfach allein schon aus Kapazitätsgründen. Missbrauch und Umgehung der Gesetze werden leichter.

Eilige Kompromisse statt Klarheit

Recht soll nicht nur von seinen Inhalten her, sondern auch im technischen und handwerklichen Sinne »gutes« Recht sein. Mit der Frage, wie man dahin kommt, beschäftigt sich seit Jahren eine eigene juristische Disziplin, die sogenannte Gesetzgebungslehre. Die gegenwärtige Gesetzgebung folgt allerdings eher dem eiligen Kompromiss, sucht mehr den aktuellen Ausgleich als eine dauerhafte, folgerichtige Struktur. An Problembeschreibungen, aber auch Ratschlägen und Empfehlungen zur Verbesserung der Gesetzgebungspraxis fehlt es von juristischer Seite nicht. Auch die mangelnde Bestimmtheit, Klarheit und Verständlichkeit ist mehrfach vom Bundesverfassungsgericht thematisiert worden. Die zunehmende Verflechtung und Unübersichtlichkeit unserer

Rechtsordnung macht es selbst für Juristen schwer, den Gesetzesdschungel noch zu durchdringen.

Ein Beispiel: Anlass für ein Verfahren vor dem Bundesverfassungsgericht war im Jahr 2003 eine Vorschrift des Bürgerlichen Gesetzbuches zur Frage, ob Kindergeld auf den Kindesunterhalt anzurechnen sei. Diese Vorschrift macht die Antwort von mehreren Faktoren abhängig, die Kindergeld-, Unterhalts-, Steuer- und Sozialhilferecht betreffen. Das Bundesverfassungsgericht erachtete dies zwar noch als mit dem Grundgesetz vereinbar. Es betonte jedoch, wie bedenklich es sei, wenn die praktische Folge einer gesetzlichen Regelung von einem ganzen Bündel weiterer Regelungen in anderen Bereichen abhängig sei. Denn ein Gesetz müsse klar und in seiner Konsequenz sicher sein. Die gesetzgebenden Organe seien, so damals das Gericht, auch von der Verfassung her aufgefordert, Regelungen zu treffen, deren Folgen abschätzbar sind.

Rechtsklarheit und Vorhersehbarkeit der Wirkungen – das sind hehre Ziele und ein verfassungsrechtliches Gebot. Allerdings stoßen die juristische Fachsprache und die Regelungstechnik des Gesetzgebers unvermeidlich an Grenzen, wenn es um Fragen der Allgemeinverständlichkeit geht. »Denke wie ein Philosoph und rede wie ein Bauer«, hatte der Rechtstheoretiker Rudolf von Jhering (1818–1892) gefordert. Das wird wohl ein frommer Wunsch bleiben. Und trotzdem müssen sich Regelungsziel, Grundwertungen und Inhalt eines Gesetzes auch einem juristischen Laien erschließen.

Zudem ist auch das politische System der Bundesrepublik Deutschland schwerfällig. Seine Entscheidungsverfahren sind umständlich und werden durch zahlreiche Blockademöglichkeiten verlangsamt. Die Parteienlandschaft zersplittert immer mehr, die großen Volksparteien verlieren an Einfluss und an Gewicht, und über die Mitwirkungsrechte des Bundesrates und damit der

Landesregierungen an der Bundesgesetzgebung wird der Kreis der für eine Koalition zu gewinnenden Parteien immer größer. Entsprechend vielfältig und kompromissorientiert werden die von der Politik beschlossenen Gesetze.

Für den Bestand des Rechtsstaats ist es also auch wichtig, dass der Staat sich effizient steuern lässt und handlungsfähig ist, dass das Wahlrecht praktikabel bleibt, also beispielsweise nicht zu einer »Aufblähung« des Parlaments führt, und die bundesstaatliche Ordnung Sinn macht – auch das sind wichtige Rahmenbedingungen einer »guten Gesetzgebung«.

Zweifel am Recht

Die rechtsprechende Gewalt, ihre Effizienz, ihre geregelten Strukturen und vor allem ihre Unabhängigkeit und Unbestechlichkeit sind immer ein Aushängeschild des deutschen Rechtsstaats gewesen. Nach den Erhebungen des World Justice Project zu Rechtsstandards und Qualität von Rechtssystemen in 126 Ländern steht Deutschland im Jahr 2019 auf Platz 6 – nach Dänemark, Finnland, Norwegen, Schweden und den Niederlanden.

In diesem Zusammenhang ist es erschreckend, wie viele Staaten es gibt, in denen von einer Rechtsstaatlichkeit keine Rede sein kann, und auch, dass totalitäre Tendenzen, verbunden mit dem Abbau der Rechtssysteme, zunehmen, wie der Bericht des World Justice Project feststellt. In vielen Ländern der Welt sind richterliche Verfahren nur eine Farce, Inszenierungen mit Darstellern, denen man pompöse Verkleidungen angelegt hat.

Geht in Deutschland aber rechtlich alles »mit rechten Dingen« zu? Steuerhinterziehungen, Leistungsmissbrauch, Schwarzarbeit und Korruption – immer mehr Deutsche glauben, dass sie längst zur gesellschaftlichen Normalität gehören. Gemäß einer repräsentativen Umfrage aus dem Jahr 2018 haben nur noch 55 Prozent der wahlberechtigten Deutschen großes oder sehr großes Vertrauen in die Arbeit von Justiz und Gerichten; 43 Prozent haben eher geringes oder gar kein Vertrauen mehr in die Arbeit der Justiz, und zwar vor allem in der Gruppe der über 60-Jährigen.

Was sagt das über den Zustand von Demokratie und Rechtsstaatlichkeit aus? 80 Prozent der Befragten haben derselben Umfrage zufolge nach ein eher geringes oder überhaupt kein Vertrauen mehr in die politischen Parteien. Nur 33 Prozent gaben an, der Arbeit der Bundesregierung noch zu vertrauen.

Gesetze müssen vollzogen werden

Nun gut – gejammert wird schnell. Aber hier geht es nicht nur um gefühlte Ungerechtigkeit, sondern um Defizite im Gesetzesvollzug, und die sind ein Verstoß gegen die Verfassung – zumindest dann, wenn sie, wie das Bundesverfassungsgericht wiederholt festgestellt hat, den allgemeinen Gleichheitssatz des Grundgesetzes verletzen. Dazu das Beispiel zweier Verfahren vor dem Bundesverfassungsgericht: Im ersten ging es um die Besteuerung von Einkünften aus Kapitalvermögen, im zweiten um die Besteuerung von privaten Spekulationsgeschäften mit bestimmten Wertpapieren. In beiden Fällen hing es letztlich von der Erklärungsbereitschaft und der Ehrlichkeit des Steuerpflichtigen ab, ob die Steuer, die nach dem Gesetz geschuldet war, auch tatsächlich gezahlt wurde. Das Verfahren der Steuererhebung verlief weitestgehend unkontrolliert.

Der Gleichheitssatz des Grundgesetzes verlangt aber, dass die Steuerpflichtigen durch ein Steuergesetz nicht nur rechtlich, sondern auch faktisch gleich belastet werden. Kann das Erhebungsverfahren dies nicht garantieren, dann kann die gesetzliche

Besteuerungsgrundlage verfassungswidrig sein. Es ist verfassungsrechtlich verboten, wenn eine Steuerrechtsnorm Gesetz ist, aber nicht durchgesetzt wird. Allerdings ist eine Steuerrechtsnorm noch nicht deshalb verfassungswidrig, weil sie immer wieder im Einzelfall hintergangen wird. Ein Verfassungsverstoß liegt vielmehr erst dann vor, wenn die Norm so angelegt ist, dass der Vollzug gar nicht effektiv durchgesetzt und kontrolliert werden kann.

Es ist unter rechtsstaatlichen Aspekten besonders misslich, wenn sich der Staat, wie bei diesem Beispiel, selbst die Hände bindet, also die Durchsetzung seines Rechts vereitelt. Das Bundesverfassungsgericht ist hier mehrfach eingeschritten: Eine Gesetzesnorm, die strukturell auf einen Nichtvollzug angelegt ist, sollte besser gar nicht erst aufgestellt werden. Das staatliche Rechtsmonopol bedeutet nämlich nicht nur, Gesetze zu erlassen, sondern sie auch – für und gegen jedermann – durchzusetzen.

Auf der anderen Seite gilt: Ein Staat, der sich nicht auf ein allgemeines und breites Rechtsbewusstsein der Bevölkerung stützen kann, sondern stets auf Ordnungs- und Zwangsmittel zurückgreifen muss, wird sehr bald an seine Grenzen stoßen. Die Pflege des Rechtsbewusstseins der Bevölkerung und ihres Vertrauens in das Recht ist, wenn nicht sogar ein Verfassungsauftrag, so doch ein Gebot verfassungspolitischer Klugheit.

Die Abhängigkeit der Justiz von der Politik

Die Justiz ist erschöpft, so die Präsidentin des Bundesgerichtshofs, Bettina Limperg. Anlässlich des 110-jährigen Bestehens des Deutschen Richterbundes (DRB) kritisierte sie 2019 in Berlin, der Justiz habe es in den zurückliegenden Jahren an Wertschätzung gefehlt. Die Justiz müsse in einer Weise ausgestattet werden und das richtige Handwerkszeug erhalten, um gut und in angemessener Zeit

Recht sprechen zu können: »Ein Rechtsstaat, dem die Menschen nicht mehr vertrauen, lässt sich leicht untergraben.«

Der Vorsitzende des Deutschen Richterbundes, Jens Gnisa, spricht gar vom »Ende der Gerechtigkeit«. Er beschreibt Vorwürfe in der Öffentlichkeit wie »Die Kleinen fängt man, die Großen lässt man laufen« oder »Vor dem Gericht ist nicht entscheidend, wer recht hat, sondern wer den besseren Rechtsanwalt hat!«. Auch ist von »Skandalurteilen« die Rede.

Beide kritisieren, dass die Justiz in finanzieller Hinsicht abhängig von der Politik ist und, was Personal, Sachmittel und Infrastruktur wie etwa Gerichtsgebäude angeht, geradezu ausgehungert wird. Gnisa bemängelt: »Die meisten Politiker haben für die verfassungsmäßige Aufgabe der Justiz wenig Verständnis [...] Die Justiz scheint für sie wenig Wert zu haben: Für den Wähler scheint sie zu wenig interessant, um hier Geld anzulegen, Posten bietet sie nicht, und ihre Repräsentanten sind wegen ihrer Unabhängigkeit eher gefürchtet.«

Ist unser Rechtssystem wirklich so mangelhaft und so defizitär? Alarmismus und Untergangsstimmung verstärken nur den Vertrauensverlust. Aber es ist natürlich wichtig, auf Missstände und drohende Gefahren für die Rechtsstaatlichkeit rechtzeitig und deutlich hinzuweisen, um Möglichkeiten und Notwendigkeiten einer Gegensteuerung aufzuzeigen – solange das noch möglich ist. Aufgrund der anhaltenden Kritik hat endlich auch die Politik reagiert: In ihrem »Pakt für den Rechtsstaat« einigte sich die Große Koalition 2017, die Ausstattung von Justiz, Strafverfolgungsbehörden und Polizei deutlich zu verbessern, unter anderem mit 2000 zusätzlichen Stellen für Richter und Staatsanwälte.

Was muss dadurch gesichert werden? Jeder muss vor Gericht ziehen können oder einen gerechten Prozess bekommen – und zwar nicht erst nach jahrelanger Wartezeit. Das meint die verfassungsrechtlich verankerte »Gewährleistung staatlichen Rechtsschutzes«.

Sie ist ein Ausgleich dafür, dass der Staat das Gewaltmonopol hat und nicht jeder sein Recht selbst in die Hand nehmen und durchsetzen kann. Für die Rechtsprechung sind nach dem Grundgesetz außerdem nur Richterinnen und Richter zuständig. Andere Justizorgane wie etwa ein Staatsanwalt, staatliche Organe, öffentlich-rechtliche oder privatrechtliche Einrichtungen können sie nicht ersetzen, denn nur die Richter sind sachlich und persönlich unabhängig.

Zu einem wirkungsvollen Rechtsschutz gehört, dass der Streitstand ausreichend durch den Richter geprüft werden kann und mit einer verbindlichen Entscheidung abschließt. Auch die Dauer der Verfahren ist wichtig. Welche Zeitspanne hier angemessen ist, hängt immer von einer Vielzahl von Faktoren ab, etwa von der Schwierigkeit des Einzelfalls, der konkreten Verfahrensart und der Eilbedürftigkeit des jeweiligen Verfahrens. Eine generelle Betrachtungsweise mit allgemein verbindlichen Verfahrensfristen ist nicht möglich.

Um einen zeitgerechten Rechtsschutz zu gewährleisten, kann der Gesetzgeber die Zahl der Instanzen kürzen oder gar streichen, die Verfahren straffen und so beschleunigen. In jedem Fall hat der Staat die Pflicht, die Justiz so zu organisieren und finanziell wie personell so auszustatten, dass sie ihre verfassungsrechtlichen Verpflichtungen der Gewährung eines effektiven und zeitnahen Rechtsschutzes erfüllen kann.

Die richterliche Unabhängigkeit

Schon in der Deklaration der »Grundrechte des deutschen Volkes« der Paulskirchenversammlung von 1848 hieß es: »Rechtspflege und Verwaltung sollen getrennt und voneinander unabhängig sein.« Neben der Legislative, dem Parlament, und der Exekutive, welche die Gesetze ausführt, ist die Judikative auch in unserer Verfassung die dritte Gewalt im Staat. Sie ist jedoch nie völlig eigenständig gewesen, wie Peter Macke, der verstorbene Präsident des Brandenburgischen Verfassungsgerichts, kritisierte: »Sie ist organisatorisch stets von der Exekutive abhängig und ihr über den Justizminister, seinerseits Teil der Exekutive, verbunden geblieben.«

Während die Staatsanwaltschaft als Teil der Exekutive weisungsgebunden ist, wird den Richtern Unabhängigkeit verbürgt. Das ist jedoch nicht etwa ein besonderes Standesprivileg, sondern hat den Zweck, die Rechtsprechung gegen Einflüsse von außen abzusichern. Der Richter ist nur Recht und Gesetz verpflichtet, er nimmt keine Weisungen anderer Staatsgewalten entgegen. So ist es auch dem Parlament verboten, bei schwebenden Verfahren auf deren Richter einzuwirken, etwa durch ein sogenanntes Einzelfallgesetz, das nur für diesen einen Fall gilt. Schließlich ist es dem Gesetzgeber verwehrt, die richterliche Besoldung unangemessen gering auszugestalten oder erforderliche Haushaltsmittel für die richterliche Arbeit zu entziehen oder vorzuenthalten.

Eine Ausnahme vom sogenannten Richtervorbehalt bei der Rechtsprechung sieht die Verfassung im Art. 10 Abs. 2 GG vor: Dienen Beschränkungen des Telekommunikationsgeheimnisses, beispielsweise Telefonüberwachungen, dem Schutz der freiheitlichen demokratischen Grundordnung oder des Bestandes oder der Sicherung des Bundes oder eines Landes, so kann der Gesetzgeber bestimmen, dass diese Eingriffe dem Betroffenen nicht mitgeteilt werden. An die Stelle des Rechtsweges kann dann die Nachprüfung durch von der Volksvertretung bestellte Organe und Hilfsorgane treten. Auf dieser verfassungsrechtlichen Grundlage ist der sogenannte G-10-Ausschuss gebildet worden, der über die Notwendigkeit und Zulässigkeit sämtlicher durch die Nachrichtendienste des Bundes (Bundesnachrichtendienst, Bundesamt für Verfassungsschutz, Militärischer Abschirmdienst) durchgeführten

Eingriffe im Bereich des Brief-, Post- und Fernmeldegeheimnisses nach Art. 10 GG wacht.

Diese Art der Rechtskontrolle nicht durch die Richter, sondern durch ein vom Parlament bestelltes und von ihm besetztes Gremium ist verfassungsrechtlich zwar unproblematisch, denn dies ist im Art. 10 Abs. 2 GG ausdrücklich vorgesehen. Gleichwohl scheint mir, dass sich diese besondere Form der Kontrolle heimlicher Telekommunikationsüberwachungen nicht wirklich bewährt hat. Es ist in meinen Augen nicht einzusehen, warum nicht auch diese staatlichen Grundrechtseingriffe in Form heimlicher Überwachungsmaßnahmen einer gesetzlich geregelten und besonders ausgestalteten richterlichen Kontrolle übertragen werden sollten.

Richter sind auch unabhängig gegenüber ihrem eigenen Berufsstand. Vorsitzende der jeweiligen Kammer oder des Senats oder auch die Gerichtspräsidenten dürfen nicht in ihre Arbeit hineinreden. Die Richter und Richterinnen werden bei der Ausübung ihrer Tätigkeit allein durch die jeweiligen Rechtsmittelgerichte kontrolliert. Bei ihren Urteilen werden sie nicht etwa von Direktiven der Höchstgerichte geleitet. So kommt es, dass beispielsweise die Höhe der verhängten Strafen bei gleichartigen Delikten regional unterschiedlich ausfallen kann. Regeln zur Vereinheitlichung der Strafzumessung kann allein das Parlament in Gestalt von Gesetzen verabschieden, allerdings nur generell und nie im Einzelfall.

Die innere Unabhängigkeit des Richters aber, die können weder die Verfassung noch das Gesetz garantieren. Sie ist eine dem Richter persönlich gestellte Aufgabe. Richter leben jedoch natürlich nicht in einem Vakuum. Medien beispielsweise können durch die Art und Weise ihrer Berichterstattung und Kommentierung Druck erzeugen. Dieses Recht, die Arbeit der Gerichte kritisch zu begleiten, ist in der Verfassung garantiert (Art. 5 Abs. 1 GG). Wenn auch Politiker, um dieser veröffentlichten Meinung zu entsprechen, ihre Erwartungen an die Gerichte zum Ausdruck bringen, wird dieser Druck noch verstärkt. Jeder Richter braucht also ein starkes Ethos, das ihn befähigen sollte, sich von den Erwartungen und Wünschen Dritter frei zu machen, nicht auf den Beifall der Medien zu schielen und auch unberechtigte und zuweilen unsachliche Kritik zu ertragen.

Staatlicher »Rechtsungehorsam«

Wir müssen feststellen, dass der Staat immer wieder Richtersprüche ignoriert. Dahinter steckt oftmals wohl die Ansicht von Politikern, dass auch die öffentliche Meinung eine Rolle spielt. Vor einiger Zeit sorgte der Fall eines früheren Leibwächters von Osama bin Laden, der in Bochum lebte und arbeitete, für große Aufregung. Trotz einer Entscheidung des zuständigen Oberverwaltungsgerichts wurde Sami A. 2018 nach Tunesien abgeschoben. Der Innenminister von Nordrhein-Westfalen, Herbert Reul (CDU), tat hier eine Äußerung, für die er sich später entschuldigen musste: »Die Unabhängigkeit von Gerichten ist ein hohes Gut. Aber Richter sollten immer auch im Blick haben, dass ihre Entscheidungen dem Rechtsempfinden der Bevölkerung entsprechen.«

Der bisher spektakulärste Fall und ein Höhepunkt von »Rechtsungehorsam« der öffentlichen Hand war im Frühjahr 2018 die Weigerung der Stadt Wetzlar, ihre Stadthalle der NPD für eine Parteiveranstaltung zu überlassen. Obwohl das Bundesverfassungsgericht sie durch einstweilige Anordnung und unter Androhung und Festsetzung von Zwangsgeld zur Überlassung verpflichtete, blieb die Stadt bei ihrer ablehnenden Haltung. Der rechtsextremen Partei waren vom Bundesverfassungsgericht zwar 2017 »verfassungsfeindliche Ziele« attestiert worden, aber als

»verfassungswidrig« wurde sie nicht eingeschätzt und deshalb auch nicht verboten. Was also politisch legitim sein mag – Widerstand gegen rechtsextreme Einstellungen –, ist in diesem Fall nicht legal. Das Karlsruher Gericht hat nun die hessische Kommunalaufsicht um Prüfung des Vorgangs gebeten – ein bisher einmaliger Vorgang.

Richtersprüche können nie alle überzeugen, deshalb ist es auch wichtig, dass es die Kontrollmöglichkeit durch eine Rechtsmittelinstanz gibt. Doch wenn der Staat selbst anfängt, nur noch jene Urteile zu befolgen, die ihm passen oder die dem angeblichen Rechtsempfinden des Volkes entsprechen, ist unser Rechtsstaat am Ende. »Rechtssicherheit ist mindestens genauso wichtig wie Gerechtigkeit«, erklärte damals auch der Frankfurter Rechtswissenschaftler Matthias Jahn gegenüber dem *Hessischen Rundfunk*.

Durchrationalisierte Justiz

Seit Jahren werden neue »Steuerungsmodelle« für die Rechtsprechung diskutiert und teilweise auch schon umgesetzt. Sie basieren auf der Überzeugung, dass sich Organisations- und Führungsgrundsätze moderner Unternehmensleitung auf den öffentlichen Sektor und speziell auch auf die Dritte Gewalt übertragen lassen. Jedes Modell zur Verbesserung der Effizienz der Justiz muss sich allerdings an den bestehenden verfassungsrechtlichen und gesetzlichen Gegebenheiten ausrichten. Steuerungselement richterlicher Tätigkeit kann allein das Recht sein und nicht etwa die Frage, wie viele Urteile in welcher Zeiteinheit gefällt wurden. Will der Staat die Effizienz der Justiz verbessern, sollte er die gesetzlichen Verfahrensordnungen straffen und das Recht vereinfachen. Wer immer mehr und immer kompliziertere, undurchschaubare und teilweise sogar widersprüchliche, nicht selten sogar schlicht unjustiziable Gesetze in die Welt setzt, muss immer mehr und immer längere Gerichtsverfahren hinnehmen.

Wenn die Gerichte überlastet sind, führt das auch dazu, dass Strafverfahren ohne Urteilsfällung eingestellt werden oder die Beteiligten auf sogenannte Deals ausweichen. In Zivilsachen wird es immer beliebter, statt der Anrufung der staatlichen Gerichte auf Verfahren der außergerichtlichen Streitbeilegung auszuweichen. Die Sozialgerichte sind seit Längerem mit den vielen Hartz-IV-Verfahren überlastet, die Verwaltungsgerichte mit den Asylverfahren. Fachleute schätzen, dass diese zeitweilig etwa 80 Prozent der Eingänge ausmachen. Es leuchtet ein, dass unter dieser Entwicklung der Rechtsschutz der Bürgerinnen und Bürger leiden muss, wenn diese gegen eine Behördenentscheidung klagen wollen.

Schließlich wird die Dritte Gewalt, wie bereits angedeutet, durch die Tendenz in der Politik belastet, jedes Mal wieder die Gesetzgebungsmaschine anzuwerfen, wenn in der Öffentlichkeit ein echter oder auch nur vermuteter Skandal hochgespielt wird. Vielfach sind diese Regelungen dann so wenig durchdacht, dass sie in der Praxis kaum durchsetzbar und von der rechtsprechenden Gewalt kaum handhabbar und schwer justiziabel sind. Wir stehen heute vor einem besorgniserregenden Phänomen: Je mehr Gesetze produziert werden, desto weniger gutes und vor allem vollziehbares Recht finden wir vor, und desto größer wird die Gefahr, dass die Justiz den endgültigen Kollaps erleidet.

Aus Kreisen der Justiz hört man drastische und alarmierende Worte. Der Rechtsstaat sei, wird der Berliner Oberstaatsanwalt Ralph Knispel im *Tagesspiegel* zitiert, »in Teilen nicht mehr funktionsfähig«. Die Kriminellen würden die Justiz auslachen. In der Hauptstadt, so der Artikel weiter, seien die Zustände in der Strafjustiz seit Jahren katastrophal und hätten sich in den Augen vieler immer weiter verschlimmert. Neue Richterstellen sollen dem nun entgegenwirken. Der »Pakt für den Rechtsstaat« sieht für

Deutschland 2000 neue Richterstellen vor. Doch was nützen solche Bekundungen, wenn auf die Schnelle gar nicht so viele geeignete und hinreichend qualifizierte Bewerber zur Verfügung stehen? Es geht im Übrigen nicht nur um den Mangel an richterlichem Personal, besonders kritisch ist auch die Lage im Hinblick auf die personelle Ausstattung mit Rechtspflegern und weiterem Justizpersonal, vor allem auch im Strafvollzug. Auch ganz banale Dinge wie die räumliche Ausstattung befördern die Missstände: In Europas größtem Strafgericht in Berlin-Moabit sitzen gemäß dem *Tagesspiegel* Staatsanwälte jetzt schon in früheren Garderoben, umgewidmet zu Zimmern mit dem Namen »Büro«; teilweise müssen sich zwei Staatsanwälte diese Räumlichkeiten auch noch teilen. Im Kammergericht in Berlin sollen frühere – fensterlose – Lagerräume zu Richterzimmern umfunktioniert worden sein. Nun kann ein unabhängiger Richter in gewissem Maße auch sicherlich zu Hause arbeiten, dann aber ist er für Anwälte und für Mitarbeiter der Geschäftsstelle nicht mehr in hinreichendem Maße erreichbar.

Selbstverwaltung als Allheilmittel?

Um diesen desolaten Zuständen in der Justiz entgegenzutreten, wird immer wieder die Selbstverwaltung der Justiz, also auch ihre organisatorische Unabhängigkeit von den Justizministerien, gefordert. Diesen sind sie zugeordnet, und von ihnen hängen Personalpolitik und Haushaltsmittel ab.

In der Tat ist es so, dass die rechtsprechende Gewalt, also die sogenannte Dritte Gewalt, nicht völlig unabhängig ist, vielmehr ist sie in den Bereich der Exekutive, der Zweiten Gewalt, eingegliedert. So sind die ordentlichen Gerichte (Zivil- und Strafgerichte) dem Ressort des Justizministeriums zugeordnet. Der jeweilige

Minister ist, entweder allein oder gemeinsam mit einem sogenannten Richterwahlausschuss, zuständig für die Berufung und Anstellung der Richter. Der Haushalt und damit die personelle und finanzielle Ausstattung der Gerichte ist Teil des Haushalts des jeweiligen Ministeriums. Auch die Beantragung der Mittel im Haushaltsverfahren und die Verteilung der bewilligten Mittel liegen zunächst in der Hand des zuständigen Ministeriums.

Dieser traditionelle Aufbau der Judikative mit dem Minister, also einem Repräsentanten der Exekutive, an der Spitze der Gerichtsorganisation wird von seinen Kritikern als »Recht aus vordemokratischer Zeit« angesehen. Es widerspreche der Grundidee der Gewaltenteilung und sei die Wurzel vieler Übel. Die – insbesondere von den Richterverbänden – vorgeschlagenen Selbstverwaltungsmodelle unterscheiden sich ein wenig voneinander, aber im Großen und Ganzen zielen sie darauf ab, dass alle Aufgaben und Zuständigkeiten, die bisher das Justizministerium innehatte, auf ein Organ der Selbstverwaltung der Richter und Staatsanwälte übergehen, zum Beispiel auf einen Justizverwaltungsrat. Ein weiteres Gremium, ein Richterwahlausschuss, wäre für die Einstellung von Richtern und Staatsanwälten, ihre Ernennung auf Lebenszeit und für ihre Beförderungen zuständig. Den Justizministern blieben nach diesen Modellen mehr oder weniger nur noch die Zuständigkeiten wie Rechtspolitik, für den Strafvollzug und für das Gnadenwesen.

Auf den ersten Blick erscheinen diese Forderungen nach einer Selbstverwaltung der Justiz sehr einleuchtend. In vielen anderen europäischen Staaten gelten solche Selbstverwaltungssysteme. Bei genauerer Betrachtung kommen allerdings Zweifel auf: Das Prinzip der Gewaltenteilung gehört ohne Zweifel zu den tragenden Grundsätzen der deutschen rechtsstaatlichen Verfassungsordnung. Allerdings lässt sich diesem Grundsatz kein Gebot einer strikten Gewalten*trennung* entnehmen. Das Grundgesetz zeichnet sich stattdessen durch eine vielfältige Verschränkung und ein differenziertes Zusammenwirken der Staatsgewalten aus.

Die Selbstverwaltung der Justiz kann auch nicht aus der Garantie der richterlichen Unabhängigkeit in Art. 97 GG abgeleitet werden. Diese hat eine andere Schutzrichtung, die auf den einzelnen Richter zielt. Das wird etwa schon daran erkennbar, dass dieser nicht nur vor Legislative und Exekutive, sondern auch vor der Judikative selbst geschützt wird. Bei der Einführung einer Selbstverwaltung der Justiz würden sich Probleme und Konflikte zwischen Exekutive und Legislative lediglich in den Innenbereich der Dritten Gewalt verlagern. Schutz der Richter etwa vor ungerechter Beurteilung oder rechtswidrigen Beförderungsentscheidungen muss auch dann gewährleistet sein, wenn diese durch Selbstverwaltungsorgane – und nicht durch das Ministerium – erfolgt sind.

Meine Bedenken folgen vor allem aus dem Demokratieprinzip. Was legitimiert Richterräte und Justizverwaltungsräte, die nach den Reformvorschlägen die Spitzen der selbstverwalteten Dritten Gewalt bilden sollen? Den genannten Selbstverwaltungsorganen müsste ein nennenswerter Prozentsatz des jeweiligen Landeshaushalts zur Verwendung und Verteilung zugewiesen werden. Sie hätten Personalverantwortung über mehrere tausend, in größeren Bundesländern sogar mehr als zehntausend Mitarbeiter, überwiegend nichtrichterliches Personal. All das benötigt eine demokratische Kontrolle, vermittelt über eine parlamentarische Verantwortlichkeit. Im bisherigen Modell ist die Legitimation des Justizapparats durch die Zweite Gewalt gesichert. Ein Selbstverwaltungsmodell führte hingegen zu einer Legitimationslücke zwischen Erster und Dritter Gewalt, die in jedem Fall geschlossen werden müsste. Hier eine sachgerechte und in der Praxis funktionierende Lösung zu finden, wie ein Parlament die Justiz hinreichend legitimiert, erscheint äußerst schwierig. Davon hängt jedoch die Verfassungsmäßigkeit eines Selbstverwaltungsmodells der Justiz ab.

Die bisher bekannten Reformmodelle werden in meinen Augen auch nicht effizienter arbeiten können, als es die Justiz jetzt tut. Es ist beispielsweise eine Illusion zu glauben, dass Personalentscheidungen durch richterliche Gremien und in richterlicher Selbstverwaltung per se immer und ausschließlich fachlich orientiert sind. Auch innerhalb der Richterschaft wird es Interessenfraktionen parteipolitischer oder standespolitischer Art, vielleicht auch nur in Form von Karriereseilschaften, geben. Es ist auch zweifelhaft, ob die autonome Wahrnehmung der Haushaltsbelange die Finanzlage der Justiz wirklich verbessern kann. Ein Rederecht im Plenum oder im Haushaltsausschuss kann vermutlich nicht die Einwirkungs- und Verhandlungsmöglichkeiten ersetzen, über die ein durchsetzungskräftiger Minister oder eine Ministerin im Kabinett, in der Fraktion und in den Parteigremien verfügt.

Gleichzeitig gilt: Mag ein Justizverwaltungsrat noch so sehr auf seine Neutralität bedacht sein – je erfolgreicher er auf der politischen Bühne agiert, desto weniger kann er vermeiden, mit politischen – und das heißt immer auch mit parteipolitischen – Maßstäben gemessen zu werden. »Die Entfesselung der Dritten Gewalt« wird also notwendig mit einer Politisierung bezahlt. Auch in dieser Hinsicht stellt sich dann die Frage nach ihrer demokratischen Legitimation und Verantwortlichkeit. Ich bin also kein großer Anhänger der Idee einer Selbstverwaltung der Justiz. Auch unabhängig von den verfassungsrechtlichen Fragen kann ich darin kein Allheilmittel gegen die desolaten Zustände der Justiz erkennen.

7

Die große Schwester:
Europa und das Grundgesetz

Inhalt und Grenzen des Asylrechts und die Bedeutung der Dublin-III-Verordnung der EU (siehe Seite 51ff.), auch die Frage nach
der Legitimität, die eigenen Grenzen zu kontrollieren (siehe Seite
57ff.), waren eindrückliche Beispiele für Konflikte und Konsequenzen, die sich aus dem komplexen Zusammenspiel von deutschem
und europäischem Recht ergeben. Im politischen Handeln wie
in der öffentlichen Debatte werden diese Ebenen willkürlich
oder absichtslos immer wieder durcheinandergeworfen oder ver-
mischt. Deshalb erscheint es mir wichtig, in diese Frage mehr
Klarheit zu bringen – zumal sie grundlegende Prinzipien des
Rechtsstaats berührt.

Die Anfänge des europäischen Rechts

Das Verhältnis zwischen Europarecht und deutschem Grundgesetz ist nicht ganz einfach zu erklären, denn diese beiden Sphären
stehen in keiner unmittelbaren hierarchischen Beziehung. Stattdessen überlagern und durchdringen sie einander. In Art. 23 GG
ist festgelegt, dass das Grundgesetz gegenüber der Integration
Deutschlands in die EU prinzipiell offen ist – ja, es erklärt sie sogar
zu einem Staatsziel. Damit ist ein Nebeneinander von deutschem

und EU-Recht zwingend vorgegeben. Gleichzeitig hat der Europäische Gerichtshof festgestellt, dass die Rechtsordnung der Gemeinschaft nicht von der der Mitgliedstaaten abgeleitet wird, sondern etwas ganz Eigenständiges ist.

Diese Rechtsnatur der Europäischen Union und ihre Rechtsordnung haben sich parallel zu ihrer politischen und wirtschaftlichen Entwicklung konkretisiert. Daran waren zwei grundlegende Urteile des Gerichtshofs der ehemaligen Europäischen Wirtschaftsgemeinschaft (EWG) entscheidend beteiligt. 1962 hatte das Transportunternehmen Van Gend & Loos vor einem niederländischen Gericht die Zollverwaltung verklagt, weil diese für die Einfuhr eines chemischen Erzeugnisses noch nach Inkrafttreten des EWG-Vertrags die Zölle erhöht hatte. Das Gericht rief den EWG-Gerichtshof an, der ein Jahr später den Klägern recht gab. Es führte aus: »Das Ziel des EWG-Vertrags ist die Schaffung eines gemeinsamen Marktes, dessen Funktionieren die der Gemeinschaft angehörigen Einzelnen unmittelbar betrifft, damit ist gleichzeitig gesagt, dass der Vertrag mehr ist als ein Abkommen, das nur wechselseitige Verpflichtungen zwischen den vertragsschließenden Staaten begründet.«

Die Gemeinschaft stelle in der Folge »eine neue Rechtsordnung des Völkerrechts [dar], zu deren Gunsten die Staaten, wenn auch in begrenztem Rahmen, ihre Souveränitätsrechte eingeschränkt haben, eine Rechtsordnung, deren Rechtssubjekte nicht nur die Mitgliedstaaten, sondern auch die Einzelnen sind«. Europäisches Vertragsrecht enfalte, wie das Gericht befand, eine unmittelbare Wirkung – das sei auch der wesentliche Unterschied zwischen den Regelungsbefugnissen der EWG und den Beschlüssen anderer internationaler Organisationen; es begründe individuelle Rechte und Pflichten, die staatliche Gerichte zu beachten hätten.

Ein Jahr später, 1964, wurde die Bedeutung des Europarechts in einem anderen Fall noch deutlicher herausgestellt: Der italienische Rechtsanwalt Flaminio Costa klagte gegen den italienischen Staat, der die Elektrizitätswerke verstaatlicht hatte. Das italienische Gericht legte einige damit verbundene Grundsatzfragen dem Europäischen Gerichtshof vor. Dieser bestätigte, dass die Verstaatlichung europarechtswidrig war, weil sie zu einem Handelsmonopol führte. Der Vorrang innerstaatlicher Rechtsvorschriften, hieß es in einem Kommentar, stelle die Rechtsgrundlage der Gemeinschaft infrage. Seitdem genießen die Rechtsnormen der Europäischen Gemeinschaft und später der Europäischen Union einen sogenannten Anwendungsvorrang vor dem Recht der Mitgliedstaaten.

Die Grundrechte in der Gemeinschaft

Die Europäische Union verfügt also über eine eigenständige Rechtsordnung. Diese wirkt sich direkt und indirekt auf die Mitgliedstaaten aus. Sie wird Teil der in den Mitgliedstaaten geltenden Rechtsordnung. Die nationalen Parlamente können kein Gesetz verabschieden, nationale Behörden und Gerichte dürfen kein nationales Gesetz anwenden, das im Widerspruch zum Europarecht steht. Bürger können sich vor ihren Gerichten direkt auf das Europarecht beziehen (»unmittelbare Wirkung der Verordnungen«). Die Handlungen der Gemeinschaftsorgane, also zum Beispiel auch der Europäischen Zentralbank, dürfen nur nach Gemeinschaftsrecht beurteilt werden.

Das klingt folgerichtig, doch bei näherem Hinsehen ist die Rechtslage weniger klar, vor allem, wenn es um den zentralen Kern der Verfassung geht, die Grundrechte. Sowohl das deutsche als auch das italienische Verfassungsgericht machten 1974 in Urteilen deutlich, dass sie sich vorbehielten zu überprüfen, ob das Europarecht mit den eigenen Grundrechten konform sei. In

Deutschland hätten Letztere »solange« Vorrang (das Urteil ging tatsächlich als »Solange«-Entscheidung in die Rechtsgeschichte ein), wie das europäische Gemeinschaftsrecht keinen dem Grundgesetz adäquaten Grundrechtskatalog vorweisen würde.

Der Europäische Gerichtshof hatte bis dahin lediglich bestätigt, dass die europäischen Verträge auch die Grundrechte der Mitgliedsstaaten schützten. Als die Zuständigkeiten der EU schrittweise erweitert wurden, nahm man das in die Verträge auf. So verwies der Vertrag von Maastricht 1992 auf die gemeinsamen Verfassungsüberlieferungen und die Europäische Menschenrechtskonvention. Der Vertrag von Amsterdam 1999 bekräftigte die europäischen »Grundsätze«, auf die sich die EU gründet, im Vertrag von Lissabon 2009 wurden diese dann »Werte« genannt. Für den Fall einer schwerwiegenden und anhaltenden Verletzung der Grundrechte durch einen Mitgliedstaat wurde ein Verfahren zur Aussetzung der in den Verträgen vorgesehenen Rechte eingeführt. Im Rahmen der Konzeption einer Europäischen Verfassung entstand schließlich auch eine Charta der Grundrechte der Europäischen Union. Die Verfassung scheiterte an ablehnenden Referenden in den Niederlanden und Frankreich, doch die Grundrechte-Charta trat mit dem Vertrag von Lissabon in Kraft.

Schon einige Jahre zuvor, 1986, hatte das Bundesverfassungsgericht den Grundrechtsschutz durch den Europäischen Gerichtshof als ausreichend bewertet und erkannte dessen Kompetenz an, solange er die Grundrechte gegenüber der Hoheitsgewalt der Gemeinschaft verteidige und schütze (Solange II).

Abtretung von Hoheitsrechten

Der Maastricht-Vertrag von 1992 hatte zu Änderungen der Wirtschafts- und Währungspolitik und letztlich zur Einführung des Euro geführt. Der Vertrag wurde vom Bundestag ratifiziert, gleichzeitig kam es zu einer wichtigen Grundgesetzänderung: In Art. 23 heißt es nun, dass die Bundesrepublik Deutschland an der Entwicklung einer Europäischen Union mitwirkt, »die demokratischen, rechtsstaatlichen, sozialen und föderativen Grundsätzen und dem Grundsatz der Subsidiarität verpflichtet ist und einen diesem Grundgesetz im wesentlichen vergleichbaren Grundrechtsschutz gewährleistet. Der Bund kann hierzu durch Gesetz mit Zustimmung des Bundesrates Hoheitsrechte übertragen.«

Gegen diese Änderungen im Zuge des Maastricht-Vertrags wurden vor dem Bundesverfassungsgericht mehrere Klagen erhoben, mit dem Argument, durch die Übertragung von Souveränitätsrechten an die supranationale EU würden der Bundestag entmachtet und das Demokratieprinzip untergraben. Außerdem wären Grundrechte verletzt, wenn über sie nicht mehr auf deutscher, sondern auf europäischer Ebene entschieden würde.

Das Bundesverfassungsgericht befand jedoch 1993 in seinem legendären Maastricht-Urteil, dass die im Grundgesetz garantierten Standards auch für das Europarecht gelten, und wies den Großteil der Bedenken zurück. Wichtig an diesem Urteil war aber, dass die EU als »Staatenverbund« charakterisiert wurde, der zwar ein gemeinsames Hoheitsgebiet besitze, aber kein gemeinsames Staatsvolk, also auch kein Bundesstaat sei (wie etwa die USA). Das Demokratieprinzip des Grundgesetzes, so der Schluss, hindere die Bundesrepublik nicht an der Mitgliedschaft in einer supranationalen Gemeinschaft wie der EU, solange »eine vom Volk ausgehende Legitimation und Einflussnahme auch innerhalb eines Staatenverbundes gesichert« sei.

Durch Gesetz mit Zustimmung des Bundesrates kann der Bund also Hoheitsrechte übertragen, und für die Einhaltung der Grundrechte durch die europäischen Organe ist nun prinzipiell der Europäische Gerichtshof zuständig. Das Bundesverfassungsgericht charakterisierte das Verhältnis zum Europäischen Gerichtshof in dem genannten Urteil als »Kooperation«. Seine eigene Rolle beschränke sich auf eine »generelle Gewährleistung der unabdingbaren Grundrechtsstandards«, es behalte sich aber das Letztentscheidungsrecht vor. Über den Maastricht-Vertrag hinausgehende Rechtsakte müssten in jedem Fall anhand der nationalen Grundrechte überprüft werden.

Souveränität ist unverzichtbar

2009 wurde dann der Vertrag von Lissabon unterzeichnet; er sollte die Institutionen der Union reformieren und sie effizienter machen, ihr außerdem auch Rechtspersönlichkeit verleihen. Dagegen klagten mehrere Personen, darunter Politiker wie Peter Gauweiler (CSU) oder die Fraktion der Linken, vertreten durch Gregor Gysi und Oskar Lafontaine. Der Vertrag wurde zwar vom Bundesverfassungsgericht als vereinbar mit dem Grundgesetz bewertet; es führte jedoch aus, dass das deutsche Begleitgesetz die Beteiligungsrechte von Bundestag und Bundesrat nicht in ausreichendem Maße berücksichtige, und erwirkte eine Änderung.

Die Souveränität der Mitgliedstaaten, betonten die Richter, bleibe trotz des sich verstärkenden Integrationsprozesses grundsätzlich unverzichtbar. Die Integration selbst müsse von den deutschen Verfassungsorganen ausgehen, sie dürfe nicht von außen aufgepfropft werden. Erhalten bleiben müsse die »demokratische Selbstgestaltungsfähigkeit« des von den Bürgern gewählten Bundestages, ein »ausreichender Raum zur politischen Gestaltung der wirtschaftlichen, kulturellen und sozialen Lebensverhältnisse«. Das beziehe sich vor allem auf den privaten Raum der Eigenverantwortung und der persönlichen und sozialen Sicherheit. Zu diesen wesentlichen Bereichen demokratischer (nationaler) Gestaltung gehören unter anderem die Staatsbürgerschaft, das zivile und militärische Gewaltmonopol, Einnahmen und Ausgaben einschließlich der Kreditaufnahme und die sozialpolitische Gestaltung der Lebensverhältnisse. Dazu zählen aber auch Fragen des Grundrechtsschutzes, zum Beispiel Freiheitsentzug in der Strafrechtspflege, kulturelle Fragen wie Sprache, Familien- und Bildungsverhältnisse, die Ordnung der Meinungs-, Presse- und Versammlungsfreiheit oder der Umgang mit religiösen oder weltanschaulichen Bekenntnissen.

Ein wichtiger Punkt ist ferner die Haushaltsautonomie der nationalen Parlamente. Die parlamentarische Demokratie darf nicht dadurch beseitigt oder ausgehöhlt werden, dass sich der Staat immer größeren Haftungsrisiken aussetzen muss und damit die haushaltspolitische Gesamtverantwortung des vom Volk gewählten Parlaments leerläuft. Es darf nicht zu unüberschaubaren und unbegrenzten haushaltswirksamen Belastungen ohne vorherige Zustimmung des nationalen Parlaments kommen.

Bewahrung der Verfassungsidentität

Die Ewigkeitsklausel des Art. 79 Abs. 3 GG schützt die Verfassungsidentität des deutschen Grundgesetzes. Dieses muss in jedem Fall bewahrt werden. Was das in der Praxis bedeutet, zeigt ein Fall aus dem Jahr 2016. Ein in Deutschland festgenommener Amerikaner, der schon 1992 in Italien wegen Banden- und Drogenkriminalität zu 30 Jahren Haft verurteilt worden war, erhob Verfassungsbeschwerde gegen seine Abschiebung. Der Europäische Gerichtshof hatte in einem ähnlichen Fall entschieden, dass die Gerichte der Mitgliedstaaten sich bei einem EU-Haftbefehl am europäischen Regelungssystem orientieren müssten. Demnach hätten die deutschen Behörden den US-Straftäter an Italien ausliefern müssen. Das gelte in diesem Fall aber nicht, entschied das Bundesverfassungsgericht, weil der Mann in Italien in Abwesenheit verurteilt worden war – nach deutscher Sicht ein Verstoß gegen die Menschenwürde. Diese zähle zur Verfassungsidentität und dürfe nicht verletzt werden.

Wechsel- und Nebenwirkungen

Die Vielzahl an Grundrechtsverbürgungen ist zunächst einmal ein Plus für die europäischen Bürger. Sie birgt aber auch die Gefahr, dass ihr Rechtsschutz unübersichtlich und damit ineffektiv wird, weil die Betroffenen vielleicht nicht wissen, an welches Gericht sie sich wenden müssen, oder weil es zu unangemessen langen Verfahrensdauern kommt.

Nationale und europäische Grundrechtsstandards gleichen sich allerdings immer mehr an. Zum Beispiel kämpfte Caroline von Hannover, Welfen-Prinzessin, viele Jahre gegen die Veröffentlichung von Paparazzi-Fotos von ihrer Familie. Vom Bundesverfassungsgericht bekam sie 1999 zunächst recht, was den Schutz ihrer Kinder anging. Der Menschenrechtsgerichtshof in Straßburg entschied dann aber fünf Jahre später, dass auch die Bilder der erwachsenen Familienmitglieder die Privatsphäre verletzten. Diese Rechtsprechung hat in der Folge auch deutsche Gerichte beeinflusst.

Dialog der Instanzen

Der Europäische Gerichtshof selbst orientiert sich bei der Auslegung der EU-Grundrechte nicht nur am Recht der Mitgliedstaaten, sondern auch an der Rechtsprechung des eben erwähnten Gerichtshofs für Menschenrechte. Umgekehrt können auch die Mitgliedstaaten Aspekte in ihre nationale Rechtsprechung einbeziehen, die bislang nur im Gemeinschaftsrecht anerkannt wurden. Durch einen solchen Dialog in der Gemeinschaft wird gewissermaßen ein Wettbewerb um die beste Lösung angestoßen – ohne dass die Vielfalt des Grundrechtsschutzes, die wegen nationaler Besonderheiten erforderlich ist, verloren geht.

Unsere deutschen Grundrechte werden durch die EU-Grundrechte ergänzt – nicht ersetzt. Während das Grundgesetz die deutsche öffentliche Gewalt unmittelbar bindet, sind die EU-Grundrechte (nach Art. 51 Abs. 1 der Grundrechtecharta) nur dann für Deutschland verpflichtend, wenn es um die Durchführung von EU-Recht geht. Das Bundesverfassungsgericht prüft sekundäres Gemeinschaftsrecht, also Richtlinien und Verordnungen, schon seit Längerem nicht mehr am Maßstab der deutschen Grundrechte, wenn und soweit es gleichwertigen Grundrechtsschutz auf EU-Ebene gibt. Häufig lassen diese Umsetzungsspielräume. Was die Staaten selbst gestalten können, ist allerdings noch nicht abschließend geklärt. Wendet sich ein Kläger vor einem nationalen Gericht gegen eine staatliche Maßnahme, die auf Vorgaben des Unionsrechts beruht, muss das Gericht – um dem Bürger einen effektiven Rechtsschutz zu gewähren – die betreffende Gemeinschaftsvorschrift nicht auf der Grundlage des Grundgesetzes, sondern der EU-Grundrechte prüfen. Wenn es die Gemeinschaftsvorschrift mit diesen für unvereinbar hält, legt es sie dem Europäischen Gerichtshof vor. Entsprechendes gilt, wenn es um Fragen der Auslegung von Unionsrecht geht.

Beispiel Datenschutz: EU-Recht ist strenger

Die europäische Grundrechte-Charta kann in Konfliktfällen sogar zur weiteren Stärkung der Grundrechte führen. Nehmen wir die Regelungen zur Vorratsdatenspeicherung. Sie müssen nicht nur die deutschen Grundrechte, sondern auch die EU-Grundrechtecharta beachten. Diese gewährleistet das Recht auf Achtung des Privatlebens (Art. 7) sowie das Recht auf Schutz personenbezogener Daten (Art. 8). Interessant ist, dass der Europäische Gerichtshof nun in mehreren Entscheidungen höhere Anforderungen an die Grundrechtmäßigkeit der Vorratsdatenspeicherung gestellt hat als das Bundesverfassungsgericht. Die deutschen Richter stellten besonders strenge Anforderungen an Abruf und Nutzung der gespeicherten Daten durch staatliche Stellen. Dafür ist zum Zweck der Strafverfolgung der begründete Verdacht einer schweren Straftat nötig. Der Europäische Gerichtshof verlangt mehr: objektive Anhaltspunkte für einen Zusammenhang zwischen den zu speichernden Daten und einer Bedrohung der öffentlichen Sicherheit. Er hält also schon die flächendeckende und verdachtslose Speicherung als solche für unvereinbar mit den EU-Grundrechten.

Die Verhältnismäßigkeit der Vorratsdatenspeicherung ist nach Auffassung des Europäischen Gerichtshofs nur gewahrt, wenn die Speicherung von Daten begrenzt ist, etwa in geografischer Hinsicht oder im Hinblick auf die Kategorien der zu speichernden Daten, der erfassten elektronischen Telekommunikationsmittel und der betroffenen Personen. Im Ergebnis hält der Europäische Gerichtshof eine pauschale Speicherung von Daten sämtlicher Nutzer für unvereinbar mit den erwähnten europarechtlichen Grundrechten. Dies hat der Europäische Gerichtshof aber bislang nur über schwedische und englische Umsetzungsnormen der europäischen Richtlinie entschieden.

Nach deutschem nationalem Recht waren die Telekommunikationsunternehmen ursprünglich bis zum 1.7.2017 dazu verpflichtet, die Vorschriften zur Speicherung der Verkehrsdaten zu erfüllen. Das Oberverwaltungsgericht Münster hat aber im Juni 2017 unter Bezugnahme auf das Urteil des Europäischen Gerichtshofs aus dem Jahr 2016 entschieden, dass die Provider nicht dazu verpflichtet sind, die Verkehrsdaten ihrer Kunden anlasslos und auf Vorrat zu speichern. Seitdem verzichtet die Bundesnetzagentur gegenüber allen Telekommunikationsunternehmen auf ordnungsrechtliche Maßnahmen wegen Verstößen gegen die Speicherungspflicht. Somit ist die Vorratsdatenspeicherung faktisch außer Kraft gesetzt. Eine Entscheidung des Bundesverfassungsgerichts zu den nationalen Vorschriften der Strafprozessordnung sowie des Telekommunikationsgesetzes steht indes noch aus (siehe Seite 39).

Beispiel Frauen an der Waffe: EU-Recht ist konsequenter

Falls der europäische Grundrechtsschutz das Schutzniveau des Grundgesetzes erheblich unterschreiten sollte, wird das Bundesverfassungsgericht auf dem deutschen (höheren) Standard beharren. Andererseits haben Entscheidungen des Europäischen Gerichtshofs bereits dazu geführt, das Grundgesetz zu ändern, weil es nicht mit dem Gemeinschaftsrecht konform ging. So führte im Jahr 2000 die Klage der Elektronikerin Tanja Kreil vor dem Verwaltungsgericht Hannover dazu, dass Frauen auch für den aktiven Wehrdienst zugelassen wurden.

Das Verwaltungsgericht sah einen Widerspruch zum EU-Recht und dem Grundsatz der Gleichberechtigung und legte die Frage dem Europäischen Gerichtshof vor. Die Bundesrepublik Deutschland argumentierte dort, die Organisation der Streitkräfte falle nicht in den Anwendungsbereich des Gemeinschaftsrechts, weil es um äußere Sicherheit gehe. Der Europäische Gerichtshof erklärte, dass dennoch auch die europäische Gleichbehandlungsrichtlinie 76/207/EWG in diese Frage hineinspiele, und verwies den Fall zurück nach Deutschland.

Der Fall Tanja Kreil und der damit verbundene Einfluss des EU-Rechts erregte viel Aufmerksamkeit und führte letztlich dazu, dass Frauen bereits ein Jahr später auch in Deutschland den Dienst an der Waffe leisten durften, mit der Einschränkung, dass sie das freiwillig taten und nicht dazu verpflichtet werden durften. Der Verfassungsrechtler und frühere Verteidigungsminister Rupert Scholz (CDU) sprach damals von einem fundamentalen Konflikt zwischen Grundgesetz und europäischem Gemeinschaftsrecht.

Eine interessante Ausnahme von der Regel, dass nationale Gesetze die Anforderungen des EU-Rechts erfüllen müssen, war eine Entscheidung des Europäischen Gerichtshofs aus dem Jahr 2017 (C-42/17). Hintergrund war eine Vorlage des italienischen Verfassungsgerichtshofs zu Bestimmungen im italienischen Recht, die kurze Verjährungsfristen vorsehen. Bei schwerem Mehrwertsteuerbetrug kann das zur Straffreiheit der Beschuldigten führen, weil die Verfahren oft komplex und langwierig sind. In einem ersten Verfahren hatte der Europäische Gerichtshof deshalb festgestellt, dass diese Regeln zum Nachteil der finanziellen Interessen der Union seien und nicht angewendet werden dürften. Der italienische Verfassungsgerichtshof sah darin eine mögliche Verletzung der italienischen Verfassung. Der Europäische Gerichtshof hat das schließlich anerkannt und der Verfassungsmäßigkeit im nationalen Recht ausnahmsweise einen höheren Rang eingeräumt als dem Recht der Union.

Beispiel Kirchenrecht: EU-Recht ist neutraler

Auch in einem deutschen Fall berücksichtigte der Europäische Gerichtshof die deutsche Verfassung in besonderer Weise, diesmal im Hinblick auf die Stellung der Kirche. So war ein katholischer Chefarzt von seinem Krankenhausträger gekündigt worden, weil er nach einer Scheidung wieder geheiratet hatte, aber nur standesamtlich. Sein Arbeitsvertrag bezog sich jedoch auf eine Grundordnung des Erzbistums Köln, welche die Anerkennung der katholischen Glaubens- und Sittenlehre forderte. Die erste Ehe hätte danach kirchlich annulliert werden müssen, die zweite war deshalb nach Kirchenrecht ungültig. Der katholische Mediziner sah in seiner Entlassung eine Ungleichbehandlung gegenüber Nichtkatholiken, die man nicht mit dieser Begründung hätte kündigen können.

Dieser Fall zog sich über viele Jahre und Instanzen, bis die Bundesarbeitsrichter in Erfurt schließlich den Europäischen Gerichtshof um eine Einschätzung baten. Die Richter in Luxemburg kamen zu dem Schluss, dass eine solche Kündigung tatsächlich eine verbotene Diskriminierung aufgrund der Religion darstellen könnte. Der Europäische Gerichtshof erkannte zwar an, dass die Kirche im deutschen Verfassungsrecht eine besondere Stellung hat, zum Beispiel mit einem eigenen kirchlichen Arbeitsrecht, das für rund 1,3 Millionen Beschäftigte in den Kirchen und kirchlichen Einrichtungen sowie Wohlfahrtsverbänden gültig ist. Es sieht eine weitgehende Selbstverwaltung und ein weites Selbstbestimmungsrecht der Kirchen vor. So können kirchliche Arbeitgeber auch Anforderungen an den Glauben stellen.

Dass aber ein katholischer Chefarzt den »heiligen und unauflöslichen Charakter« der Ehe zu beachten habe, sei keine »wesentliche Anforderung der beruflichen Tätigkeit«. Evangelische Ärzte hätten ähnliche Stellen, und der Verstoß gegen die Gleichbehandlung wurde vom Europäischen Gerichtshof sehr kritisch bewertet.

Auf der Basis dieser Einschätzung wies das Bundesarbeitsgericht in Erfurt schließlich 2019 die Revisionsklage des Krankenhausträgers zurück, da es nach Europarecht keinen Anlass für eine Kündigung gebe. Eine Rolle spielte dabei auch ein Urteil vom Vorjahr 2018, auf dessen Grundlage das Bundesarbeitsgericht entschied, dass kirchliche Arbeitgeber nicht mehr pauschal auf einer bestimmten Religionszugehörigkeit beharren dürften, sondern nur dann, wenn das für eine konkrete Tätigkeit objektiv geboten sei. Auch diesem Richterspruch ging eine Entscheidung des Europäischen Gerichtshofs voraus.

Die großen Kirchen und kirchlichen Wohlfahrtsverbände haben inzwischen mitgeteilt, dass sie die Stellenanforderungen präzisieren wollen. Seit 2015 gelten auch in der katholischen Kirche die strengen Loyalitätsanforderungen nur noch für verkündigungsnahe kirchliche Berufe. Das europäische Recht hat es geschafft, eine Bastion des deutschen Staatskirchenrechts zu erschüttern.

Der Fall Fransson: fragwürdige Zuständigkeit

Zu einer Kollision zwischen Bundesverfassungsgericht und Europäischem Gerichtshof führte der Fall eines schwedischen Fischers, dem vorgeworfen wurde, er habe Steuern und Sozialversicherungsabgaben in Höhe von fast 700 000 schwedischen Kronen (rund 80 000 Euro) – darunter knapp 150 000 Kronen Mehrwertsteuer – hinterzogen. Deshalb musste er im Jahr 2007 einen Zuschlag auf seine Steuern und Abgaben zahlen und wurde zusätzlich auch noch angeklagt. Die schwedischen Richter fragten sich, ob das nicht gegen das Verbot der Doppelbestrafung aus der

EU-Grundrechtecharta verstoße, und legten die Frage dem Europäischen Gerichtshof vor.

Die Grundrechtecharta gilt, wie ich bereits erwähnt hatte, grundsätzlich nur für Organe und Behörden der Europäischen Union, für die Mitgliedstaaten nur dann, wenn sie Recht der Union »durchführen« (Art. 51 EU-Grundrechte-Charta). Der Generalanwalt des Europäischen Gerichtshofs empfahl den Richtern deshalb, sich für unzuständig zu erklären: Das Steuerrecht beruhe schließlich auf nationalem Recht. Auch die EU-Kommission und fünf EU-Staaten (Schweden, Dänemark, Niederlande, Irland, Tschechien) sahen das so. Da aber auch die Mehrwertsteuer tangiert wurde, erklärte sich der Europäische Gerichtshof für zuständig. Weil das Mehrwertsteueraufkommen die Höhe der EU-Beiträge beeinflusse, so die Begründung, habe der Mitgliedstaat die »Verpflichtung zur wirksamen Ahndung« von Verhalten, das finanzielle Interessen der EU gefährdet.

Die Sache selbst war wenig spektakulär, weil die EU-Grundrechtecharta eine mehrfache Bestrafung wegen derselben Sache nur im Strafrecht verbietet. Eine Kombination von Verwaltungs- und Strafsanktion war also möglich. Doch dieser scheinbar harmlose Rechtsstreit und die sehr weite Auslegung der Zuständigkeit, kombiniert mit dem Ignorieren von Stellungnahmen und Gutachten, erregte das Misstrauen vieler EU-Staaten. Sie äußerten die Befürchtung, der Europäische Gerichtshof könnte seine Kompetenzen auf diese fragwürdige Weise öfters ausdehnen, auch im Straf- und Ausländerrecht oder beim Beamtenwesen, denn die Verträge der EU legen den Mitgliedstaaten in nahezu allen Lebensbereichen irgendwelche Pflichten auf.

Gerichte als Rivalen

Das Bundesverfassungsgericht hat sich dann in einem späteren Fall ausdrücklich gegen ein allzu großzügiges Verständnis der Zuständigkeit des Europäischen Gerichtshofs in Grundrechtssachen ausgesprochen. In seiner Entscheidung zur sogenannten Antiterrordatei im Jahr 2013 stellte es klar, dass eine Zuständigkeit des Europäischen Gerichtshofs dann nicht gegeben ist, wenn europäisches Recht von einem nationalen Gesetz nur mittelbar betroffen ist. Das Bundesverfassungsgericht berief sich hier ausdrücklich auf den Wortlaut des Art. 51 der Grundrechtecharta der Union, wonach die EU-Grundrechte nur Geltung haben, wenn es um die »Durchführung« von EU-Recht geht. Die Charta dürfe in keinem Fall dazu führen, dass der Geltungsbereich über die vertraglich festgelegten Zuständigkeiten hinaus ausgedehnt und so neue Zuständigkeiten der Union begründet werden könnten.

Seine Zuständigkeit für EU-Grundrechte wird vom Europäischen Gerichtshof eher großzügig definiert. Sie dürfe, erklärte das Bundesverfassungsgericht deshalb in aller Deutlichkeit, nicht so ausgelegt werden, dass die Rechtsprechung als »ultra-vires-Akte« (also Kompetenzüberschreitung) zu beurteilen wäre. »Schutz und Durchsetzung der mitgliedstaatlichen Grundrechte« dürften nicht in einer Weise gefährdet werden, »dass dies die Identität der durch das Grundgesetz errichteten Verfassungsordnung infrage stellte«.

Es gibt also nicht nur einen juristischen Dialog und gegenseitige Befruchtung, es gibt auch Grenzen. Das Bundesverfassungsgericht macht sehr deutlich, dass es – wie inhaltlich in den Vertragstexten und dem Art. 51 der Grundrechtecharta der EU festgelegt – auf einer restriktiven Anwendung der EU-Grundrechte besteht. Damit postuliert es auch eine engere Zuständigkeit des Europäischen Gerichtshofs in Grundrechtssachen.

Demokratieverluste an der Basis

Betrachtet man die vergangenen Jahrzehnte der Entwicklung in Deutschland und der EU, so muss man feststellen, dass sich Politik und Rechtssetzung immer mehr von den niedrigeren auf höhere Ebenen verlagert haben – von den Ländern auf den Bund und von den Mitgliedstaaten auf die Europäische Union. Was an Gesetzgebungszuständigkeiten an der Basis verloren ging, wurde sehr häufig – und das ist der hier entscheidende Punkt – durch Beteiligungsrechte der Exekutive auf der höheren Ebene kompensiert. So haben die Landtage und der Bundestag vielfach ihre eigenen, originären Gesetzgebungsbefugnisse eingebüßt, indem diese »nach oben« auf höhere Regelungsebenen verlagert wurden. Was den Parlamenten verloren ging, haben – gewissermaßen als Ausgleich – die Landesregierungen und die Bundesregierung an Befugnissen hinzugewonnen. So wirken die Landesregierungen an der Gesetzgebung des Bundes über den Bundesrat ganz entscheidend mit, ebenso wie die Bundesregierung über den Ministerrat der EU die Rechtssetzung auf europäischer Ebene mitbestimmt. Die verschiedenen Ebenen der Politik und des Rechts in Europa werden über Beteiligungsrechte der Exekutive verklammert – man nennt das auch »Exekutivföderalismus«, kann aber auch von einer »Entparlamentarisierung« der Politik sprechen.

Abgehobenheit der Eliten?

In weiten Teilen der europäischen Bevölkerung hat das die Einschätzung gefördert, die politischen Eliten in Europa und in der Europäischen Union hätten sich in der Vergangenheit zu oft als Motoren immer neuer Erweiterungen der Kompetenzen der Europäischen Union gefallen. Sie hätten zu ausgiebig von ihrer Kompetenz Gebrauch gemacht und zu selten die regionalen und nationalen Besonderheiten und Befindlichkeiten im Auge gehabt. Es hat sich der Eindruck der Abgehobenheit des europäischen Führungspersonals verfestigt, das Europa auf dem Reißbrett gestaltet. Die Rückbindung zur Basis, also zur Bevölkerung in den Mitgliedstaaten, geht verloren. Das Gefühl, abgehängt zu werden, die Skepsis gegen den zunehmenden Zentralismus in Europa, haben eine wohl schon seit Längerem aufgestaute diffuse Angst wieder aufbrechen lassen. Nun mischt sich Kritik mit kaum verhüllter Feindschaft und Verschwörungstheorien. Während die Mittelschicht dabei ist, sich zu pulverisieren, mehren sich nationalistische und extremistische Tendenzen an den Rändern.

Brauchen wir ein neues, ein anderes Europa? Der französische Präsident Emmanuel Macron hielt am 26. September 2017 an der Sorbonne eine bemerkenswerte Rede. Die Europäische Union in ihrer gegenwärtigen Verfassung sei zu schwach, zu unflexibel und zu ineffizient, erklärte er und forderte eine Neugründung – ein souveränes, geeintes und demokratisches Europa. Seither ringen die Kernstaaten der EU unter dem Schock des Brexits, des Zerfalls der großen Volksparteien und des neu aufkeimenden Nationalismus um Besinnung und Selbstfindung.

Das europäische Trilemma

Für die Integration Europas sind immer drei Ziele maßgeblich gewesen: In Art. 1 des Vertrages über die Europäische Union (EUV) heißt es, es gehe um die Verwirklichung »einer immer engeren Union der Völker Europas« – das meint die Vertiefung der Beziehungen. Zweites Ziel ist die geografische Erweiterung. Beim dritten Integrationsziel geht es um den Ausbau der Demokratie und des Parlamentarismus.

Es ist in der Politik immer wieder verkannt worden, dass diese drei Ziele sich unmöglich gleichzeitig, gleichmäßig und gleichrangig verwirklichen lassen. Stattdessen haben wir hier, wie es Martin Höpner, Armin Schäfer und Hubert Zimmermann in einem Beitrag in der *Frankfurter Allgemeinen Zeitung* im Jahr 2012 formuliert haben, ein »Trilemma«: Wer auf die stetig fortschreitende Vertiefung der europäischen Integration setzt, muss Abstriche im Hinblick auf Demokratie und Parlamentarismus in Europa machen. Wenn die Europäische Union außerdem immer größer werden soll, entfernt sie sich zwangsläufig von ihren Bürgern. Diesen Konflikt hat der frühere EU-Parlamentspräsident Klaus Hänsch (SPD) aus seiner Erfahrung sehr treffend beschrieben: »Je größer die Union wird, desto weiter entfernt sie sich von ihren Bürgern.« Obwohl diese Spannungslagen bis heute offen zutage treten, haben die politischen Eliten in Deutschland und anderswo in Europa sie nicht wahrhaben wollen. Diese Ignoranz oder Arroganz sind es, die uns immer wieder an den Rand eines europäischen Scherbenhaufens bringen.

Hinzu kommen internationale Strukturen, gegen die sich die EU in den Augen vieler nicht ausreichend zur Wehr gesetzt hat – die halbseidenen oder schlicht illegalen Geschäfte der Banken oder das Gambling an den Börsen, das die letzte internationale Wirtschaftskrise ausgelöst hat. Aber auch supranationale oder intergouvernementale Institutionen (Beispiel Internationaler Währungsfonds) und die Versuche der Europäischen Kommission und des Rats der Europäischen Union, die Außen- und Sicherheitspolitik der EU zu bestimmen, befördern das Gefühl vieler Staaten, ihre Souveränität zu verlieren, und schüren Unsicherheit.

Richtig ist: Haben die gewählten Vertretungen des Volkes, die nationalen Parlamente, keinen Gestaltungsspielraum mehr, was die wirtschaftlichen, kulturellen und sozialen Lebensverhältnisse in ihren jeweiligen Ländern angeht, sind also alle Kernkompetenzen auf die Europäische Union oder auf intergouvernementale Institutionen verlagert worden, dann droht der demokratischen Ordnung in den Mitgliedstaaten eine weitgehende Entleerung. Bleibt den Mitgliedstaaten kein Raum zur eigenen politischen Gestaltung ihrer wirtschaftlichen, kulturellen und sozialen Lebensverhältnisse, geht das zulasten der demokratischen Grundwerte der mitgliedstaatlichen Verfassungen und letztlich auch des Unionsvertrages.

Kein Superstaat

Die demokratische Legitimation in der Europäischen Union stützt sich auf zwei Säulen: zum einen auf die demokratische Ordnung der Mitgliedstaaten, die über den Rat der Europäischen Union (meist nur Ministerrat genannt) maßgeblichen Einfluss auf die Rechtsetzung der EU haben. Zum anderen ist da das Europäische Parlament, das gemeinsam mit dem Rat Gesetze verabschiedet. Dieses wird direkt und unmittelbar von Unionsbürgern gewählt. Die Europäische Union ist keinesfalls ein überdimensionierter »Superstaat« ohne demokratische Legitimation. Sie ist ein enger, spezifischer Verbund nach wie vor souveräner, demokratisch verfasster Staaten.

Trotzdem wird immer wieder diskutiert, die Integration in einer Weise voranzutreiben, dass die demokratische Ordnung weg von den nationalen Parlamenten und auf die Ebene der Europäischen Union verlagert wird – gerade auch als Gegengewicht zu nationalistischen Tendenzen in den Mitgliedstaaten. Nach ihrer jetzigen verfassungsrechtlichen Struktur ist die Europäische Union aber keine parlamentarische Demokratie wie die unsere. Dies ist kein Vorwurf und keine Mängelrüge, sondern so ist die Rechtslage der europäischen Verträge. Die Union ist derzeit nicht als

Staat, sondern als Staatenverbund organisiert. Um das zu ändern, müsste sie zu einem parlamentarisch-demokratischen Bundesstaat ausgebaut werden.

Wie würde ein solcher europäischer Bundesstaat, sozusagen die »Vereinigten Staaten von Europa«, aussehen? In jedem Fall würde er ein europaweit und nach einem europäischen Wahlrecht gewähltes Bundesparlament und eine von diesem legitimierte europäische Bundesregierung benötigen, am besten auch eine zweite Kammer, einen europäischen Bundesrat oder Senat. Selbstverständlich müsste auf eine Gewaltenteilung zwischen Legislative und Exekutive geachtet werden. Eine Europäische Union als Staat würde dann nicht mehr nur über die ihr von den Mitgliedstaaten übertragenen Kompetenzen verfügen. Das derzeit geltende Prinzip der Einzelermächtigung, das Zuständigkeiten der EU nur dann anerkennt, wenn sie durch die gemeinsamen Verträge übertragen sind, entfiele. Ein Bundesstaat Europa hätte dann die sogenannte Kompetenz-Kompetenz: Er würde selbst über seine Verfassung und seine Kompetenzen bestimmen, er hätte das Gewaltmonopol, auch militärisch nach außen, und träfe die fiskalischen Grundentscheidungen über seine Einnahmen und Ausgaben selbst. Ein solcher europäischer Staat, der über eine eigene Souveränität und Allzuständigkeit verfügt, kann nur mit dem Willen und der Zustimmung aller Mitgliedstaaten gegründet werden. Diese müssten sich ihrerseits neue Verfassungen geben.

Rechtlich ist das auch für Deutschland möglich. Nach Art. 146 GG verliert das Grundgesetz seine Gültigkeit an dem Tag, an dem eine Verfassung in Kraft tritt, die vom deutschen Volk in freier Entscheidung beschlossen worden ist. Doch politisch sind wir wohl noch weit von so einem Schritt entfernt. Vor allem fehlen eine gesamteuropäische Zivilgesellschaft, Parteienlandschaft und Öffentlichkeit. Nur sie ermöglichen eine transparente politische Willensbildung. Doch noch sind, so auch das Bundesverfassungsgericht in seiner Lissabon-Entscheidung 2009, »die öffentliche Wahrnehmung von Sachthemen und politischem Führungs-personal in erheblichem Umfang an nationalstaatliche, sprachliche, historische und kulturelle Identifikationsmuster angeschlossen«. Die unabdingbaren Voraussetzungen für eine funktionsfähige Demokratie auf unionsrechtlicher Ebene, wie wir sie nach den Verfassungen der Mitgliedstaaten kennen, fehlen derzeit.

Nicht Ausbau, sondern Umbau

Aus meiner Sicht ist die Demokratie in den Mitgliedstaaten der Europäischen Union nur dann hinreichend gesichert, wenn nicht weiter auf den stetigen Ausbau der EU insistiert wird, sondern stattdessen ein sinnvoller Umbau vorgenommen wird. So ist es sicher richtig, dass in einer Währungsunion die EU über ein angemessenes fiskalpolitisches Instrumentarium verfügen muss. Doch wenn zum Beispiel in Richtung einer Fiskalunion neue Kompetenzen auf die EU übertragen werden, dann sollte das dadurch kompensiert werden, dass auf anderen Politikfeldern eine Rückübertragung von EU-Kompetenzen auf die Mitgliedstaaten erfolgt.

Auch in der Außen- und Sicherheitspolitik oder der Asyl- und Migrationsfrage wäre angesichts der aktuellen weltpolitischen Veränderungen eine Vertiefung der Integration wünschenswert. Aber, und das ist mir wichtig: Nicht jede regelungsbedürftige oder im Prinzip regulierbare Frage etwa des Umwelt-, Natur- und Landschaftsschutzes, des Verbraucher- und Gesundheitsschutzes, des Zivil-, Arbeits- und Strafrechts oder der öffentlichen Daseinsvorsorge muss auf EU-Ebene entschieden werden. Hier könnten gegebenenfalls Kompetenzen von Brüssel auf die Mitgliedstaaten zurückverlagert werden. Es stimmt schlicht nicht, dass wir Europa zum europäischen Bundesstaat ausbauen müssen, um den Zerfall der Union zu verhindern. Es gibt Alternativen.

Die Europäische Kommission selbst hatte in einem Weißbuch davor gewarnt, »dass sich Teile der Gesellschaft von der EU abwenden, die das Gefühl haben, der EU mangele es an Legitimität beziehungsweise sie hätte den nationalen Behörden zu viel Macht abgenommen«. Von den im Weißbuch enthaltenen fünf Szenarien für die zukünftige Gestalt der EU findet Nr. 4 meine ganze Sympathie. Sie lautet: »weniger, aber effizient«. Die EU solle, heißt es da, ihre Aufmerksamkeit und begrenzten Ressourcen auf eine reduzierte Zahl von Bereichen konzentrieren. Wo hingegen der Nutzen von EU-Vorschriften als eher begrenzt wahrgenommen würde oder davon auszugehen sei, dass Versprechen ohnehin nicht eingehalten werden können, habe sich die Union zurückzuziehen. Dazu zählt die Kommission beispielhaft bestimmte Bereiche wie die Regionalentwicklung, die öffentliche Gesundheit oder Teile der Beschäftigungs- und Sozialpolitik, ferner die Standards für den Verbraucher-, Umwelt- und Arbeitsschutz, »die für das Funktionieren des Binnenmarktes nicht unmittelbar relevant sind«. Das ist der ganz entscheidende Punkt: Geht es um Vorgänge grenzüberschreitender Art, etwa um die Ausübung der Grundfreiheiten des freien Warenverkehrs, der Freizügigkeit und der Niederlassungsfreiheit, ist in der Regel die Rechtsetzung der Union gefordert. Bei Vorgängen mit eher nationaler Binnenwirkung wird man hingegen auf unionsrechtliche Regelungen eher verzichten können.

Das Subsidiaritätsprinzip, das im Maastricht-Vertrag ausdrücklich festgelegt ist, besagt, dass öffentliche Aufgaben möglichst bürgernah, etwa auf der Ebene der Mitgliedstaaten, gegebenenfalls sogar der Kommunen oder der Regionen, gelöst und erst, wenn das nicht möglich oder effektiv ist, auf EU-Ebene behandelt werden sollen. Dieses Prinzip bedarf der verstärkten juristischen

Durchsetzung und vor allem einer strikteren Verteidigung und Anerkennung in der realen Politik. Die EU-Verträge sollten auch dahingehend geändert und ergänzt werden, dass die Zuständigkeiten der Union klarer umschrieben und von denen der Mitgliedstaaten deutlicher abgegrenzt werden.

Was tut Deutschland?

Obwohl Deutschland ein zentraler Player in der Europäischen Union ist, folgt die Bundesregierung bisher eher dem Szenario »Weiter wie bisher«. Im permanenten Krisenbewältigungsmodus ist für notwendige Nachhaltigkeitserwägungen in der Politik offenbar kein Raum. »Wenn man ständig das Wesentliche dem Dringlichen opfert, vergisst man die Dringlichkeit des Wesentlichen«, hat der französische Philosoph Edgar Morin so treffend gesagt.

Vor dem Hintergrund der ökonomischen Globalisierung und Digitalisierung aller Lebensbereiche möchte ich besonders betonen, dass die repräsentative Demokratie nach wie vor das Staatsmodell ist, das den Menschen immer noch die größte Chance bietet, auf die Gestaltung ihrer Lebensbedingungen Einfluss zu nehmen. Es gibt nach wie vor keine Alternative zur parlamentarischen Repräsentation des Volkes. Die Europäische Union achtet die nationale Identität ihrer Mitgliedstaaten, die diese mit dem Eintritt in die Europäische Union auch keinesfalls zur Disposition gestellt haben. Wer dieses Selbstbestimmungsrecht der europäischen Völker, in Osteuropa erst nach dem Zusammenbruch der Sowjetunion mühsam erkämpft, zugunsten einer unionalen Zentralgewalt zunehmend infrage stellt, der fördert nicht, sondern gefährdet den inneren Zusammenhalt und damit die dauerhafte Existenzfähigkeit der Europäischen Union.

Staatlichkeit als Wert

Staatlichkeit ist die Voraussetzung einer demokratischen Selbstverwaltung des Volkes. Die im Grundgesetz getroffene unionsfreundliche Entscheidung für eine offene Staatlichkeit, der zufolge staatliche Hoheitsrechte auf die Europäische Union übertragen werden können, darf in keinem Fall zur Preisgabe oder zur Gefährdung der Eigenstaatlichkeit führen. Die Wahrung der staatlichen Souveränität ist auch im Zuge der europäischen Integration unverzichtbar. Es ist das Bundesverfassungsgericht gewesen, das in mehreren Grundsatzentscheidungen der deutschen und europäischen Politik diese Grenzen aufgezeigt hat.

Staatlichkeit ist nicht zu verwechseln mit rechtspopulistischem Nationalismus, wie das leider in Politik und Medien immer wieder völlig undifferenziert geschieht. Manchem mag mein Beharren auf diesen rechtlichen Grundlagen zu wenig visionär und zu wenig emotional klingen, doch nur die allein in einem handlungs- und funktionsfähigen Staat praktizierbare Rechtsstaatlichkeit und Selbstbestimmung des Volkes können zur dauerhaften Sicherung der europäischen Integration und des europäischen Raums der Freiheit, des Rechts, des Friedens und des Wohlstands führen. Der verhängnisvolle Austrittsentscheid der Briten erfordert jedenfalls Nüchternheit und Bescheidenheit, die der Europäischen Union guttun werden und bestimmend sein sollten beim Angehen der notwendigen Reformen.

Es wird von vielen immer wieder betont, dass vor allem die Globalisierung, die Ökonomisierung sowie die Digitalisierung aller Lebensbereiche an der allmählichen Entmachtung der Staaten und ihrer Parlamente schuld seien. Sie werden als Wurzel der Aushöhlung der rechtsstaatlich-demokratischen Ordnung gesehen. Gerade vor diesem komplexen Hintergrund muss allerdings mit Nachdruck betont werden, dass die parlamentarische beziehungsweise repräsentative Demokratie nach wie vor dasjenige Staatsmodell ist, das dem Einzelnen wie der Gesamtheit der Bürger die größte Partizipationschance bietet. Nur sie kann dafür sorgen, dass nicht einseitige Partikularinteressen mächtiger Lobbys, sondern Belange des gemeinen Wohls durchgesetzt werden. Es gibt nach wie vor keine wirkliche Alternative zur repräsentativen Demokratie, das heißt zu einem kraftvollen, lebendigen Parlamentarismus. Auf absehbare Zeit kann das am besten im Nationalstaat gelingen, im EU-Maßstab oder gar auf globaler Ebene ist das sehr viel schwerer oder gar unmöglich.

Wir müssen verhindern, dass ein »Superstaat« Europäische Union ohne die Mitwirkung seiner europäischen Bürgerinnen und Bürger entsteht. Gleichzeitig ist es wichtig, darauf zu achten, dass die zusammengeschlossenen Staaten den gemeinsamen Grundwerten, wozu vor allem die Demokratie und die Rechtsstaatlichkeit gehören, uneingeschränkt verpflichtet bleiben. Besorgniserregend sind daher Entwicklungen in Mitgliedstaaten der EU wie Ungarn und Polen, in denen Wege zu einer »illiberalen Demokratie« beschritten werden, sei es, dass essenzielle Freiheitsrechte oder auch die richterliche Unabhängigkeit infrage gestellt werden.

Die EU ist nach ihren vertraglichen Grundlagen eine Gemeinschaft rechtsstaatlicher Demokratien, auch nach der verfassungsmäßigen Ordnung Deutschlands (Art. 23 Abs. 1 GG) ist die Integration Deutschlands in ein Vereinigtes Europa nur unter dieser Voraussetzung rechtlich zulässig und verantwortbar. Alle Mitgliedstaaten wirken an der Willensbildung in der EU, insbesondere an deren Rechtsetzung entscheidend mit. Das europäische Recht wird in den Mitgliedstaaten immer bedeutsamer, denn es wirkt unmittelbar und hat in vielen Fällen Vorrang vor der nationalen Rechtsordnung. Es ist schlechthin unvertretbar, wenn diese Rechtsordnung der EU von Staaten mitgestaltet wird, die sich nicht mehr oder nicht mehr uneingeschränkt zu den Grundwerten der Rechtsstaatlichkeit und der Demokratie bekennen.

Für die dauerhafte Existenz der EU ist es in meinen Augen geradezu schicksalshaft, dass es mithilfe der dafür im EU-Vertrag vorgesehenen Mittel und Verfahren (siehe Art. 7 EUV) gelingt, Abweichungen vom Pfad der Rechtsstaatlichkeit durch einzelne Mitgliedstaaten rechtzeitig und effektiv zu sanktionieren. Sie müssen rückgängig gemacht oder von Anfang an verhindert werden. Gelingt dies nicht, hat die EU als Gemeinschaft rechtsstaatlicher Demokratien keine wirkliche Zukunft.

Die EU und ihre Mitgliedstaaten stehen vor drei großen Herausforderungen. Der drohende Austritt eines der größten Mitgliedstaaten der EU, nämlich des Vereinigten Königreichs, ist die eine. Die zweite ist die Notwendigkeit einer institutionellen und kompetenzorientierten Reform der Europäischen Union. Last but not least besteht die Gefahr einer inneren Erosion der EU, weil einige Mitgliedstaaten auf dem Weg sind, aus dem Kreis der rechtsstaatlichen Demokratien auszuscheren. Ob es in absehbarer Zeit gelingt, alle diese drei Probleme erfolgreich zu lösen, ist nach dem derzeitigen Stand der Dinge sehr zweifelhaft. Ich sehe daher die Zukunft der EU als Gemeinschaft rechtsstaatlicher Demokratien mit großer Sorge und mit großer Skepsis.

8

Mehr Rechtsbewusstsein!

Zum Schluss dieses Buches möchte ich die verschiedenen Fäden meiner »Warnung« aufgreifen und zu einem Plädoyer zusammenführen, einem Plädoyer, das in die Zukunft weisen soll. Wie wird sich unsere Demokratie, wie wird sich unser Rechtsstaat entwickeln?

Nach 70 Jahren erweist sich unsere Verfassung immer noch als tragfähiges Gebäude mit den Grundrechten als stützenden Pfeilern. Sie hat mit den Jahren gewissermaßen neue Räume »angebaut« und sie integriert, ohne die zentralen Strukturen zu beschädigen. Diese enorme Standfestigkeit in Zeiten permanenten Wandels haben wir den Frauen und Männern des Parlamentarischen Rates zu verdanken, die dieses Grundgesetz erdacht haben. Auf den Ruinen der Schreckensdiktatur des Nationalsozialismus ist ein Bekenntnis zur rechtsstaatlichen Demokratie entstanden, zu Werten wie Freiheit, Gleichheit und Menschenwürde – Werten, die sich nicht einfach abwählen lassen, weder vom Volk noch von parlamentarischen Mehrheiten. Dass das nicht geschieht, darüber wacht eine eigene Gerichtsbarkeit, das Bundesverfassungsgericht. Wir können stolz sein auf unsere Verfassung, die unseren Staat trägt.

Wieso also eine Warnung? Die beste Verfassung nützt nichts, wenn das Recht, das sich auf ihrer Grundlage entwickelt hat, nicht genügend beachtet wird. Das aber ist eine beunruhigende

Tendenz, die von verschiedenen Entwicklungen geschürt wird. Die Globalisierung führt die Welt enger zusammen, Dinge werden unübersichtlicher, komplexer, Einflusssphären überschneiden sich immer enger. Das ist zum Beispiel der Fall bei dem Verhältnis zwischen den Mitgliedstaaten der Europäischen Union und der Union selbst, die eigene Gerichtshöfe und ein eigenes Recht hat. Das gilt aber auch für die Digitalisierung, die ganz wesentlich von internationalen Unternehmen betrieben wird, auf die der Gesetzgeber nur sehr beschränkt Einfluss hat. Der technologische Wandel verlangt in rasantem Tempo eine Anpassung des Datenschutzes, der Regelung der Meinungsfreiheit und von vielem anderen mehr. Internationale Kriege und Krisen spiegeln eine Wendezeit wider, in der Staaten und Machthaber um die schwindenden Ressourcen der Erde kämpfen und endlose Flüchtlingsbewegungen produzieren.

All das sind Herausforderungen, die, wie ich in den vorherigen Kapiteln aufzuzeigen versucht habe, den Rechtsstaat in Gefahr bringen. Allzu oft reagiert die Politik mit Pragmatismus (»Wir schaffen das«) oder Populismus, ohne dass dabei auf die Legalität und Legitimität dieser Handlungen (bzw. Unterlassungen) geachtet wird. Emotionalität macht sich breit – angeheizt durch klassische wie soziale Medien, durch Fake News oder Real News –, die zunehmend die Politik bestimmt. Sie wird geschürt durch zunehmende Ängste vor dem raschen Wandel in der Welt. Das wachsende Misstrauen in die Politik hat gleichzeitig reale Ursachen, denn vor allem in der Europäischen Union zeigt sich eine Verschiebung der Macht hin zur Exekutive, die fern von der Bevölkerung ihrer Arbeit nachgeht. Die Parlamente haben nur noch schwindenden Einfluss. Die Gesetze, die sie verabschieden, dienen häufiger der staatlichen Reglementierung als den Freiheitsrechten der Bürger. Dieser Überprotektionismus führt zu einer Unübersichtlichkeit im Recht, die wiederum Vollzugsdefizite nach sich zieht. Das entstehende Vakuum verstärkt die Tendenz der Exekutive, vor den demonstrativen Rechtsbrüchen, wie sie Clans, kriminelle Banden und das organisierte Verbrechen begehen, zurückzuweichen. Und da wundern wir uns noch, wenn der Bürger am Recht, an der Gerechtigkeit und am Sinn des Rechtsstaats zweifelt? Und da fragen wir uns, weshalb führende Politiker aus EU-Mitgliedstaaten die »illiberale Demokratie« preisen?

Hier ist weit mehr gefordert: Wir müssen handeln, wir müssen unser Bewusstsein ändern.

Rechtsbruch als (Klima-)Politik

Die junge Schwedin Greta Thunberg hat mit ihren Schülerprotesten die ganze Welt angesteckt. Angesichts des immer deutlicher werdenden Klimawandels und getrieben von Zweifeln, dass die Erwachsenen imstande sind, die notwendige Reduzierung der Erderwärmung zu erreichen, verlassen Kinder und Jugendliche jeden Freitag ihre Schule oder Ausbildungsstätte, um zu demonstrieren – ein eindeutiger Rechtsbruch. Heiligt der Zweck hier die Mittel?

Die Bewegung Fridays for Future ist längst zu einer weltweit vernetzten zivilgesellschaftlichen Bewegung geworden, die auch in diesem Land eine immense politische und gesellschaftliche Beachtung erreicht, angesichts derer die politischen Parteien vor Neid erblassen. Andere Berufsgruppen, zum Beispiel 12 000 Wissenschaftler von Scientists4Future, haben sich weltweit dem Protest der jungen Leute angeschlossen. Furore macht auch die Bewegung Extinction Rebellion, die nach eigenen Aussagen international »mit gewaltfreiem zivilem Ungehorsam gegen Klimakrise und Massenaussterben« kämpft und sich auf das Vorbild Mahatma Gandhis beruft. Seit Jahren legen Aktivisten regelmäßig den

Verkehr in Innenstädten lahm, manchmal über Tage, indem sie sich mit Fahrradschlössern um den Hals an Lichtmasten anketten oder mit Sekundenkleber anheften. Sie riskieren gezielt eine Verhaftung und Anklage.

Diese drastische Ausweitung von Bürgerprotesten sagt einiges aus über die Erosion unserer rechtsstaatlichen Demokratie. Es geht hier zwar um ein moralisch-ethisch hoch bewertetes Anliegen, um nichts weniger als die »Rettung der Welt« – der mit der Teilnahme an diesen Demonstrationen und Blockaden begangene Rechtsbruch wird aber nicht nur ignoriert, sondern sogar gezielt in Kauf genommen, ja oftmals bewusst herbeigeführt, um mehr Öffentlichkeit zu erreichen. Die im Grundgesetz besonders geschützte Demonstrationsfreiheit wird nicht mehr als hinreichend erachtet, um Aufmerksamkeit zu erlangen und Gehör zu finden. Es muss schon ein Rechtsbruch sein. Moralische Begründungen werden hier benutzt, um eigenmächtig das Recht auszuhebeln, und das wird auch weitgehend von der breiten Öffentlichkeit akzeptiert.

Wie konnte es dazu kommen?

Unsere rechtsstaatliche Ordnung toleriert das nicht, sie fordert die uneingeschränkte Herrschaft des Rechts, und für dessen Durchsetzung ist allein der Staat zuständig. Doch nun nehmen zivilgesellschaftliche Gruppierungen für sich das Recht in Anspruch, ihre Anliegen selbst in die Hand zu nehmen. Die Motive sind oftmals verständlich: Die Kritik der Anhänger von Fridays for Future, dass der Staat selbst das Recht nicht einhält, indem er die verbindlich festgelegten Klimaziele oder Grenzwerte vernachlässigt hat oder auch weiter ignoriert, ist völlig berechtigt. Das ist etwa der Fall beim Dieselskandal (siehe Seite 174ff.), aber auch bei der nicht erfüllten Climate-Action-Verordnung zur Dekarbonisierung. Dass deren europarechtlich verbindliche Ziele, wie man schon lange weiß, verfehlt werden, kann zu einem Vertragsverletzungsverfahren durch die EU-Kommission und zu hohen Strafzahlungen führen, wodurch freilich die Klimakrise nicht aufgehalten wird. Ein ähnliches Bild zeigt sich bei der Gewässerverunreinigung mit Nitrat: Auch hier verstößt Deutschland gegen geltendes EU-Recht, nach dem der erlaubte Grenzwert bei 50 mg pro Liter liegt. In einigen Bundesländern sind aber immer noch mehr als 30 Prozent des Grundwassers mit mehr als 75 mg pro Liter verunreinigt.

Warum passiert also nichts, jedenfalls nicht rechtzeitig? Das Aufbegehren von beachtlichen Teilen der Jugend, getragen von einer breiten Unterstützung in der Öffentlichkeit, zeigt, dass das Vertrauen der Bevölkerung in die Mittel des Rechtsstaats immer weiter schwindet. Wenn die Jugend lautstark von der Politik deutlichere Anstrengungen zur Erhaltung der natürlichen Lebensgrundlagen einfordert, für sich wie die nachfolgenden Generationen, dann geht es ihr auch und vor allem um Gerechtigkeit – um Generationengerechtigkeit. Die aber kann nur ein zukünftiges Recht schaffen, das der Wahrung der Belange und Anliegen künftiger Generationen mehr Beachtung zumisst. Hier halte ich eine Änderung der Verfassung für notwendig, um mit mehr Nachdruck die Sicherung der Lebensgrundlagen der jungen wie auch künftiger Generationen durchzusetzen.

»Nachhaltigkeit« ins Grundgesetz

In der Politik ist der Begriff der Nachhaltigkeit inzwischen zu einem beliebten Schlagwort und zu einer Art Gütesiegel geworden. Die Vorstellungen darüber, was das eigentlich bedeutet und beinhalten muss, sind allerdings schwammig. Zudem wird der Begriff so inflationär verwendet, dass er bereits wieder droht, in die Bedeutungslosigkeit abzugleiten.

Im Recht hat die Nachhaltigkeit bisher keine große Rolle gespielt, auch wenn immer wieder mal die Forderung auftaucht, sie zu einem Rechtsprinzip zu erheben. Um Gesetze und ihren Wirkungsbereich »nachhaltig« zu gestalten, müsste das Prinzip in die Verfassung aufgenommen werden. In welcher Form könnte das erfolgen? Und wie könnte man sicherstellen, dass eine solche verfassungsrechtliche Gewähr nicht nur gut gemeinte Verfassungsprosa bleibt? Denn sie muss auch rechtliche Beachtung finden und notfalls einklagbar sein. Das Grundgesetz, das das Demokratieprinzip (Art. 20 Abs. 1 GG) festschreibt, verbietet damit aber auch eine totale Verrechtlichung der Politik. Das bedeutet, dass der Gestaltungsspielraum des Gesetzgebers erhalten bleiben muss und Politik nicht zu einem bloßen Verfassungsvollzug degenerieren darf. Man muss also das Prinzip der Nachhaltigkeit im Grundgesetz implementieren, ohne vorzugeben, wie das im Einzelnen zu geschehen hat.

Demokratie bedeutet Herrschaft auf Zeit – künftige Generationen müssen selbst und neu entscheiden können. In einer parlamentarischen Demokratie dominieren die Interessen und Bedürfnisse der Gegenwart, vor allem die der Wähler. Der zeitliche Bezugsrahmen der Gesetzgebung ist deshalb eher eng gefasst. Die Vorsorge für die dauerhafte und nachhaltige Befriedigung von Gemeinschaftsinteressen kommt systembedingt zu kurz.

Dies ist so lange unproblematisch, wie Politik und Gesetzgebung mit der Befriedigung der Bedürfnisse der heutigen Bürger die Möglichkeiten und Chancen künftiger Generationen nicht gefährden. Je vernetzter aber die Welt wird, desto einschneidender wirken sich Gesetze in politischer, ökonomischer und ökologischer Hinsicht auch auf die Lebensgrundlagen unserer Kinder und Kindeskinder aus.

Was heute politisch geschieht, bestimmt also auch, worüber die nächsten Generationen noch entscheiden können. Also muss der parlamentarische Gesetzgeber ausdrücklich verpflichtet werden, über die Grenzen seiner eigenen Wahlperiode hinauszublicken. Die Vorsorge für die nachhaltige und dauerhafte Befriedigung von Gemeinschaftsinteressen sollte ausdrücklich zur Aufgabe aller demokratisch legitimierten staatlichen Gewalten erklärt werden – vor allem aber der Gesetzgebung. Das würde sich auf die künftige Finanzierung heutiger rentenrechtlicher Zusagen ebenso beziehen wie auf die Folgen von Entscheidungen zur »Energiewende«.

Verantwortung für die kommenden Generationen

Unsere Verfassung hat schon jetzt eine in die Zukunft weisende Dimension. In ihrer Präambel heißt es im Satz 1: »Im Bewusstsein seiner Verantwortung vor Gott und den Menschen [...] hat sich das Deutsche Volk [...] dieses Grundgesetz gegeben.« Das ist ein Hinweis darauf, dass unsere Verfassung, um hier meinen Kollegen, den Staatsrechtler und Rechtsphilosophen Horst Dreier zu zitieren, »über die Gegenwart hinausweist und auch künftigen Generationen Lebens- und Entfaltungsmöglichkeiten zu bewahren hat«. Natürlich enthält eine Präambel keine unmittelbar verbindlichen Handlungspflichten. Dafür bedarf es konkreter Ergänzungen des Grundgesetzes.

Erst 1994 ist nach heftigen wissenschaftlichen und parteipolitischen Diskussionen der Tier- und Umweltschutz mit Art. 20a in das Grundgesetz aufgenommen worden. Man könnte zum Beispiel in ähnlicher Weise einen Artikel 20b für die Nachhaltigkeit schaffen. Denkbar und in meinen Augen vorzuziehen wäre aber eine ausdrückliche Ergänzung des in Art. 20 GG verankerten Prinzips der repräsentativen Demokratie. Sie sollte alle staatlichen Gewalten ausdrücklich verpflichten, die nachhaltige beziehungsweise dauerhafte Befriedigung von Gemeinschaftsinteressen und des

Gemeinwohls nach jetzigem Wissensstand zu sichern. Damit wären die Belange auch künftiger Generationen einbezogen.

Wie verankert man die Zukunft?

Wichtig ist dann aber auch, Anforderungen an das Prozedere der Umsetzung des Nachhaltigkeitsprinzips in der Verfassung zu verankern. Daraus ließen sich verbindliche Anforderungen für das Gesetzgebungsverfahren ableiten. Auf diese Weise würde das Verfassungsprinzip der Nachhaltigkeit über die reine Absichtserklärung hinaus real durchsetzbar. Für die Ausgestaltung künftiger Gesetze müssten im Verfahren der Gesetzgebung die zugrunde liegenden Sachverhalte ermittelt und offengelegt werden und später auch in die Begründung des Gesetzes eingehen. Entsprechendes müsste für die den Gesetzgeber leitende Abwägung der jeweils relevanten Interessen und seine Prognosen gelten. Das würde einen erfreulichen Rationalitätsgewinn in der Gesetzgebung mit sich bringen.

Eine übermäßige Verrechtlichung der Politik wäre bei einer solchen Prozedualisierung, wie wir Juristen das nennen, nicht zu befürchten. Die Spielräume bei der Beurteilung, Gewichtung und Abwägung widerstreitender Gemeinwohlinteressen blieben in der Gesetzgebung gewahrt. Ich bin mir ziemlich sicher, dass auch das Bundesverfassungsgericht bei Fragen des Nachhaltigkeitsprinzips diese politischen Gestaltungsspielräume anerkennen und achten würde.

Grundsätzlich sehe ich die Aufblähung des Grundgesetzes durch allerlei Wünschbares und semantisch Wohlklingendes – wie die Förderung der Kultur, des Sports etc. – kritisch. Unsere Verfassung hat sich nicht zuletzt deshalb bis heute bewährt, weil sie sich weitgehend auf präzise und einklagbare Gewährleistungen, Rechte und

Pflichten beschränkt. Worüber wir hier aber sprechen, ist eine überfällige und ressortübergreifende Klarstellung des demokratischen Prinzips (Art. 20 GG): Die Staatsorgane, insbesondere der Gesetzgeber, müssen – verfassungsrechtlich begründet – den demokratiestaatlichen Auftrag bekommen, hinreichend Sorge für die nachhaltige und dauerhafte Befriedigung von Gemeinschaftsinteressen zu tragen.

Stärkung von Identität und Vertrauen

Es gibt noch einen weiteren Grund, warum es sinnvoll wäre, die Nachhaltigkeit in der Verfassung zu verankern. Das Grundgesetz ist schließlich nicht nur die höchste Rechtsquelle auf nationaler Ebene; es ist durch seine Wertsetzungen gleichzeitig zentral für die ethisch-kulturelle Identitätsstiftung in Deutschland. Das gilt insbesondere im Hinblick auf Art. 20 GG, der als grundlegende Prinzipien für unser Land Demokratie, Bundesstaatlichkeit, Rechtsstaatlichkeit und Sozialstaatlichkeit festschreibt.

Es hätte großen Einfluss auf die politische Ethik, aber auch das öffentliche Bewusstsein, wenn die Nachhaltigkeit ausdrücklich im Grundgesetz verankert wäre. Die Gesetzgebung profitiert, wenn sie an Rationalität, Kontinuität und Systemgerechtigkeit zunimmt. Das wiederum kann dazu beitragen, das Bürgervertrauen in die Funktionsfähigkeit der rechtsstaatlichen Demokratie zu stärken oder auch wiederzugewinnen. Deshalb läuft auch die Kritik, eine solche mögliche Grundgesetzänderung huldige nur dem Zeitgeist und trüge letztlich nur zur Verwässerung der Verfassung bei, ins Leere. Die intergenerative Gesamtverantwortung für die gegenwärtige und die kommende Menschheit ist schließlich schon in der Präambel verankert.

Was ist »gutes« Recht?

Ein Rechtsstaat funktioniert nur dann, wenn seine Gesetze »gutes Recht« sind – materiell und qualitativ, aber auch rechtstechnisch und handwerklich. Vereinfacht gesagt: Es reicht nicht, etwas Wünschenswertes einfach nur in eine juristische Sprache zu fassen, und schon ist es ein Gesetz. Genauso wenig lassen sich viele Gesetze in der Praxis eins zu eins in Handeln umsetzen. Stattdessen setzen sie abstrakte Normen und entwickeln einen Bedeutungsraum, aus dem sich dann vielfach Handlungsalternativen ableiten lassen. Dabei kann es durchaus auch zu unterschiedlichen Interpretationen und Schlüssen kommen, wie etwa meine Schilderung der Debatte um die Dublin-III-Verordnung (Seite 51f.) gezeigt hat.

Um das möglichst zu vermeiden, sollten Gesetze bestimmte Anforderungen erfüllen. Was dabei »gutes« Recht ist, das wird auch an den juristischen Fakultäten durchaus kontrovers diskutiert. Unsere Verfassung trifft über ihre Normen und Werte, die sich vor allem in den Grundrechten artikulieren, Grundsatzentscheidungen, die man bei der Interpretation des geschriebenen Rechts nicht außen vor lassen kann. Sonst kommt es zu Missverständnissen wie etwa bei der Behauptung, dass Gemeinnutz vor Eigennutz zu gehen habe. Wenige wissen im Übrigen noch, dass es sich dabei um eine Parole des NSDAP-Programms handelte, welche die Zentralgewalt des Deutschen Reichs verherrlichen sollte. Im Gegensatz dazu differenziert unsere Verfassung sehr genau: Nur derjenige Gemeinnutz geht vor Eigennutz, der sich auf eine Gemeinschaft bezieht, die ihrerseits den Wert und die Würde des Individuums anerkennt und ihre kollektive Gestaltungsmacht an diesen quasi wieder »zurückgibt«.

Die Freiheit der Menschen zu befördern und die Würde des Einzelnen auch dann zu achten, wenn im Interesse anderer

Menschen oder der Gemeinschaft gehandelt wird – das ist Ziel des Rechtsstaats und seiner Gesetzgebung. Im Sinne des Verfassungsprinzips der Nachhaltigkeit und der Generationengerechtigkeit muss das auch künftige Generationen einschließen. Auch ihre Belange gehören zum Gemeinnutz und rechtfertigen staatliche Eingriffe in Grundrechte. Dabei muss der Gesetzgeber für einen angemessenen Ausgleich zwischen den grundrechtlichen Freiheiten seiner Bürgerinnen und Bürger und der Durchsetzung anderer Staatsziele von Verfassungsrang sorgen – etwa die innere und äußere Sicherheit gewährleisten oder auch die sozialen, ökonomischen und ökologischen Lebensgrundlagen der Menschen sichern. Das heißt, weder ein totaler Sicherheitsstaat noch etwa ein totaler Sozial- oder Umweltstaat entsprechen unserer rechtsstaatlichen Verfassungsordnung.

Hinsichtlich des »handwerklichen« Aspekts des Rechts steht die Rechtsklarheit an erster Stelle, die – das sei hier nochmals festgehalten – ein verfassungsrechtliches Gebot ist, zumindest bis zu einem gewissen Punkt. Daran muss sich auch die Politik messen lassen, der im Hinblick auf umstrittene Gesetzesänderungen oder -verschärfungen öfters vorgeworfen wird, sie mache die Gesetze kompliziert, damit Brisantes nicht »so auffalle«. Nach der Rechtsprechung des Bundesverfassungsgerichts gebietet das Rechtsstaatsprinzip jedenfalls, klare Normen zu erlassen, die so gefasst sind, dass jedermann die Rechtslage und den Bezug zu seiner Person erkennen und sein Verhalten danach ausrichten kann.

Vereinfachen und handwerklich verbessern ließe sich die Rechtsetzung nicht zuletzt dadurch, dass mehr auf Systemgerechtigkeit (die »großen Linien«) geachtet wird, anstatt zu versuchen, jedem denkbaren juristischen Einzelfall schon auf Gesetzesebene Rechnung tragen zu wollen. Darüber hinaus sollten sich die Regelungsziele und die Grundwertungen eines Gesetzes auch jedem juristischen Laien erschließen. Das gilt besonders dann, wenn es um Neuordnungen und Umbauten von Gesetzeswerken geht.

Gesetzgebung findet allerdings nicht im luftleeren Raum statt. Sie ist immer auch das Resultat eines politischen Prozesses und wird von Mehrheits- und Machtverhältnissen genauso bestimmt wie von der Suche nach vermittelbaren Lösungen und konsensfähigen Kompromissen. Das ist normal und kann in einer parlamentarischen Demokratie auch gar nicht anders sein. Umso wichtiger ist es, dass die Strukturen des Prozesses der politischen Willensbildung stimmen.

Im politischen System der Bundesrepublik hat sich hier leider eine gewisse Schwerfälligkeit breitgemacht. Das liegt nicht zuletzt daran, dass sich in unserer föderalen Ordnung über Jahrzehnte Mechanismen entwickeln konnten, die das Ausbremsen wichtiger Entscheidungen ermöglichen. Solche Blockaden zwischen Bund und Ländern zu verhindern war das Ziel der im Jahre 2006 in Kraft getretenen sogenannten Föderalismusreform I. Ich bin mir freilich nicht sicher, ob dieses Reformwerk tatsächlich in dem Maße Wirkung entfaltet hat, wie sich das damals viele wünschten.

Für eine effektive Klimapolitik ohne Übermaß an Ge- und Verboten

Um nochmals auf das Klimathema zurückzukommen: Die berechtigte Forderung nach einer besseren und effektiveren Klimapolitik rechtfertigt keine Öko-Diktatur – die Aufgabe der Freiheitsrechte zugunsten eines Obrigkeits- und Überwachungsstaats. Der liberale Rechtsstaat darf nicht einem Staat geopfert werden, der, wenn auch aus hehren Gründen, Bürgerinnen und Bürger mit einer Flut von Ge- und Verboten überzieht. Das ist nicht nur eine Frage der Verfassungsethik, sondern auch der Praxis: Je mehr Ge-

und Verbote es gibt, desto mehr schwillt die staatliche Bürokratie an, die trotzdem der Normenflut nicht Herr werden kann. Das schwächt das Vertrauen der Bürgerinnen und Bürger in die Handlungsfähigkeit des demokratischen Rechtsstaats wie auch die Funktionsfähigkeit und Gerechtigkeit seiner Rechtsordnung. Vor einem hektisch betriebenen und nicht ausreichend durchdachten Katalog neuer Ge- und Verbote kann ich nur warnen. Er wäre keine Lösung, sondern würde nur neue Probleme verursachen.

»Aus Bequemlichkeit suchen wir nach Gesetzen«, kritisierte schon Novalis, von dem viele nicht wissen, dass er als Friedrich Freiherr von Hardenberg 1794 ein Rechtsstudium abschloss. Sein Motto war: »Jeder Anfang ist ein Akt der Freiheit«, weshalb er auch den Staatsdienst ausschlug und sein berufliches Leben als Schreiber begann. Das Multitalent, ein brillanter Analytiker seiner Zeit, war ein Freund von Friedrich Schiller, der sich auch einige Zeit mit dem Jurastudium herumgeschlagen hatte. Beider Vorbild war Goethe, der das leidige Thema der »Verrechtlichung« des Lebens sogar in seinen *Faust* eingeführt hatte. Dort sagt Mephisto im Dialog mit dem Schüler Wagner:

> Es erben sich Gesetz' und Rechte
> Wie eine ew'ge Krankheit fort;
> Sie schleppen von Geschlecht sich zum Geschlechte
> Und rücken sacht von Ort zu Ort.
> Vernunft wird Unsinn, Wohltat Plage;
> Weh Dir, daß Du ein Enkel bist!
> Vom Rechte, das mit uns geboren ist,
> Von dem ist leider! nie die Frage.

Wandel im Verfassungsverständnis

Die Moderne mit ihrem Wandel vom liberalen zum sozialen und ökologischen Rechtsstaat hat die fortschreitende Verrechtlichung unseres Lebens eher noch intensiviert. Dabei spielt die wachsende Komplexität unserer Lebensbeziehungen in einer hochtechnisierten und -spezialisierten Gesellschaft sicherlich eine ganz entscheidende Rolle. Aber auch die Rechtsprechung selbst hat großen Anteil: Das Bundesverfassungsgericht hat zum Beispiel aus der Gewährleistung der Grundrechte sowie aus dem Demokratie- und dem Rechtsstaatsprinzip hergeleitet, dass bestimmte, »wesentliche« Entscheidungen nur vom Parlament getroffen werden dürfen. »Wesentlich« sind zum Beispiel alle Fragen, welche die Grundrechte oder ihre Ausübung betreffen, Teilhaberechte und Schutzpflichten. Ihre Beantwortung darf nicht etwa der Verwaltung überlassen werden, sondern benötigt ein parlamentarisches Gesetz. Das hat die Verrechtlichung schubartig vorangetrieben. Diese »Wesentlichkeitstheorie« spiegelt einen Wandel im Verfassungsverständnis wider: In einer parlamentarischen Demokratie ist das Parlament das wichtigste und oberste Organ staatlicher Willensbildung. So jedenfalls die Theorie.

Das Bundesverfassungsgericht ist freilich nicht dafür verantwortlich, dass der Gesetzgeber zusätzlich auch noch einen Wust »unwesentlicher« Regelungen trifft – in den Ländern genauso wie im Bund und nicht zuletzt auch auf der Ebene der Europäischen Union. Die Erweiterung ihres Zuständigkeitsbereichs hat dazu geführt, dass immer mehr einheitlich geregelt werden soll: Große Teile der Brüsseler EU-Kommission beschäftigen sich deshalb überwiegend mit der Produktion von Normen, die in den Mitgliedstaaten kaskadenartig weitere Normsetzungsprozesse auslösen. Auch wenn sich ein Großteil dieser Rechtsakte in eher technischen Regulierungen erschöpft, etwa im Bereich Landwirtschaft, so lässt sich doch die Papierflut ahnen, die sich als Folge täglich durch die Brüsseler Flure ergießt. Wer aber auf »Brüssel« oder die EU-Bürokratie schimpft, sollte sich klarmachen, dass das zentrale Rechtsetzungsorgan der EU immer noch der Rat der Europäischen Union ist. Dort sitzen die Regierungsvertreter der EU-Länder, die der Regelungswut durchaus Grenzen setzen könnten.

Machtverzicht des Bundestags?

Auf nationaler Ebene lässt sich also durchaus Einfluss nehmen – und auch die nationalen Parlamente, namentlich der Deutsche Bundestag, haben hier ein gar nicht mal so kleines Wörtchen mitzureden. In unserer Verfassung steht nämlich in Art. 23 GG, dem sogenannten Europa-Artikel, dass der Bundestag und über den Bundesrat auch die Länder in Angelegenheiten der EU mitwirken. Will die EU neues Recht setzen, so ist es also Aufgabe der Bundesregierung, dem Parlament Gelegenheit zu einer Stellungnahme zu geben. Das muss bei den Verhandlungen in Brüssel dann auch berücksichtigt werden.

In der Vergangenheit hatte man freilich den Eindruck, dass sich in der Praxis europäische Rechtsetzung vielfach ohne substanzielle Beteiligung des Bundestags vollzieht. Die Bundesregierung agiert weitgehend unbehelligt von nationaler parlamentarischer Kontrolle; manches innerstaatliche Streitthema ließ sich in der Vergangenheit so über die europäische Bande »erledigen«. Wenn Politiker in Berlin oder anderen europäischen Hauptstädten also medienreife »Tränen« über angebliche Kompetenzanmaßungen Brüssels vergießen, sind das nicht selten »Krokodilstränen«. Viele Brüsseler Beschlüsse werden mit deutscher Zustimmung getroffen. Der Bundestag könnte hier mehr Eigeninitiative entwickeln.

Der Einfluss der Lobbys

25 000 professionelle Einflussnehmer soll es allein in Brüssel geben, so die deutsche NGO Lobby-Control. Diese Interessenvertreter spielen in der EU wie in Deutschland, ob man es will oder nicht, im Prozess der Gesetzgebung eine wichtige Rolle. »Jedes Gesetz hat seine Lobby«, hat *Die Zeit* einmal getitelt. Ich fürchte, damit liegt sie nicht so falsch. Immer wieder wird öffentlich, dass Lobbyisten sogar die Vorlagen für einzelne Gesetzentwürfe liefern – dazu zählen Unternehmen genauso wie Nichtregierungsorganisationen. Immer dann, wenn Deregulierungsvorschläge konkret werden, sehen montägliche Stellungnahmen professioneller Interessenvertreter bisweilen anders aus als sonntägliche Reden, in denen weniger Bevormundung durch staatliche Reglementierung und mehr Selbstverantwortung eingefordert werden.

Placebo-Gesetze

Vollständige Kontrolle ist nicht möglich. Das gilt auch für die Verhinderung von »Skandalen«, wie sie regelmäßig die Republik erschüttern – ob es nun um »Gammelfleisch« geht oder um Doping im Sport. Sie vernichten regelmäßig die zarten Pflänzchen der Deregulierung und Anläufe zu mehr Selbstverantwortung. Gleich wieder folgt ein Rollback der Regulierungen und staatlichen Kontrollen. Wir sind jedoch gut beraten, uns dieser Illusion, dass noch mehr Gesetze und noch mehr Staat jede Unbill verhindern könnten, nicht länger hinzugeben. Der Staat ist keine »Vollversicherung« für unser Leben.

Wenn der Staat nicht immer regulierend eingreift, etwa im Bereich des Umwelt-, Gesundheits- oder Verbraucherschutzes, bedeutet das noch lange nicht, dass dies ein »rechtloser« Zustand ist.

Häufig treffen dann gesetzliche Regelungen zu, die dem allgemeinen Gefahrenabwehr- oder auch Zivil-, Straf- und Verwaltungsrecht angehören. Sie können der Vielgestaltigkeit des Lebens nicht selten besser gerecht werden als immer detailliertere Spezialregelungen. Die sind oftmals eher eine Art Placebo, ein Scheinmedikament, mit dem der Gesetzgeber auf aktuelle Anlässe und Stimmungen reagiert. Oft lassen sich solche Gesetze auch nur schwer vollziehen, was wiederum zu schwindendem Rechtsbewusstsein und weiterem Vertrauensverlust gegenüber der Politik führt.

Das Dickicht lichten

Die Verrechtlichung der Republik führt nicht, das ist nun hoffentlich deutlich geworden, ohne Weiteres zu einem stärkeren Rechtsstaat; daher sollte ihr Einhalt geboten werden. Wie aber lässt sich gegensteuern? Um eine moderne Gesellschaft zu ordnen, gibt es – das muss man zunächst festhalten – keine ernsthafte Alternative zum Medium des Rechts. Es geht also vor allem um das richtige Maß an Regulierung. Ich halte es für dringend notwendig, dass geprüft wird, an welchen Stellen das Normendickicht ausgelichtet werden kann. Sämtliche Staatsorgane – Legislative, Exekutive und Judikative – betonen immer wieder, wie wichtig das wäre. Doch die Konsequenzen bleiben aus.

In meinen Augen brauchen wir deshalb eine Art Graswurzelbewegung für das Recht in der Gesellschaft. Es muss den Bürgerinnen und Bürgern wieder deutlich werden, dass die wichtigste Funktion des Rechts nicht irgendeine staatliche Gewährleistung ist, sondern die Sicherung ihrer eigenen Freiheit. Ich kann es nicht oft genug wiederholen: Das Grundgesetz geht von der Eigenverantwortung und der Selbstbestimmung des Menschen aus, als Grundlage seiner persönlichen Entfaltung wie auch seiner sozialen Beziehungen. Das Recht ordnet, gestaltet und greift lenkend ein – dort, wo es notwendig wird. Doch so gut wie jede staatliche Intervention schränkt gleichzeitig Freiheit ein. Deshalb sollte die Rechtsordnung – auch und vermehrt – zu Eigenverantwortung und Eigeninitiative ermutigen. Von dieser freiheitlichen Grundlage lebt unser Gemeinwesen.

Staatsaufgaben in der Kritik

Wie bereits dargelegt, hat die stetige Ausdehnung der Staatsaufgaben zu einer kontinuierlichen Zunahme der Dichte und Kompliziertheit rechtlicher Regelungen geführt. Das muss aber nicht immer so bleiben. Wir können und sollten Staatsaufgaben regelmäßig daraufhin überprüfen, ob die Einmischung der öffentlichen Hand immer noch notwendig ist oder ob es nicht längst bessere Lösungen gibt. Entspricht die gesetzliche Regulierung noch den aktuellen politischen Prioritäten und finanziellen Handlungsspielräumen? Könnte die Aufgabe nicht inzwischen besser in privater Verantwortung erfüllt werden?

Hier kommt der Gedanke der Subsidiarität ins Spiel:

Subsidiarität bedeutet vereinfacht gesagt, dass Probleme immer auf der untersten Ebene gelöst werden sollten. Die klassische, aber immer noch aktuelle Formel dafür findet sich in der von Papst Pius XI. im Jahr 1931 veröffentlichten Sozialenzyklika Quadragesimo anno. Danach darf »dasjenige, was der Einzelmensch aus eigener Initiative und mit seinen eigenen Kräften leisten kann, ihm nicht entzogen und der Gesellschaftstätigkeit zugewiesen werden«. Dieser in der katholischen Soziallehre wurzelnde Gedanke einer gestuften Aufgabenwahrnehmung ist aber noch viel älter. Das Modell einer Ordnung, welche die Verantwortlichkeit stets an der Basis verortet und den Zugriff von oben lediglich als Unterstützung akzeptiert, findet sich schon bei Aristoteles oder auch Thomas von Aquin. Letztlich liegt sie auch der Idee des modernen Liberalismus zugrunde.

Der Gedanke der Subsidiarität beschreibt das Zusammenspiel zwischen einer größeren und einer kleineren Einheit. Mit Blick auf Europa – wo der Subsidiaritätsgrundsatz sogar ausdrücklich rechtlich verankert ist – bedeutet das, dass die Union nur dann tätig werden soll, wenn die Mitgliedstaaten (erstens) eine Maßnahme nicht selbst umsetzen können und (zweitens) die Gemeinschaft das angestrebte Ziel besser erreichen kann. Leider wird das bei der europäischen Rechtsetzung längst nicht immer beachtet.

Im Verhältnis zwischen Staat und Bürger grenzt das Subsidiaritätsprinzip die staatliche von der privaten Sphäre ab. Freiheit und Autonomie haben dabei immer Vorrang vor staatlichem Handeln. Der Staat soll nur dann tätig werden, wenn die privaten Kräfte nicht ausreichen, eine Aufgabe erfolgreich zu bewältigen.

Richtig verstanden zielt also auch Deregulierung nicht auf die Verflachung oder gar Abschaffung der Rechtsordnung, sondern auf den Abbau eines Übermaßes an Regulierung. Es ist die Furcht vor Freiheit und Verantwortung, die zum Erlass immer neuer Gesetze führt, in Deutschland wie in Europa. Wir leben in einer gesellschaftlichen Atmosphäre, die hierfür empfänglich ist. Umso mehr hoffe ich, dass viele meiner Leser nicht der Bequemlichkeit, wie sie Novalis schon erkannt hat, zum Opfer fallen, sondern ihre Stimme für Freiheit und Eigenverantwortung erheben. Das nämlich entspräche dem Menschenbild unserer Verfassung.

Der Parlamentarismus verblasst

Die Bewegung Fridays for Future verdeutlicht auch, wie schwach unser Parlamentarismus geworden ist. Sie spiegelt ein offenkundiges Misstrauen in die Fähigkeit und Bereitschaft von Legislative und Exekutive, die wirklich großen Probleme der Gesellschaft zu erkennen und vor allem auch zu bewältigen. Ich finde das peinlich: Führende Politiker geben offen zu, sie seien dankbar für die Proteste der Kinder und Jugendlichen, denn erst diese hätten ihnen die Augen geöffnet. Kann das wirklich sein? Werden wir so dilettantisch und schlecht regiert?

Das ist besonders prekär, weil sich unser Grundgesetz ganz dezidiert zur parlamentarisch-repräsentativen Demokratie bekennt. Formen der unmittelbaren oder plebiszitären Demokratie existieren nur in wenigen Nischen unseres politischen Gebäudes. Zwar steht in Art. 20 Abs. 2 GG, dass das Volk die von ihm ausgehende Staatsgewalt »in Wahlen und Abstimmungen« ausübt, das heißt aber nicht, dass es unmittelbar regiert. Aus den Erfahrungen der instabilen Weimarer Republik heraus haben die Mütter und Väter des Grundgesetzes diese restriktive Position bezogen. Bundestag und Länderparlamente sind die einzigen Organe, die unmittelbar vom Volk gewählt werden. Sämtliche anderen werden vom Parlament bestimmt.

Das parlamentarische System des Grundgesetzes beruft sich jedoch schon lange nicht mehr auf die Gegenposition zu Weimar, sondern legitimiert sich in erster Linie aus der Errungenschaft einer nunmehr 70 Jahre währenden, relativ stabilen Demokratie, deren Wert gar nicht hoch genug einzuschätzen ist. Woher kommt dann aber der überall aufscheinende Bedeutungsverlust der Parlamente?

Ein ganz entscheidender Punkt ist der »Beteiligungsföderalismus« – das heißt, an einer unteren Stelle gehen Gesetzgebungskompetenzen verloren (siehe Seite 219), die dann durch Beteiligungsrechte der Exekutive an der Rechtsetzung auf der jeweils nächsthöheren Ebene kompensiert werden, sich dabei aber auch verlagern, wie ich es schon am Beispiel der Europäischen Union beschrieben habe. Leidtragende dieser Entwicklung sind neben dem Bundestag vor allem die Landesparlamente.

Mediendemokratie

Nur was medienwirksam inszeniert werden kann, hat heute eine echte Chance, wahrgenommen zu werden. Das führt dazu, dass sich die politische Öffentlichkeit zunehmend aus den Parlamenten in die Medien verlagert – Präsident Trumps Twitter-Ergüsse sind das vielleicht drastischste Beispiel dieser Entwicklung, ebenso die damit verbundene Banalisierung, die sich selbst durch unsere Talkshows zieht. Auch wir beobachten seit Längerem einen Trend zur Informationsverdünnung, zur Simplifizierung, wenn nicht sogar der Unterdrückung jedes halbwegs komplexen Stoffes. Sachprobleme müssen personalisiert werden, und was sich nicht optisch darstellen lässt, hat bereits verloren.

Politik sei eben komplex, sagte Sigmar Gabriel (SPD) nach der Europawahl in der ARD-Talkshow *Anne Will*, das verstehe die Jugend einfach nicht. Fassungslos verfolgen Politiker den großen Vertrauensverlust in sie und ihre Mandate, und dieser lässt sich eben gerade nicht mit Apathie erklären, denn die Wahlbeteiligung ist hier wie in Europa so groß wie schon lange nicht mehr. Aber die Bürgerinnen und Bürger setzen ihr Vertrauen nicht mehr in die großen Volksparteien, sondern sie wandern an die Ränder ab, aus Protest. Das betrifft nicht nur die Wechsel-, sondern auch Generationen von Stammwählern. Die Parteiaustritte nehmen zu.

Die Simplifizierung von Politik

Das Absterben der großen Volksparteien ist in meinen Augen die größte Bedrohung für die repräsentative Demokratie, denn sie ist auf die Vermittlung politischer Parteien bei der Willensbildung angewiesen. Die parlamentarische Demokratie ist zwangsläufig immer auch eine parteienstaatliche Demokratie. Die Schwäche der Parteien höhlt die Demokratie von innen aus.

Eines der Rezepte, das nun gegen die Politiker- und Parteienverdrossenheit helfen soll, sind Plebiszite, also mehr direkte Beteiligung der Bürgerinnen und Bürger. Auf der Ebene der Bundesländer oder der Kommunen gibt es bereits verschiedene Modelle der Volks- und Bürgerentscheide, die sich durchaus auch bewährt haben. Ich erinnere nur an das erfolgreiche Volksbegehren Artenschutz in Bayern, dem sich 1,75 Millionen Menschen angeschlossen haben und das nun unverändert Gesetz wird.

Doch insgesamt dürfen Volksentscheide in ihrer Bedeutung nicht überschätzt werden. Zum einen lässt sich empirisch nicht belegen, dass sich Bürger eher über Plebiszite mobilisieren lassen als durch Wahlen. Vor allem aber sagen solche Abstimmungen auf Länder- und Kommunalebene gar nichts über die Bundesebene aus. Auf nationaler und europäischer Ebene ist Gesetzgebung hochkomplex, vielfältig verflochten und verknüpft. Nach dem Schema »Ja oder Nein« lassen sich hier kaum Fragestellungen herausdestillieren, ohne dass dabei Tatbestände verkürzt oder verzerrt würden. So wird man beispielsweise komplexe Neuregelungen im Rentenrecht sachgerecht kaum nach dem Ja-Nein-Schema sinnvoll treffen können.

Mehr Initiativrecht für das Volk?

In einer modernen rechtsstaatlichen Demokratie wie der unseren kann meiner Meinung nach Gesetzgebung nur durch eine kontinuierlich und gesamtverantwortlich arbeitende Institution geleistet werden: das vom Volk gewählte Parlament. Volksabstimmungen, die einzelne und dabei nicht selten populistisch zugespitzte Fragen aufgreifen, schwächen das parlamentarisch-repräsentative System, zumal ein Gewinn an Effizienz oder Rationalität nicht ersichtlich ist.

Es gibt aber noch eine andere Möglichkeit: die Volksinitiative. Erreicht diese ein bestimmtes Quorum an Zustimmung bei den Wahlberechtigten, sind die gesetzgebenden Organe des Bundes verpflichtet, sich mit dem Gesetzesvorhaben zu befassen. Ein solches plebiszitäres Initiativrecht, das dennoch in einer parlamentarischen Entscheidung mündet, könnte sich meiner Auffassung nach durchaus in das System der parlamentarisch-repräsentativen Demokratie einfügen. Bislang ist das Initiativrecht bei der Bundesgesetzgebung der Bundesregierung, dem Bundestag (mindestens fünf Prozent der Abgeordneten oder eine Fraktion) sowie dem Bundesrat vorbehalten. Das könnte man aber erweitern. Die Bürgerschaft könnte also Themen und gesetzgebungspolitische Aktivitäten anstoßen, entscheiden müssten die gewählten Volksvertreter. In den Verträgen der Europäischen Union, also im Primärrecht, ist übrigens seit einigen Jahren eine solche Volksinitiative auf der EU-Ebene vorgesehen.

Schwachstelle Wahlrecht

Ist Ihnen schon einmal aufgefallen, dass im Grundgesetz keinerlei Aussage zum Wahlsystem getroffen wurde? Hier erweist sich unsere Verfassung als äußerst lückenhaft, denn die Regelung des Wahlsystems gehört zum Kernbestand des Staatsrechts. Dass nicht einmal die wesentlichen Grundfragen in der Verfassung angesprochen werden, ist und bleibt ein großer Mangel.

Bei den gegenwärtigen politischen Konstellationen erscheint es nahezu unmöglich, diesen Mangel durch eine entsprechende Ergänzung des Grundgesetzes zu beheben. Denn nicht einmal dem einfachen Gesetzgeber scheint eine Reform des Wahlrechts möglich. So hat das geltende System der personalisierten Verhältniswahl neben den zahlreichen Überhangmandaten auch noch zu sogenannten Ausgleichsmandaten (Grundsatz der Wahlrechtsgleichheit) geführt. Die Aufblähung des Deutschen Bundestags stellt seine Funktionsfähigkeit infrage. Unser Wahlsystem ist gegenwärtig die bedrohlichste Schwachstelle im parlamentarisch-demokratischen System der Bundesrepublik.

Ein »gutes« Wahlrecht fördert die Einflussmöglichkeiten der Wählerinnen und Wähler als Gegengewicht zur Dominanz der politischen Parteien. Das geschieht durch Elemente der Persönlichkeitswahl, denn sie stärkt die gewählte Person gegenüber Partei und Fraktion. Bei Listenwahlen könnte zum Beispiel von dem Prinzip der starren, von der Partei vorgegebenen Liste abgewichen werden, indem die Wähler die Möglichkeit haben, durch Kumulation von Stimmen den Rangplatz ihres Kandidaten zu verändern. In Bayern ist dieses als »Häufeln« bekannte Verfahren bei Landtagswahlen üblich. Schließlich wäre es für die Qualität und Kontinuität der parlamentarischen Arbeit gut, die Wahlperiode von derzeit vier Jahren auf fünf Jahre zu erweitern. Bei den Landesparlamenten ist das in aller Regel bereits vorgesehen.

Plädoyer für den Föderalismus

Deutschland ist, so steht es auch im Grundgesetz, ein Bundesstaat (Art. 20 Abs. 1 GG). Grundsätzlich sind die Verfassungsräume von Bund und Ländern eigenstaatlich. Doch auf dieser verfassungsrechtlichen Basis hat sich in Deutschland im Laufe der Jahre ein sehr komplexes und schwer durchschaubares System der Politikverflechtung herausgebildet. Bezieht man auch noch die Europäische Union ein, so sind die staatlichen Aufgaben und Zuständigkeiten auf drei föderative Ebenen verteilt: auf die Länder (einschließlich Kommunen), den Bund und die EU. Gleichzeitig sind sie aber auch auf vielfältige Weise miteinander verwoben und verzahnt. Das entstandene Dickicht der föderativen Beziehungen ist voller Fallstricke und Blockademöglichkeiten. Das bereitet Sorgen, wenn man an die Effizienz und die Kosten denkt; zugleich erhebt sich aber auch die Frage nach der Zuordnung der demokratischen Verantwortlichkeit. Für das Volk und die Völker ist es immer schwieriger geworden zu erkennen, wer eigentlich die politische Verantwortung trägt.

Für die Bundesstaatlichkeit ist es unverzichtbar, dass die Länder ihre jeweils eigene demokratische Verfassungsordnung haben. Bestrebungen, die Bundesrepublik zu einem unitarisch ausgeprägten Staat zu entwickeln, haben verfassungsrechtlich ihre deutlichen Grenzen. Wenn nun aber die Länder, wie mehrfach geschildert, immer weniger Raum zur politischen Gestaltung haben, leidet ihre vom Grundgesetz geforderte Eigenstaatlichkeit. Das parlamentarische System muss auch in den Bundesländern gewahrt bleiben, der Entmachtung der Landesparlamente sind also auch vom Grundgesetz her Grenzen gezogen.

Art. 30 GG bestimmt, dass die Ausübung staatlicher Befugnisse und die Erfüllung staatlicher Aufgaben, also zum Beispiel die Bereiche Bildung oder allgemeine Sicherheit und Ordnung, grundsätzlich Sache der Länder sind, soweit dieses Grundgesetz keine andere Regelung trifft oder zulässt. Die Verfassungswirklichkeit sieht etwas anders aus. Der Bund hat seine Zuständigkeiten, zumindest im Hinblick auf die Gesetzgebung, ständig weiter ausgebaut – nicht nur mithilfe von Verfassungsänderungen. Wo immer er konnte, hat er im Rahmen der sogenannten konkurrierenden Gesetzgebung Kompetenzen für sich reklamiert. Der größte Teil der legislativen Kompetenzen in Deutschland ist längst auf den Zentralstaat oder gar auf die Europäische Union übergegangen.

Es gibt also nicht mehr viele Lebensbereiche, für die allein die Länder zuständig sind. Dazu zählen das Schulwesen, die Bildung und die Kultur. Doch selbst hier stößt die föderale Ordnung zunehmend auf Kritik. Sonn- und feiertags singt man das Loblied der bundesstaatlichen Vielfalt, und werktags folgen die Schmähungen. Dann wird vom »Flickenteppich« oder von der »Kleinstaaterei« gesprochen, die ein Hindernis für gute Politik seien. Sinken die schulischen Leistungen im internationalen Vergleich, rufen viele gleich wieder nach dem Bund – im naiven Glauben, der könne mit angeblichen Bildungsmängeln besser und professioneller umgehen als die Länder. Belege gibt es dafür nicht.

Bund und Länder haben jeweils die Ausgaben zu tragen, die sich aus der Wahrnehmung ihrer Aufgaben ergeben. Das soll die Eigenverantwortlichkeit der Länder bei der Wahrnehmung ihrer verfassungsrechtlich zugewiesenen Aufgaben gewährleisten. Wenn heute immer häufiger finanzielle Hilfen des Bundes nachgefragt werden – in Bereichen, in denen der Bund über keine Gesetzgebungs- und Verwaltungszuständigkeiten verfügt, wie beispielsweise im Schulbereich –, dann erlaubt das erhebliche Eingriffe des Bundes in Zuständigkeitsbereiche der Länder. Die Eigenverantwortlichkeit der Länder, aber auch der Kommunen, wird beschnitten. Wenn die Länder in bestimmten Bereichen mehr Finanzmittel benötigen, wäre es dem bundesstaatlichen Verfassungsprinzip eher angemessen, die finanzverfassungsrechtliche Verteilung der Steueraufkommen zu ändern. Die kürzlich beschlossenen Grundgesetzänderungen im Hinblick auf den DigitalPakt (der Bund unterstützt die Länder mit fünf Milliarden Euro bei der Ausstattung der Schulen mit WLAN, Computern und digitalen Lerninhalten) gehen eindeutig in die falsche Richtung.

In Zeiten der Globalisierung und Digitalisierung wird die Legitimität des föderalen Prinzips zunehmend infrage gestellt. Nach deutschem Verfassungsverständnis besteht aber zwischen Bundesstaatlichkeit und rechtsstaatlicher Demokratie ein Zusammenhang, der untrennbar ist. Demokratische Teilhabe wird am besten verwirklicht in kleineren politischen Einheiten. Wer dem weiteren Verfall der eigenstaatlichen Souveränität der Bundesländer, einschließlich des Selbstverwaltungsrechts der Kommunen, das Wort redet, nimmt einen weiteren Verlust an vitaler Selbstbestimmung des Volkes in Kauf. Demokratische Selbstbestimmung des Volkes, Subsidiarität und föderale Ordnung gehören nach dem Grundgesetz zusammen. Mit der föderalen Ordnung ist auch die rechtsstaatlich so bedeutsame Gewaltenteilung verbunden. Es erscheint mir ziemlich leichtfertig, diesen Zusammenhang auf dem Altar einer unbewiesenen Steigerung von staatlicher Effizienz durch weitere Zentralisierung zu opfern.

Chaos in der Asylpolitik: der Schuss vor den Bug

Das Politikfeld von Asyl und Migration ist nach wie vor eines der wichtigsten und umstrittensten Themen in der Gesellschaft. Die Politik der vergangenen Jahre war dann auch für mich einer der Gründe, dieses Buch zu schreiben. Denn gerade im Musterland Deutschland haben die Herrschaft und die Durchsetzung des

Rechts, wie ich Ihnen darzulegen versuchte, drastische Einbußen hinnehmen müssen. Recht und Wirklichkeit sind in einem sehr kritischen Ausmaß auseinandergedriftet. Zwingende Vorschriften des deutschen Asylgesetzes wurden nicht angewendet. Der Grund dafür war jedoch nicht, wie häufig behauptet, vorrangiges Unionsrecht (die Dublin-III-Verordnung). In Wirklichkeit waren es politische Erwägungen, die uns dahin geführt haben, wo wir heute stehen.

Politische Zweckmäßigkeiten können in einem Rechtsstaat natürlich dazu führen, Gesetze zu ändern. Es geht aber nicht an, dass geltendes Recht einfach ignoriert wird oder nach subjektivem Empfinden mal so angewendet wird und mal anders. Das alles hat in der Praxis zu zahlreichen Brüchen geführt, die sich nicht einfach wieder kitten lassen. Aus dem unverzichtbaren Asylrecht für politisch Verfolgte ist ein Asylbewerber-Recht für jedermann geworden. Behördliche Verfahren wurden im lähmenden Übermaß von Menschen in Anspruch genommen, die ersichtlich keinen Asylanspruch in Deutschland haben. Flucht und Arbeitsmigration wurden jahrelang faktisch vermengt.

Ist man hinterher schlauer gewesen? Auch das nicht. Es war in rechtlicher wie auch in moralisch-humanitärer Hinsicht ein Irrglaube, über eine striktere Durchsetzung von Abschiebungen Fehler bei der Einreisepolitik kompensieren zu können. Ein Rechtsstaat vermag die Einreise von Nicht-EU-Ausländern relativ frei zu regeln. Wenn es aber um die Durchsetzung von Ausreisen geht, ist der Rechtsstaat zahlreichen Bindungen und Grenzen unterworfen. Es war vorauszusehen, dass Abschiebungen vielfach aus rechtlichen, mehr noch aber aus praktischen Gründen scheitern mussten. Die Arbeitsmigration jetzt in einem eigenen Zuwanderungsgesetz zu regeln ist ein richtiger und zukunftsweisender Schritt. Er wird aber keine umfassende und dauerhafte Lösung bringen, wenn nicht zugleich im Hinblick auf die Fluchtmigration in stärkerem Maße wieder Rechtsbindung und Rechtsbewusstsein zum Zuge kommen. Vielleicht war das Chaos in der Asylpolitik in dieser Beziehung der rettende Schuss vor den Bug. Denn die Flüchtlingsbewegungen werden auf lange Zeit ein Thema bleiben, und es ist wichtig, aus diesen Fehlern zu lernen.

Übrigens hindert niemand den deutschen Staat daran, freiwillig und ohne Rechtszwang bedrängte und in Not geratene Menschen (vorübergehend) aufzunehmen und ihnen Hilfe zu gewähren, solange das nötig und möglich ist. Humanität kann man auch im Recht und nicht nur gegen es walten lassen.

Bewusstsein statt Kalkül

In den täglichen Nachrichten langweilen uns kurzfristige Machtpoker der Parteien und ein faktischer Dauerwahlkampf, der das politische Kalkül von einer Wahl zur nächsten treibt. Die Mediengesellschaft, die ständig mit neuen Themen und Meldungen gefüttert werden will, führt zu einer Stimmungsdemokratie: Jeder Ausschlag des Politbarometers wird sofort mit spontanem Aktionismus beantwortet, Daumen rauf oder runter – wie im Internet. So gewinnen politischer Opportunismus und Populismus erschreckend oft die Oberhand.

Die uneingeschränkte Herrschaft des Rechts hingegen wird zunehmend infrage gestellt. Das ist langsamer als die Tagespolitik, hat weniger Glamour, ist nicht selten verklausuliert und umständlich und hat häufig schon viele Jahre auf dem Buckel. Aber in ihm stecken Besonnenheit, Erfahrung und der Wille zur Gerechtigkeit – Eigenschaften, die es sich lohnt zu bewahren und zu schützen.

Dieses Buch ist eine Warnung, den Rechtsstaat mit Füßen zu treten, und die Aufforderung, ihn mit allen Kräften zu verteidigen. Dabei geht es nicht nur um einzelne Änderungen oder

Ergänzungen unserer Verfassung, wie ich das zum Beispiel im Hinblick auf die Nachhaltigkeit beschrieben habe. Es geht vor allem auch um eine grundsätzliche Rückbesinnung der Politik auf die bestehenden Fundamente unserer Demokratie. Und wir brauchen Fähigkeiten und die Bereitschaft zu visionärer Führung und zukunftsorientierter Gestaltung.

Diese Aufgabe kann den Politikern und Amtsträgern niemand abnehmen. Was Sie als Bürger aber tun können, ist, Ihre Sinne wieder in Richtung Rechtsstaatlichkeit zu schärfen. Ob Digitalisierung, Datenschutz, Freiheit und Sicherheit, Asyl, Soli, Auslandseinsätze, Dieselskandal oder Klimaschutz – alle wichtigen Fragen unserer Zeit betreffen die Rechtsstaatlichkeit und werfen erhebliche rechtliche Probleme auf, die zu klären sind.

Sie müssen dafür nicht Jurist werden, davon gibt es genügend in Deutschland. Es ist schon ein Anfang, wenn der Rechtsstaat in der Öffentlichkeit wieder ein Thema wird, wenn die Wähler sich zum Beispiel fragen, ob die geplante Pkw-Maut ein Verstoß gegen das geltende Recht war. Oder ob eine diskutierte CO_2-Steuer wirklich noch verfassungskonform sein kann. Oder, oder ... Sie werden feststellen, dass das Recht nicht aus steifen Paragrafen besteht, sondern lebendiger Bestandteil unseres Gemeinwesens ist. Sie sollten vor allem darauf bestehen, dass Ihnen die Politik in diesen Fragen nichts vormacht oder sich schlicht vor deren Behandlung drückt. Wenn ich Ihnen das ein wenig vermitteln konnte, dann ist dieses Buch aus meiner Sicht ein Erfolg.

Dank

Als Verfassungsrechtler habe ich zahlreiche wissenschaftliche Abhandlungen rein fachlicher Art verfasst; das vorliegende Werk ist aber mein erstes populäres Sachbuch, das sich an eine breite Öffentlichkeit wendet. Einigen Personen bin ich zu außerordentlichem Dank verpflichtet, weil sie mich bei der Entstehung dieses Buchs tatkräftig unterstützt haben. Hier nenne ich zuerst Stefan Linde, der die Idee zu diesem Werk hatte und mich überzeugen konnte, als verfassungsrechtlicher Fachautor den Schritt zum ersten populären Sachbuch zu wagen. Seine Anregungen und Hinweise waren für mich sehr wertvoll. Ebenso dankbar bin ich Frau Dr. Petra Thorbrietz, die als hochqualifizierte Journalistin immer wieder dafür sorgte, dass bisweilen spröde daherkommende Themen, Gedanken und Argumente in eine Sprache gebracht werden konnten, die an eine breite Öffentlichkeit jenseits des reinen Fachpublikums adressiert ist. Sehr konstruktiv war auch ihre kritische Überprüfung meiner Gedanken und Argumente. Mein Dank gilt auch Herrn Dr. Thomas Tilcher für seine äußerst sorgfältige und gewissenhafte Redaktion sowie Herrn Roland Schmidt für seine Recherchen. Schließlich danke ich meiner wissenschaftlichen Mitarbeiterin Kim Chi Tran für ihre unverzichtbare Unterstützung vor allem bei der rechtlichen Aufarbeitung der vielseitigen Einzelthemen, die in diesem Buch angesprochen werden.

Register